KB090656

AI 응용 첫걸음! 순환 신경망과 강화학습을 쉽게 이해하는

엑셀로 배우는 순환 신경망·강화학습 초(超)입문

Recurrent Neural Network　Deep Q-Network

RNN(순환 신경망)·DQN(심층 Q-네트워크)편

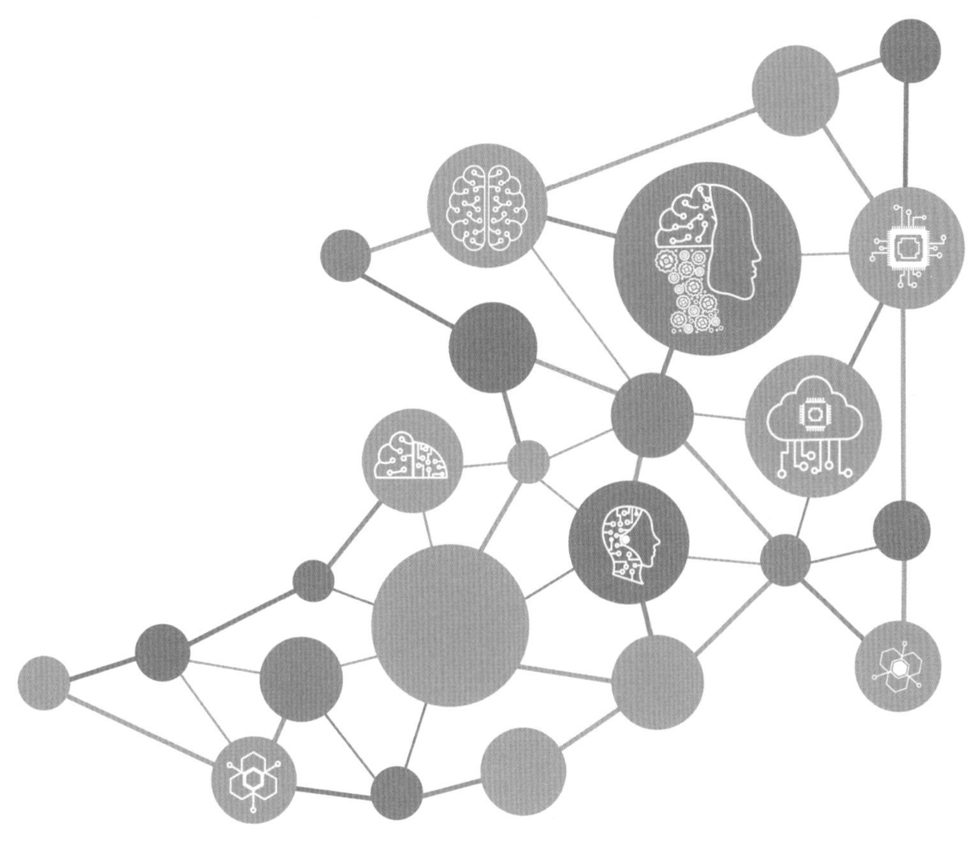

BM (주)도서출판 성안당

머리말

이 책은 현재 AI의 기초가 되는 RNN과 DQN에 관해서 그 구조에 초점을 맞추어 해설한 기계학습의 입문서입니다. 이 책에서는 해설을 돕기 위해 마이크로소프트 사의 엑셀(Excel)을 이용합니다.

2012년, 미국의 구글 사가 개발한 딥러닝은 유튜브(YouTube)의 동영상에서 고양이를 자동 인식하였습니다. 그 뉴스가 보도된 후부터 AI(인공지능)가 매스컴의 화제가 되지 않은 날이 없다고 해도 과언이 아닙니다.

"AI가 일자리를 빼앗다."
"AI가 프로 기사를 이겼다."
"AI로 자율주행"
"AI가 신약을 개발"
"AI가 암의 영상 진단을 가능하게 한다."

예를 들자면 끝이 없습니다.

이와 같이 혁명적으로 AI를 구현한 배경에는 미국의 구글이 개발한 딥러닝이 있습니다. 반세기 정도 전부터 착실하게 연구를 진행해온 신경망에 현대 컴퓨터의 압도적인 계산력과 인터넷 등에 축적된 방대한 데이터를 결합하여 구현한 컴퓨터 프로그램의 아이디어입니다.

따라서 불과 수년 사이에 이러한 딥러닝은 다양한 형태로 진화 발전했습니다. 그 대표적인 것이 'RNN(Recurrent Neural Network)'과 'DQN(Deep Q Network)'입니다. 전자는 '순환 신경망'이라고 번역하거나 그대로 발음하여 '리커런트 네트워크'라고도 합니다. 후자는 '심층 Q-네트워크'라고 번역합니다. 많은 AI 프로그램의 기본 아이디어로 현재 활용되고 있습니다.

그런데 딥러닝이나 그 발전형인 RNN, DQN이 어렵다는 소리가 들립니다. 확실히 이들에 관한 해설서를 보면 어려운 수식이 많이 나열되어, 시작할 만한 엄두가 나지 않습니다. 그러나 이해가 어려운 부분은 '최적화'라고 하는 계산 부분에 있습니다. RNN, DQN의 구조 자체가 어려운 것이 아닙니다. 번거로운 '최적화' 계산을 제외하고 동작 원리에만 주목하면 RNN, DQN은 그렇게 이해하기 어렵지 않습니다.

이 책은 딥러닝의 동작 원리에만 초점을 맞춘 RNN과 DQN의 입문서입니다. '최적화' 부분은 엑셀에 맡깁니다.

엑셀에는 '해 찾기'라고 부르는 '최적화' 도구가 표준으로 준비되어 있습니다. 이것을 이용하면 RNN과 DQN의 계산 부분을 떼어낼 수 있습니다. 그 결과로 본질적인 동작 원리가 분명해집니다.

또한 엑셀의 워크시트를 보는 것만으로도 '처리'의 의미를 알 수 있습니다. 데이터의 처리 과정을 볼 수 있기 때문입니다. 이 책은 이러한 장점을 충분히 이용하여 RNN과 DQN을 설명합니다.

세계 최강의 프로 기사를 이긴 미국 구글 사의 AI 개발자 데미스 하사비스(Demis Hassabis) 씨는 다음과 같이 말했습니다.

"(AI의 개발은) 올바른 사다리를 오르기 시작했다."

허사비스 씨가 '올바른 사다리'라고 부른 것이 바로 딥러닝과 그 응용인 RNN과 DQN입니다. 이 책은 바로 이러한 딥러닝의 이해에 도움이 되기를 희망합니다.

AI의 발전이 화제에 오르게 된 지 수 년이 흘렀습니다. 앞으로 어떠한 발전이 있을지 기대됩니다. 따라서 구조만이라도 이해하면, AI의 발전에 공헌하고 활용할 기회가 무한히 얻어질 것입니다.

마지막으로 이 책의 기획부터 출판에 이르기까지 일관된 도움을 주신 기술평론 사의 와타나베 에츠시(渡邉悦司) 씨에게 이 자리를 빌어 감사의 인사를 전합니다.

2019년 봄 **저자**

역자 서문

2020년 3월 6일자 전자신문 기사에 따르면 국내 주요 대학의 경영대학에서 예술대학까지 다양한 단과대학에서 다수의 인공지능(AI) 관련 전공 과목을 신설하였습니다. 이와 같은 비공과대학의 AI 강좌 신설은 기존 전공과의 시너지를 통해 기존 학문에서 풀지 못한 문제 해결에 도전하는 등 학문 차원의 의미뿐만 아니라 취업률이 낮은 전공 분야도 AI를 통해 새로운 일자리와 산업을 만들기 위한 것이라고 합니다.

같은 날 또 다른 기사에 의하면, AI 기술을 이용하여 코로나19의 확진자와 사망자를 예측할 수 있는 데이터를 한국 대학원생이 만들어 세계에 배포하였다고 합니다. 이 데이터를 이용하면 얼마나 많은 확진자가 발생할지 예측하는 모델을 만들 수 있고, 확진자의 나이와 성별, 질병 여부에 따른 회복 및 사망 예측이 가능하다고 합니다. 또한 확진자 특성에 따라 군집을 만들거나 이상값 탐지로 슈퍼전파자와 같은 특이한 확진자를 분류할 수도 있다고도 합니다. AI가 컴퓨터 관련 학과의 전공 이론만이 아니라 다양한 분야의 문제를 해결하고 궁극적으로 해당 조직의 경쟁력 강화에 기여하기 위한 수단으로 자리 잡고 있음을 실감할 수 있습니다.

이세돌 기사를 상대로 예상보다 쉽게 승리한 구글의 알파고가 불러일으킨 AI의 관심은 사실 딥러닝과 강화학습에 관한 것입니다. 이 책의 저자인 와쿠이 요시유키와 와쿠이 사다미의 전작 『엑셀로 배우는 딥러닝』은 어려운 딥러닝을 알기 쉽게 해설하여 컴퓨터 관련 전공자뿐만 아니라 일반인에게도 큰 호응을 받은 바 있습니다. 단지 아쉬운 점은 다양한 딥러닝 분야 중에서 합성곱 신경망(CNN)에 국한된 것이었습니다. 이제는 이미지 중에서 단지 고양이를 식별하는 것에 그치는 것이 아니라 고양이의 다음 동작을 예측하는 수준에 이르렀고, 이의 이론적 배경이 되는 것이 시계열 데이터를 대상으로 하는 순환 신경망입니다. 또한 알파고를 이론적으로 뒷받침하는 강화학습은 수영, 골프 등 사람의 몸동작을 이용하는 과업, 〈아타리〉, 〈스타크래프트〉 등과 같은 온라인 게임과 바둑, 장기 등 정신 세계의 과업, 자동차의 자율주행, 생산라인과 로켓 등의 제어 분야의 과업에 적용할 수 있는 AI의 신기술입니다.

이 책은 순환 신경망과 강화학습을 전작과 마찬가지로 엑셀을 이용하여 알기 쉽게 설명하고 있습니다. 관련 분야의 전공자뿐만 아니라 다양한 분야에서 AI 기술을 활용하기 원하는 분들께 최적의 입문서가 될 것으로 확신합니다. 코로나19가 몰고 온 어려운 대내외적 환경에서도 양서를 출판하기에 노력을 아끼지 않으시는 성안당 관계자에게 다시금 감사드립니다.

2020년 7월 **역자**

차례

5장 엑셀로 배우는 DQN

부록

이 책의 사용 방법

- 이 책은 현대 AI의 순환 신경망(RNN)과 딥 Q-네트워크(DQN)의 구조를 엑셀을 이용하여 이해하는 것을 목적으로 합니다. 수록된 워크시트는 엑셀 2013, 2016에서 실행되는 것을 확인했습니다.
- 이 책은 이전의 책 〈엑셀로 배우는 딥러닝〉((주)성안당 발행)의 속편이지만, 이전 책의 지식을 전제로 하는 것은 아닙니다(다만, 이전 책을 충실하게 읽으면 딥러닝을 이해하는 데 도움이 될 것입니다).
- 이 책은 RNN과 DQN의 구조를 이해하는 것을 목적으로 합니다. 따라서 그림을 많이 사용하고 구체적인 사례를 들어 해설합니다. 때문에 엄밀성 면에서 부족한 부분이 있다는 것을 양해해 주시기 바랍니다.
- 이해하기 쉬운 표현을 위해, 엑셀 함수의 사용 방법을 장황하게 설명한 부분이 있다는 점도 양해해주시기 바랍니다.
- 이 책을 이해하기 위해서는 엑셀의 기본적 지식을 전제로 합니다. 1장에서 엑셀의 기본 지식을 확인하고 있으므로 이용하기 바랍니다.
- 이 책에서 신경망이라고 하는 경우, 합성곱 신경망 또는 넓게는 딥러닝이라 부르는 것들도 포함합니다.
- 함수를 간략화하기 위해 유효자릿수를 고려하지는 않았습니다.
- 엑셀의 워크시트는 캡처한 것으로, 표시된 숫자는 반올림한 것입니다.
- 신경망의 세계에서는 모델을 최적화하는 것을 '학습'이라 하는 경우가 있지만, 이 책에서는 이 용어를 사용하지 않습니다. Q학습, DQN에서 사용하는 '학습'과의 혼란을 피하기 위해서입니다.

엑셀 샘플 파일 다운로드 방법

분문 중에 사용하는 엑셀 샘플 파일을 다운로드하는 방법과 순서는 다음과 같습니다.

❶ ㈜성안당 홈페이지(www.cyber.co.kr)에서 회원 가입을 합니다.

❷ ㈜성안당 홈페이지(www.cyber.co.kr)의 [자료실]–[자료실 바로가기]를 선택합니다.

❸ 검색 창에 '엑셀 딥러닝 초입문 RNN · DQN 편'을 입력하면 목록에서 선택 가능합니다.

❹ 해당 도서를 선택한 후 [자료 다운로드 바로가기] 버튼을 클릭해 다운로드합니다.

■ 샘플 파일의 내용

항목명	페이지	파일명	개요
1장의 내용을 엑셀로 체험	P. 11 ~	1.xlsx	기본적인 함수와 해 찾기 사용 방법을 확인합니다.
2장의 내용을 엑셀로 체험	P. 39 ~	2.xlsx	신경망의 기본을 알아봅니다.
3장의 내용을 엑셀로 체험	P. 99 ~	3.xlsx	RNN의 구조를 설명합니다.
4장의 내용을 엑셀로 체험	P. 139 ~	4.xlsx	Q학습의 구조를 설명합니다.
5장의 내용을 엑셀로 체험	P. 183 ~	5.xlsx	DQN의 구조를 설명합니다.
부록 A의 내용을 엑셀로 체험	P. 210 ~	부록A.xlsx	부록 A의 내용을 설명합니다.
부록 C의 내용을 엑셀로 체험	P. 214 ~	부록C.xlsx	부록 C의 내용을 설명합니다.

주의

- 이 책은 엑셀 2013, 엑셀 2016을 이용해 집필했습니다. 다른 버전에서 실행해 검증하지는 않았습니다.
- 다운로드 파일의 내용은 예고 없이 변경되는 경우도 있습니다.
- 파일 내용의 변경이나 개선은 자유이지만 지원은 하지 않습니다.

1장

RNN, DQN을 위한 준비

1장에서는 RNN, DQN에 관한 개략적인 내용을 소개합니다. 또한 이 책에서 이용하는 엑셀의 기본을 확인합니다. 혹시 엑셀을 잘 알고 있는 독자들도 ▶ §1과 ▶ §4는 가볍게 읽어보기 바랍니다. 특히 ▶ §4의 '최적화'는 이 책의 기본이 됩니다.

§ 1 RNN, DQN의 첫걸음

2012년 '사람이 가르쳐주지 않은 AI가 스스로 고양이를 인식'이라는 구글의 뉴스가 세계를 휩쓸었습니다. 이를 계기로 **AI**, 즉 **인공지능**에 관한 뉴스가 '화제가 되지 않은 날이 없다.'라고 해도 과언이 아닐 것입니다. 이처럼 AI가 고양이를 인식할 수 있게 한 기술이 바로 **딥러닝**입니다.

그로부터 수년이 지나 **딥러닝**은 다양한 형태로 진화했습니다. 이 책에서 다루는 **순환 신경망**(RNN)과 **심층 Q-네트워크**(DQN)도 딥러닝에서 파생된 기술입니다. 또한 현재 가장 주목을 받고 있는 AI 기술이기도 합니다.

주 RNN은 'Recurrent Neural Networks(순환신경망)'의 첫 글자, DQN은 'Deep Q-Network(심층 Q-네트워크)'의 첫 글자로 생겨난 약어입니다.

▶ 시계열 데이터를 다루게 된 'RNN'

딥러닝은 수학적으로 모델링한 뉴런을 여러 겹으로 겹친 신경망입니다. 초기의 딥러닝은 복잡한 데이터 인식은 가능했지만 시간적인 관계인식은 불가능했습니다. 즉, 고양이를 인식할 수는 있었지만, 고양이의 동작은 예측할 수 없었습니다. 순환 신경망(RNN)은 동작의 예측을 가능하게 하는 기술 중 하나입니다.

이 기술은 음성 인식 분야에서 우리들에게 많은 도움을 주고 있습니다. 스마트폰에 말을 걸면, 놀라울 정도로 정확하게 문자로 변환해주는 기술을 뒷받침하고 있습니다.

스마트폰의 음성 입력에 한정하지 않더라도 현재에는 AI 스피커(스마트 스피커)와 대화하고, 로봇과 대화할 수 있게 됐습니다. 이와 같이 기계와의 대화가 자연스러운 것은 RNN 덕분이라 해도 과언이 아닙니다. 미래에는 가전제품이나 자동차에게 음성으로 지시하는 것도 자연스럽게 받아들여질 것입니다.

▲ AI 스피커는 '스마트 스피커'라고도 한다. 자연스러운 대화가 가능하다.

▲ 가까운 미래에는 가전제품과 자동차를 음성으로 조작하는 것이 일상화된다고 한다.

또한 최근의 기계 번역으로 얻은 번역문은 실제로 자연스럽습니다. 여행지에서 스마트폰을 보면서 외국인과 대화하는 모습도 낯설지 않습니다. 여기에도 RNN의 아이디어가 숨어 있습니다. RNN의 기술이 발전해 언어의 연결을 처리할 수 있게 됐기 때문입니다.

▶ 학습하는 로봇의 지능을 현실로 만든 'DQN'

2016년 봄, 세계적인 프로 기사를 격파한 게임 프로그램 '알파고'가 큰 화제가 됐습니다. 2014년 미국의 구글은 4억 달러로 영국의 IT 기업 딥마인드를 인수했고, 이 회사가 개발한 아이디어를 기반으로 사업을 합니다. 그 아이디어가 **DQN**입니다.

기계가 자율적으로 학습하는 것을 **기계학습**(머신러닝)이라 합니다. DQN은 이 기계학습의 세계에서 유명한 **Q학습**에 딥러닝을 결합한 기술입니다.

일반적으로 바둑이나 장기 등과 같은 게임 프로그램이나 실용적인 로봇 제어 프로그램은 매우 복잡합니다. 아무리 컴퓨터가 발전했다 하더라도 그 복잡성에 정면으로 대응하는 것이 쉽지 않습니다. 그러나 딥러닝 기법을 적용하면, 현재의 컴퓨터 환경에서도 그 복잡성에 대응할 수 있습니다. 그 기법이 DQN입니다.

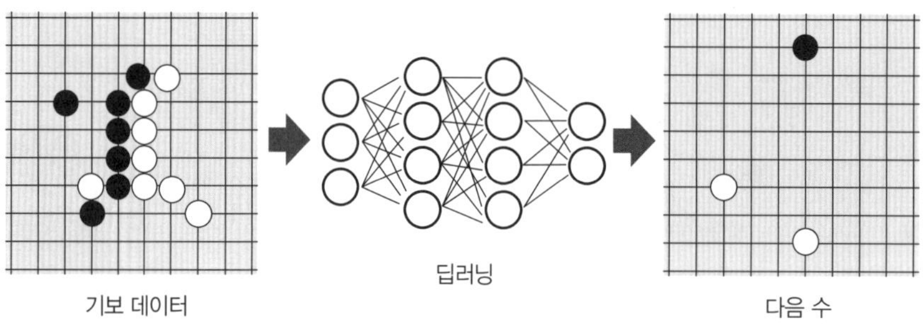

Q학습은 동물이 학습하는 구조를 모방한 기계학습의 한 가지 방법입니다. 이는 고전적인 기계학습 기법으로, 논리를 이해하기 쉬운 것이 특징입니다. 현재에도 대표적인 기법으로 많은 분야에서 활약하고 있습니다. 이 Q학습에 딥러닝을 결합한 DQN은 현재 많은 로봇 제어 프로그램에 도입되고 있습니다.

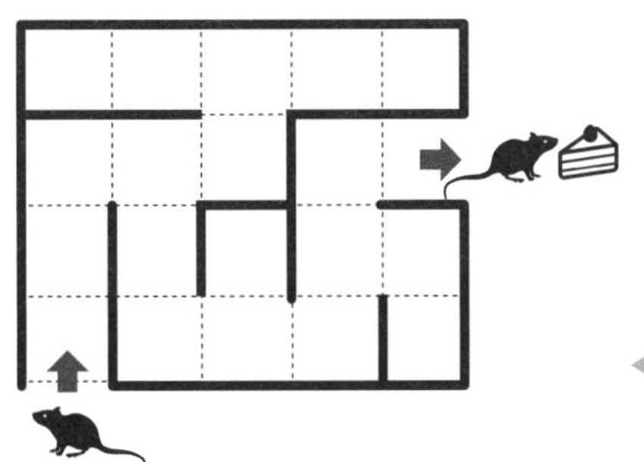

◀ DQN은 Q학습을 기본으로 한다. Q학습은 동물의 학습 형태를 모방한 머신러닝 중 한 가지 기법이다. 쥐가 미로 학습을 하는 구조를 도입했다.

▶ 왜, 지금 AI가 꽃을 피웠는가?

20세기까지의 AI 프로그램은 어떤 의미에서 고지식했습니다. 정리한 지식을 가르치고, 그것을 AI가 수학적으로 처리하도록 한 것입니다. 그러나 그 고지식함이 해가 돼, 커다란 성과를 거둘 수 없었습니다. 사람과 동물의 지능은 매우 복잡하기 때문입니다.

하지만 21세기 프로그램은 이와 다릅니다. 어떤 의미에서는 게으른 것입니다. 여러 층으로 된 신경망에 방대한 양의 데이터를 제공하고, 마음대로 학습시키는 아이디어를 이용합니다. 그리고 이 아이디어가 커다란 성공을 거두게 됐습니다.

이제까지의 AI 모델은 모델을 규정하는 파라미터를 가능하면 적게, 간결하게 하도록 노력했습니다. 컴퓨터에 부하가 너무 크게 가해지지 않도록 했습니다. 이에 비해 현대의 AI 모델은 컴퓨터에 부하가 가해지는 것을 꺼리지 않습니다. 방대한 수의 파라미터를 허용하고, 이 파라미터들을 결정하기 위해 엄청난 계산을 컴퓨터에게 맡깁니다.

게으른 21세기의 프로그램을 가능하게 한 것은 현대 기술의 발전 덕분입니다. 인터넷의 보급으로 방대한 양의 데이터를 쉽게 손에 넣을 수 있게 됐습니다. 이 덕분에 모델을 구성하는 수만 개의 파라미터가 결정됩니다. 수만 개의 파라미터를 결정하기 위해서는 막대한 계산이 필요하지만, 이를 싫어하지 않고 실행해주는 컴퓨터 칩도 개발됐습니다. 현대에 이르러 소프트웨어와 하드웨어가 함께 갖춰진 덕분에 비로소 AI의 보급이 가능해진 것입니다.

RNN, DQN을 엑셀로 체험

RNN(순환 신경망)과 DQN(심층 Q-네트워크)의 구조는 어렵지 않습니다. 하지만 구조는 간단하더라도 그 이론을 어려워하는 사람은 많습니다. 구현하기 위한 수식 처리가 복잡하기 때문입니다.

따라서 수식 부분은 엑셀에 맡기고 아이디어만을 워크시트상에서 살펴보겠습니다. 워크시트는 아이디어를 살펴보기에 편리한 도구입니다. 하나의 셀이 하나의 뉴런을 나타내기 때문입니다. 그러므로 워크시트 전체를 들여다보면 RNN과 DQN의 사고방식을 쉽게 이해할 수 있습니다.

사람은 불가사의한 존재로, 상대방의 사고방식을 이해할 수 없을 때 공포나 두려움을 느낍니다. 그러나 사고방식을 알게 되면 친밀감을 느낍니다. 이 책의 목적은 AI에 친밀감을 느낄 수 있도록 기초 지식을 제공하는 것입니다. 이렇게 함으로써 지나친 기대나 불안감을 느끼지 않고 AI의 장래를 냉정하게 논하는 것이 가능해질 것이고, 21세기의 과학 문명을 활발하게 논의할 수 있게 될 것입니다.

§ 2 사용할 엑셀 함수는 10개 남짓

이 책은 수학적으로 번거로운 부분을 엑셀에 맡깁니다. 엑셀이 이용하는 함수의 양은 매우 적습니다. 모두 유명한 함수이므로 설명이 필요하지 않을지는 모르지만, 한번 확인해보겠습니다.

▶ 사용할 주요 엑셀 함수

이 책에서 이용하는 주요 엑셀 함수는 다음의 10개 정도입니다. 이것만으로도 신경망과 RNN, DQN을 구현할 수 있습니다.

함수	의미	자주 이용되는 곳
IF	수치나 코드의 대소 판정	범용 함수
SUM	셀 범위의 수치 합을 계산	목적 함수의 산출
SUMPRODUCT	2개의 지정된 범위에 있는 수치의 곱의 합을 계산	입력의 선형합
SUMXMY2	2개의 범위에 있는 수치의 차의 제곱합을 계산	제곱 오차의 선형합
EXP	지수 함수의 값을 계산	시그모이드 함수
TANH	하이퍼볼릭 탄젠트	활성화 함수
MAX	주어진 수 중에서 최댓값을 구함	램프 함수에서 이용
RAND	0 이상 1 미만의 난수를 발생시킴	초깃값 설정
OFFSET	표의 몇 번째 행의 몇 번째 열에 무엇이 있는지를 구함	Q 값을 관측
MATCH	대상 수치나 문자가 표의 몇 번째 셀에 있는지를 조사	액션 선택
SEARCH	문자열 중 지정한 문자의 위치를 탐색	문자열 분해
MMULT	행렬의 곱셈 계산을 실행	가중치를 부여한 합

위 표 중 TANH, OFFSET, MATCH, MMULT의 의미와 사용 방법, 신경망 계산에 편리한 '배열 수식'을 확인해보겠습니다.

주 다음 예의 워크시트는 다운로드 사이트(→ 10페이지)의 샘플 파일 '1.xlsx'에 있는 'TANH', 'OFFSET', 'MATCH', '배열 수식1', '배열 수식2', 'MMULT' 탭에 차례대로 수록돼 있습니다.

TANH 함수

TANH 함수는 수학의 하이퍼볼릭 탄젠트 함수인 tanh를 표현합니다. tanh는 다음과 같이 정의할 수 있습니다.

$$\tanh(x) = \frac{e^x - e^{-x}}{e^x + e^{-x}}$$

여기에서 e^x는 자연대수를 밑으로 한 지수 함수입니다.

함수 $\tanh(x)$의 그래프는 다음과 같습니다.

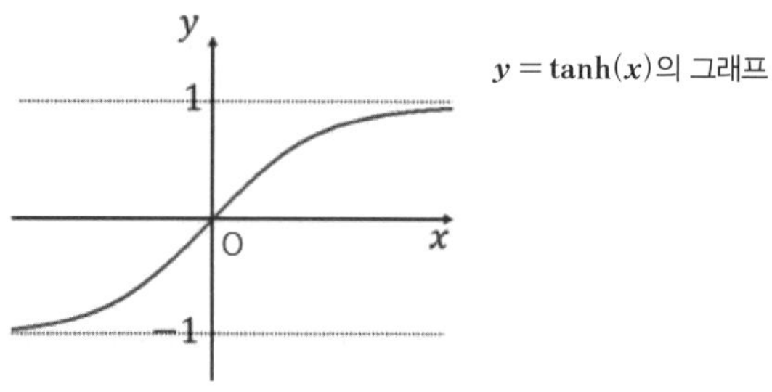

$y = \tanh(x)$의 그래프

예1 $x = 1$일 때, $\tanh(x)$를 구하시오.

C3 | =TANH(B3)

	A	B	C	D	E
1		TANH 사용 방법의 예			
2		x	TANH		
3		1	0.761594		

◀ 예1 의 정답 예

OFFSET 함수

표를 처리하는 기능이 강력한 함수입니다. 이 함수를 이용하면 프로그래밍 언어와 동일한 처리를 워크시트상에서 수행할 수 있습니다.

OFFSET 함수의 형식은 다음과 같습니다.

OFFSET(표의 왼쪽 상단 셀 주소, 표의 행, 표의 열)

주 엑셀의 INDEX 함수도 이와 동일한 기능을 구현합니다.

반환 값은 표에서 지정된 위치의 셀 값입니다.

예 2 셀 B2가 왼쪽 상단을 차지하는 표에서 2행 3열에 위치한 셀 값을 구하시오.

I4 =OFFSET($B$2,I2,I3)

	A	B	C	D	E	F	G	H	I
1		OFFSET 사용 방법의 예							
2		표	1	2	3	4		행	2
3		1	11	12	13	14		열	3
4		2	21	22	23	24		OFFSET 값	23
5		3	31	32	33	34			

◀ 예 2 의 정답 예

MATCH 함수

MATCH 함수도 OFFSET 함수와 마찬가지로 표를 처리하는 데 필수적인 함수입니다. MATCH 함수를 이용하면 표의 어느 위치에 목적 값이 있는지 알 수 있습니다. MATCH 함수의 형식은 다음과 같습니다.

MATCH(찾고 싶은 값, 표의 범위)

반환 값은 표의 '시작 부분'부터 '찾고 싶은 값'이 있는 곳까지의 위치입니다. 정확하게 일치하는 값이 아닐 때는 그 '찾고 싶은 값' 이하의 값 중 최댓값이 차지한 위치를 반환합니다.

주 MATCH 함수는 이외의 사용 방법도 있지만, 여기에서는 생략합니다.

예 3 셀 범위 C3:G3에서 셀 J2 이하의 값 중 최댓값이 있는 셀의 위치를 구하시오.

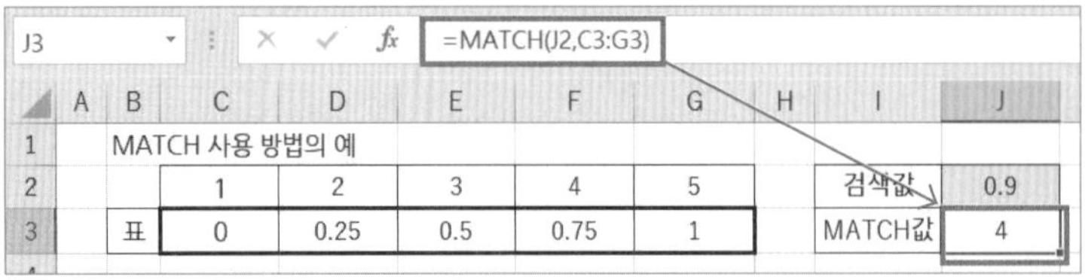

J3 | =MATCH(J2,C3:G3)

	A	B	C	D	E	F	G	H	I	J
1		MATCH 사용 방법의 예								
2			1	2	3	4	5		검색값	0.9
3		표	0	0.25	0.5	0.75	1		MATCH값	4

이 예에서는 '찾고 싶은 값'(= 0.9)과 정확하게 일치하는 값이 없기 때문에 '찾고 싶은 값' 이하의 값 중 최댓값(= 0.75)이 차지한 위치 4가 반환됩니다.

▶ 배열 수식

표의 복사, 표의 계산, 표의 각 셀에 관해 계산식을 일괄적으로 적용하는 경우에 편리한 것이 **배열 수식**이 부르는 계산 형식입니다.

이 계산 방법은 신경망과 같은 전형적인 계산이 자주 나타나는 경우에 매우 효과적입니다. 뉴런별이 아니라 층별로 계산하기 때문입니다. 함수의 입력 오류도 줄일 수 있습니다.

배열 수식의 이용법에 관한 간단한 예를 알아봅시다. 다음 2개의 행렬, 즉 표의 합을 생각해봅시다.

예 4 $A=\begin{pmatrix}2 & 7\\1 & 8\end{pmatrix}$, $B=\begin{pmatrix}2 & 8\\1 & 3\end{pmatrix}$일 때

$$A+B=\begin{pmatrix}2+2 & 7+8\\1+1 & 8+3\end{pmatrix}=\begin{pmatrix}4 & 15\\2 & 11\end{pmatrix}$$

이 계산을 엑셀에서 실행할 때, 각 성분(즉, 셀)을 직접 계산해도 괜찮습니다. 다음 그림에서 확인하기 바랍니다.

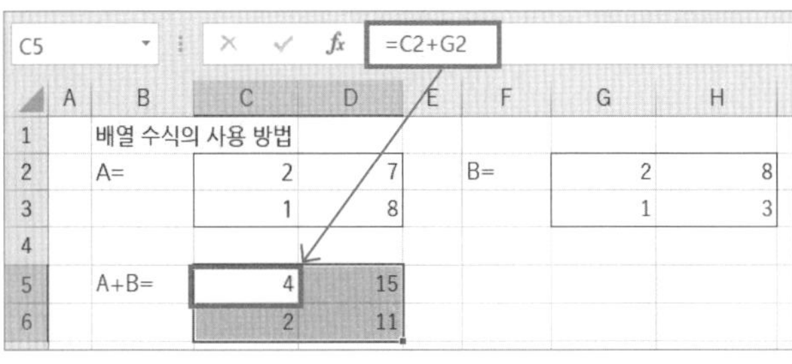

◀ 표들의 계산에서, 각 성분을 계산하는 예

그러나 엑셀은 이보다 편리한 기능을 갖추고 있습니다. 표들을 한데 모아 계산하는 배열 수식의 기법입니다. 위의 예를 배열 수식을 이용해 계산하기 위해서는 다음과 같이 처리해야 합니다.

❶ 계산식을 입력하는 범위를 지정합니다. 그 후에 키보드로 등호 '='를 입력합니다.

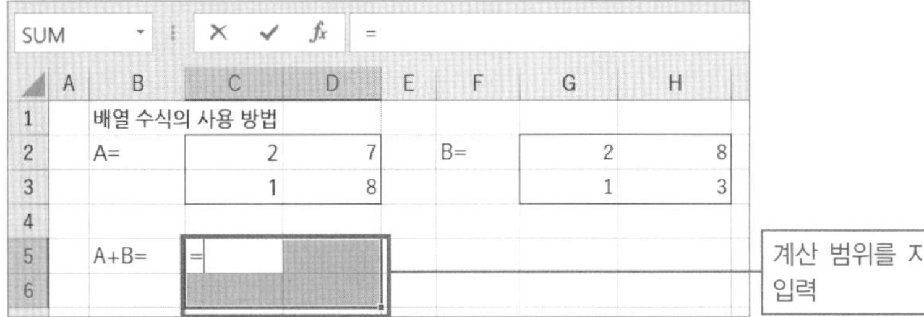

❷ 계산식의 한쪽 범위를 드래그해 지정합니다.

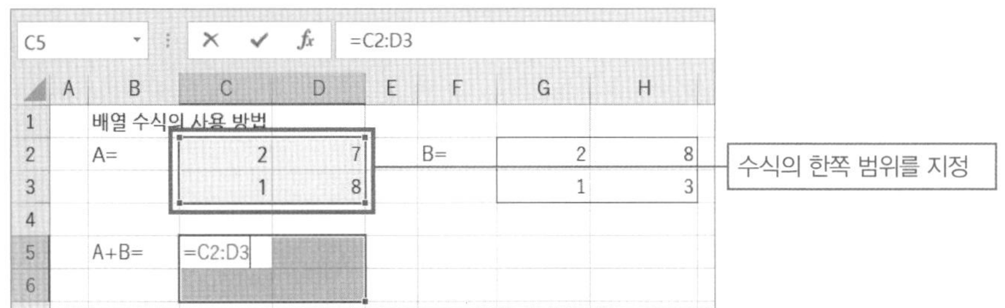

❸ '+'를 입력한 후 계산 수식의 다른 쪽 범위를 드래그해 지정합니다.

G2 =C2:D3+G2:H3

	A	B	C	D	E	F	G	H
1		배열 수식의 사용 방법						
2		A=	2	7		B=	2	8
3			1	8			1	3
4								
5		A+B=	=C2:D3+G2:H3					
6								

수식의 다른 쪽 범위를 지정

❹ 마지막으로, Ctrl 키와 Shift 키를 동시에 누르면서 Enter 키를 누릅니다. 이것으로 배열 수식의 입력이 끝납니다.

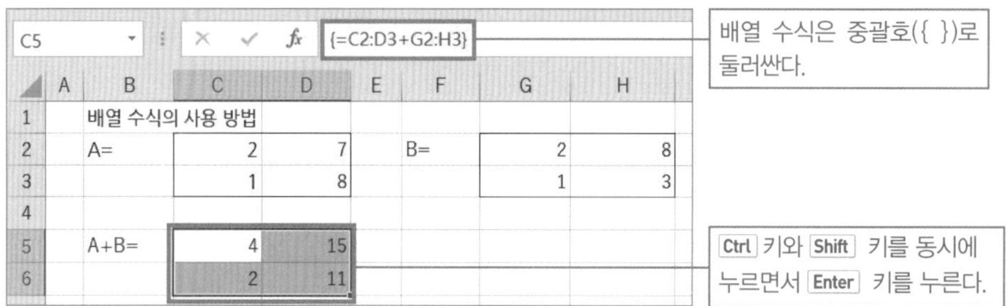

배열 수식은 수식 바 안에서 중괄호({ })로 둘러쌉니다.

주 예4 는 덧셈이지만 뺄셈이나 정수의 곱도 이와 동일하게 계산할 수 있습니다.

위의 예는 행렬, 즉 표들의 계산이었지만, 배열 수식은 이것에 한정되는 것은 아닙니다. 표에 있는 수 전체에 함수를 적용해 계산할 수 있습니다.

다음의 예는 표의 모든 셀에 대해서 **시그모이드 함수**의 값을 구합니다. 시그모이드 함수 $\sigma(x)$란 다음과 같은 함수라고 말합니다. 2장 이후, 활성화 함수로 활약합니다.

$$\sigma(x) = \frac{1}{1+e^{-x}} \quad \cdots \boxed{1}$$

예5 범위 C2:D3의 모든 셀에 관해 시그모이드 함수의 값을 구하시오.

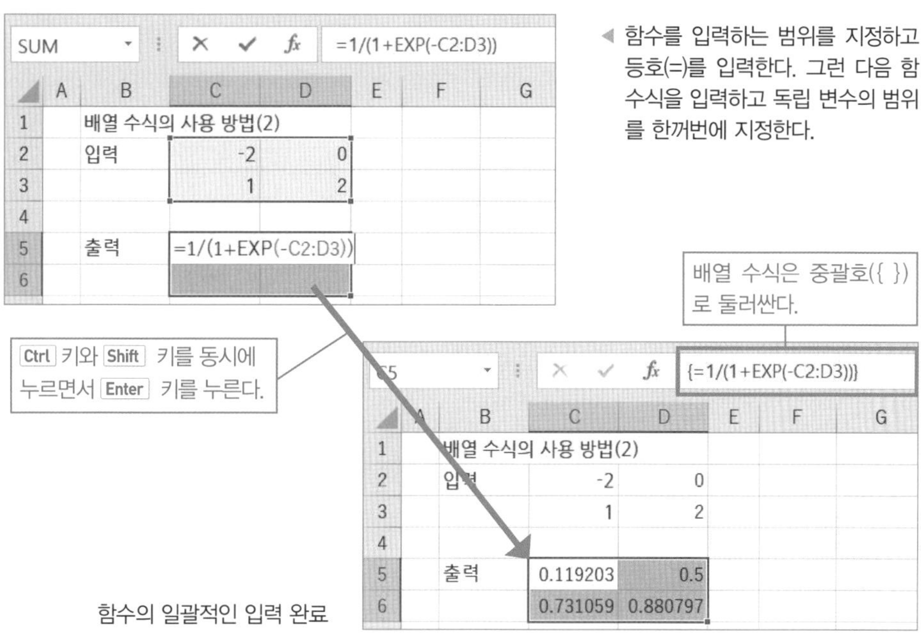

함수의 일괄적인 입력 완료

배열 수식은 신경망(neural network)의 계산에서 매우 유용한 기능입니다. 1개 층의 활성화 함수를 한꺼번에 계산할 수 있기 때문입니다.

MMULT 함수

신경망 계산에서는 표 형식의 곱 계산이 자주 이용됩니다. 이때 '곱의 행렬' 계산을 기억해두면 편리합니다.

수학에서 표들의 계산을 '행렬 계산'이라 부릅니다. 앞의 예4 도 행렬 계산의 예입니다. 특히, 두 개의 행렬 A, B의 곱 AB의 행렬 계산은 다음과 같이 정의할 수 있습니다.

행렬 A의 i행과 행렬 B의 j열에 대응하는 성분끼리 서로 곱한 수, i행 j열의 성분으로 하는 행렬이 AB 행렬의 곱이다.

이 약속을 다음의 예에서 확인하기 바랍니다.

예6 $A=\begin{pmatrix}2 & 7\\ 1 & 8\end{pmatrix}$, $B=\begin{pmatrix}2 & 8\\ 1 & 3\end{pmatrix}$일 때

$$AB=\begin{pmatrix}2 & 7\\ 1 & 8\end{pmatrix}\begin{pmatrix}2 & 8\\ 1 & 3\end{pmatrix}=\begin{pmatrix}2\cdot2+7\cdot1 & 2\cdot8+7\cdot3\\ 1\cdot2+8\cdot1 & 1\cdot8+8\cdot3\end{pmatrix}=\begin{pmatrix}11 & 37\\ 10 & 32\end{pmatrix}$$

$$BA=\begin{pmatrix}2 & 8\\ 1 & 3\end{pmatrix}\begin{pmatrix}2 & 7\\ 1 & 8\end{pmatrix}=\begin{pmatrix}2\cdot2+8\cdot1 & 2\cdot7+8\cdot8\\ 1\cdot2+3\cdot1 & 1\cdot7+3\cdot8\end{pmatrix}=\begin{pmatrix}12 & 78\\ 5 & 31\end{pmatrix}$$

MMULT 함수는 이 행렬의 계산을 실행하는 것으로, 형식은 다음과 같습니다.

MMULT(행렬1, 행렬2)

예7 예6 의 계산을 MMULT 함수로 실행하시오.

이 계산식을 입력하기 위해서는 배열 수식의 형식을 이용해야 합니다(앞의 항 참조).

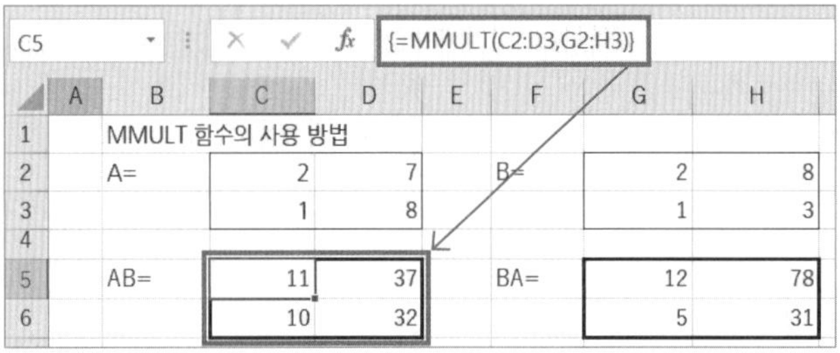

C5 {=MMULT(C2:D3,G2:H3)}

	A	B	C	D	E	F	G	H
1		MMULT 함수의 사용 방법						
2		A=	2	7		B=	2	8
3			1	8			1	3
4								
5		AB=	11	37		BA=	12	78
6			10	32			5	31

◀ 위 예6 의 계산을 하는 워크시트. 배열 수식으로 입력하는 것에 주의합니다.

§ 3 최적화 계산이 불필요한 엑셀의 해 찾기

데이터를 분석할 때 해당 데이터를 설명하기 위해서는 수학 모델을 작성해야 합니다. 이 모델은 몇 개의 파라미터로 규정됩니다. 가능한 한 모델과 데이터가 일치하도록 파라미터를 정하는 것을 **최적화**라고 합니다. 해 찾기는 엑셀이 제공하는 추가 기능으로 최적화 문제를 쉽게 해결해줍니다.

주 해 찾기는 엑셀의 추가 기능이므로 초기 상태에서 설치되지 않는 경우가 있습니다. 이때에는 부록 B를 참조하기 바랍니다.

▶ 해 찾기를 사용해보자

예제를 이용해 엑셀의 해 찾기 이용법을 알아보겠습니다.

예제 엑셀의 해 찾기를 이용해 함수 $y=3x^2+1$ 의 최솟값과 최솟값을 만족하는 x의 값을 구하시오.

주 이 예제의 워크시트는 다운로드 사이트(→ 10페이지)의 샘플 파일 '1.xlsx'에 있는 '해 찾기' 탭에 수록돼 있습니다.

풀이 답은 '$x=0$ 일 때, y의 최솟값은 1'이지만, 이를 해 찾기를 이용해 구하는 것을 단계를 따라가며 확인합니다.

❶ 함수식을 입력합니다. 그리고 x에 적당한 초깃값을 설정합니다(여기에서는 '5'를 입력했지만, 의미가 있는 것은 아닙니다).

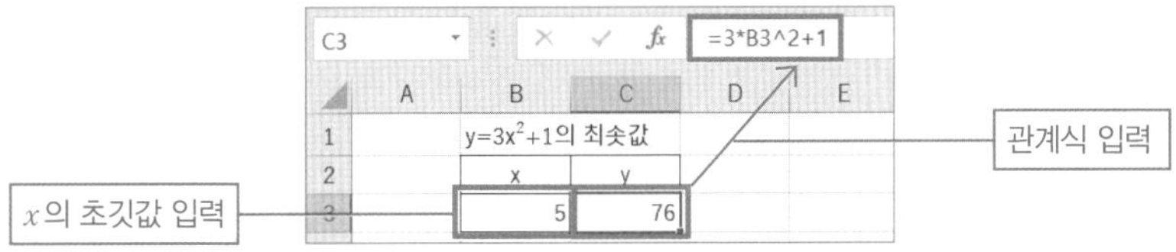

❷ '데이터' 리본 메뉴에 있는 '해 찾기' 메뉴를 선택해 해 찾기를 실행합니다.

주 해 찾기가 설치돼 있지 않으면 다음 메뉴는 없습니다(→ 부록 B).

설정 박스가 나타나면 다음과 같이 설정합니다.

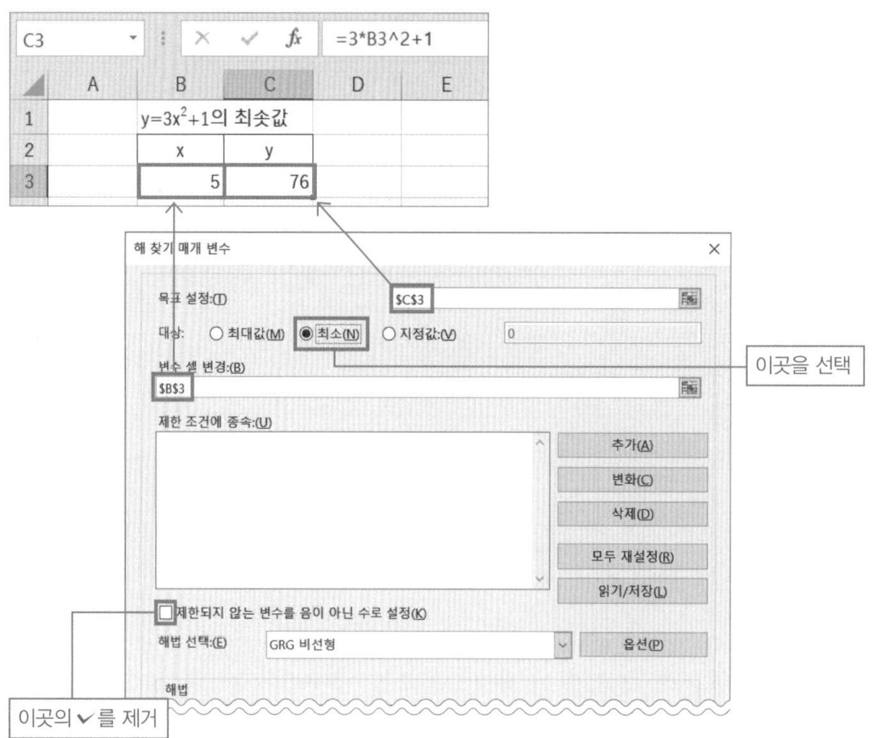

❸ 해 찾기의 설정 박스에 있는 [해 찾기(S)] 버튼을 클릭합니다. 구하려는 최솟값 1과 이를 만족하는 $x=0$의 값이 산출됩니다.

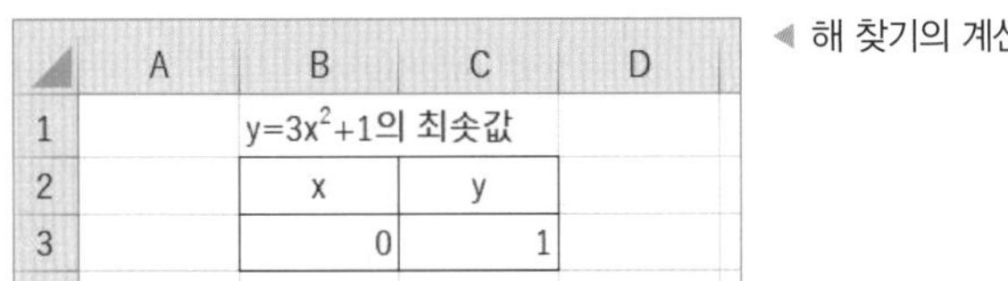

	A	B	C	D
1		y=3x²+1의 최솟값		
2		x	y	
3		0	1	

◀ 해 찾기의 계산 결과

그러나 해 찾기의 계산이 항상 성공하는 것은 아닙니다. 성공할 때는 다음과 같은 메시지가 표시되므로 반드시 확인하기 바랍니다.

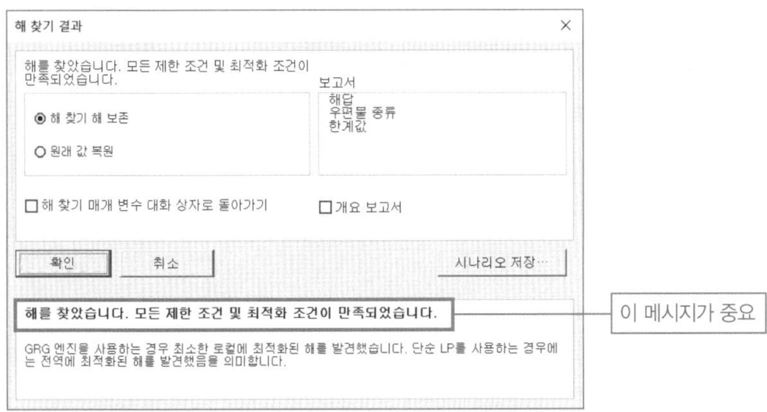

▶ 해 찾기로 구한 '최솟값'은 국소해

함수 $y=f(x)$의 그래프를 다음 그림(→ 28페이지)과 같다고 가정합시다. 이때, 그림에 나타낸 점 A의 x 좌표가 초깃값으로 주어지면, 해 찾기는 **극솟값**을 구하게 됩니다. 해 찾기는 조금씩 변수를 이동해가면서 작은 값을 찾아나가기 때문입니다. 이와 같은 해를 **국소해**라고 합니다.

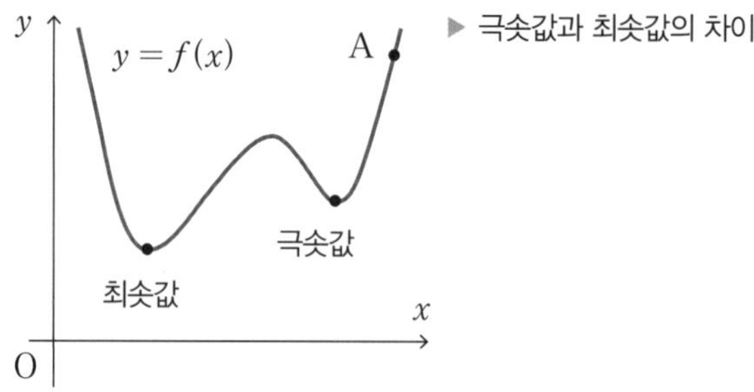

▶ 극솟값과 최솟값의 차이

해 찾기를 이용할 때는 이 국소해의 존재에 주의해야 할 필요가 있습니다. 특히 신경망처럼 파라미터가 많은 모델에서는 항상 이러한 문제를 만납니다. 이 문제를 피하기 위해서는 초깃값을 다양하게 바꾸는 노력이 필요합니다.

§ 4 데이터 분석에는 최적화가 필수

데이터 분석에서는 대부분 **최적화 문제**라 부르는 문제를 만나게 됩니다. 앞 절(▶ §3)에서 기술한 것처럼, 최적화는 이론을 나타내는 모델과 현실의 데이터와의 차이가 최소화되도록 모델에 포함된 파라미터를 결정하는 것입니다. 이 책에서 살펴보는 딥러닝, RNN, DQN도 결국 최적화 문제라고 할 수 있습니다.

이 절에서는 '회귀분석'이라는 고전적인 최적화 문제를 이용해 이 문제의 의미와 해법을 알아보겠습니다.

▶ 최적화는 데이터 분석에 필수

데이터 분석에서는 가장 먼저 수학 모델을 작성합니다. 이 모델은 데이터를 담기 위한 변수와 구조를 결정하기 위한 **파라미터**로 설정됩니다. 이 파라미터 부분을 결정하는 것이 앞 절에서 기술한 **최적화**라 부르는 수학적 기법입니다.

좀 더 구체적으로 표현해보겠습니다. 수학적인 모델에서 산출된 값에는 일반적으로 실제 데이터와의 오차가 존재합니다. 이 오차를 전체적으로 최소화하는 파라미터를 정하는 것이 최적화 문제입니다.

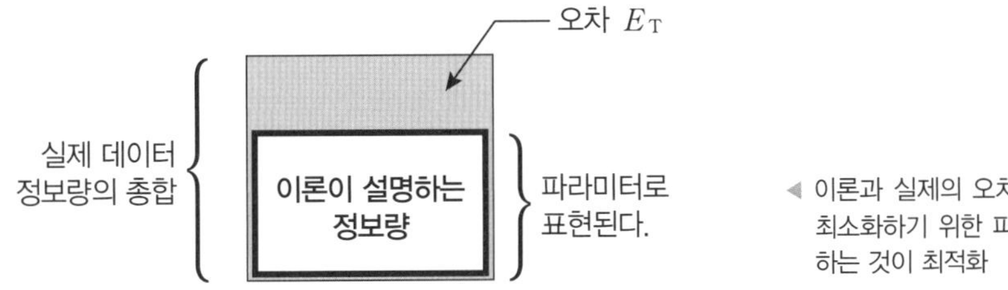

◀ 이론과 실제의 오차 총량 E_T를 최소화하기 위한 파라미터를 정하는 것이 최적화

앞에서 기술한 것처럼 신경망과 그 응용인 RNN, DQN의 결정 문제를 수학적으로 말하면 최적화 문제 중 하나입니다.

이 최적화 문제를 이해하기 위한 가장 알기 쉬운 예가 **회귀분석**입니다. 회귀분석을 이해하면, 신경망과 그 응용인 RNN, DQN에 관한 파라미터 결정 문제, 즉 최적화 문제를 바로 이해할 수 있습니다.

회귀분석이란?

복수의 변수로 구성되는 자료에 대해 특정한 한 가지 변수에 주목해 나머지 변수로 설명하는 기법을 **회귀분석**이라 합니다. 회귀분석에는 여러 가지 종류가 있지만, 사고방식을 알기 위해 '선형 단순회귀분석'이라 부르는 분석 방법을 알아보겠습니다.

주 회귀분석은 기계학습(머신러닝) 중 하나인 '지도학습'에서 가장 널리 알려진 주제입니다.

'선형 단순회귀분석'의 대상은 두 변수로 구성되는 자료입니다. 다음과 같이 두 변수 x, y의 자료와 그 산점도가 주어졌다고 가정해보겠습니다.

개체명	x	y
1	x_1	y_1
2	x_2	y_2
3	x_3	y_3
…	…	…
n	x_n	y_n

자료

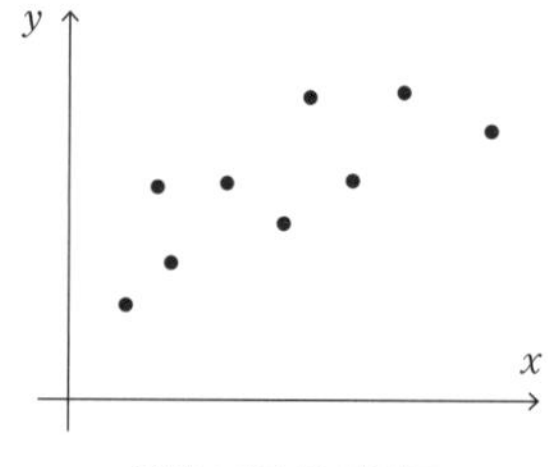

왼쪽 자료의 산점도

'선형 단순회귀분석'은 이러한 산점도상의 점들을 대표하는 직선과 그 직선에서 두 변수 사이의 관계를 살펴보는 분석 기술입니다. 점들을 대표하는 이 직선을 **회귀직선**이라 부릅니다.

회귀직선은 다음과 같이 1차식으로 표현됩니다.

$$y = px + q \quad p, q\text{는 상수} \quad \cdots \boxed{1}$$

이를 **회귀방정식**이라 부릅니다.

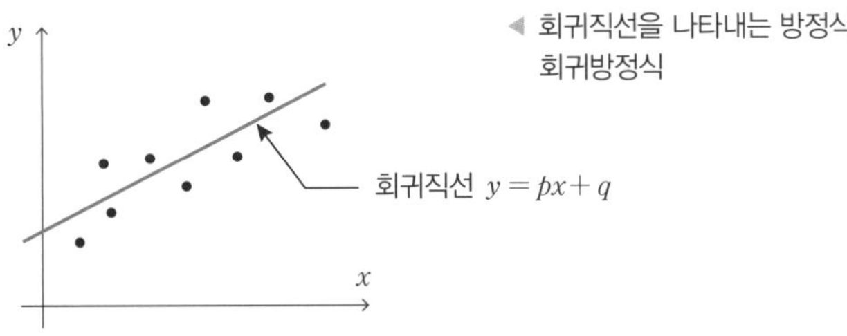

◀ 회귀직선을 나타내는 방정식이 회귀방정식

x, y는 데이터의 실제 값을 입력하기 위한 변수로, 우변의 x를 **설명변수**, 좌변의 y를 **목적변수**라 합니다. 상수 p, q는 회귀분석 모델을 정하는 파라미터입니다.

주 p를 '회귀계수', q를 '절편'이라 부릅니다.

▶ 구체적인 예로 회귀분석의 논리를 이해

다음의 구체적인 예로 회귀방정식 1을 어떻게 결정하는지 알아봅시다. 그 결정법은 뒤에서 알아보는 신경망, RNN의 결정법과 동일합니다.

예제 다음은 고등학교 3학년 여학생 7명의 신장과 체중 자료다. 이 자료에서 체중 y를 목적변수, 신장 x를 설명변수로 하는 회귀방정식 $y = px + q$ (p, q는 상수)를 구하시오.

번호	신장 x	체중 y
1	153.3	45.5
2	164.9	56.0
3	168.1	55.0
4	151.5	52.8
5	157.8	55.6
6	156.7	50.8
7	161.1	56.4

◀ 여학생 7명의 신장과 체중 자료

주 이 예제의 워크시트는 다운로드 사이트(→ 10페이지)의 샘플 파일 '1.xlsx'에 있는 '회귀분석(최적화 전)', '회귀분석(최적화 후)' 탭에 수록돼 있습니다.

풀이 구하는 회귀방정식을 다음과 같이 둡니다.

$y = px + q$ p, q는 상수   … 1

k번째 학생의 신장을 x_k, 체중을 y_k로 표기합니다. 그러면 이 학생에 관해 회귀방정식이 예측하는 체중(**예측값**이라 부릅니다)은 다음과 같이 구해집니다.

예측값: $px_k + q$

이 예측값을 표로 나타내봅시다.

번호	신장 x	체중 y	예측값 $px+q$
1	153.3	45.5	$153.3p+q$
2	164.9	56.0	$164.9p+q$
3	168.1	55.0	$168.1p+q$
4	151.5	52.8	$151.5p+q$
5	157.8	55.6	$157.8p+q$
6	156.7	50.8	$156.7p+q$
7	161.1	56.4	$161.1p+q$

◀ **체중 y의 실측값과 예측값**
최적화를 고려할 때, 실측값과 예측값의 차이를 이해하는 것이 중요

실제의 체중 y_k와 예측값과의 오차는 다음과 같이 산출됩니다.

k번째 오차 $= y_k - (px_k + q)$ … 2

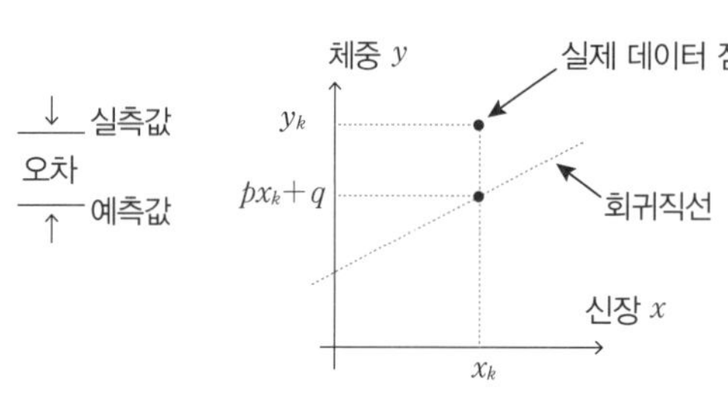

◀ 1, 2의 관계를 그림으로 나타냄. k번째 학생의 x_k, y_k와 오차의 관계도

식 2에서 구해진 오차는 양수 또는 음수가 되고, 데이터 전체를 모두 더하면 서로 상쇄돼 0이 됩니다. 따라서 다음의 값 e_k를 고려해야 합니다. 이를 k번째 자료의 **제곱오차**라 부릅니다.

k번째 자료의 제곱오차 $e_k = (k\text{번째 오차})^2 = \{y_k - (px_k + q)\}^2$ … 3

주 e는 error의 머리글자. 식 3에는 문헌에 따라 다양한 상수 계수를 붙이지만, 결론은 동일합니다.

이 제곱오차를 데이터 전체에 모두 더해봅시다. 이는 데이터 전체의 '오차의 총합' 입니다. 이것을 E_T라 하고, 다음과 같이 나타냅니다(첨자 T는 total의 머리글자).

$$E_T = e_1 + e_2 + \cdots + e_7 \quad \cdots \; 4$$

데이터를 식 3, 4에 대입하면, 오차의 총합 E_T는 다음과 같이 p, q의 식으로 나타낼 수 있습니다.

$$\begin{aligned} E_T = &\{45.5 - (153.3p + q)\}^2 + \{56.0 - (164.9p + q)\}^2 \\ &+ \cdots + \{56.4 - (161.1p + q)\}^2 \end{aligned} \quad \cdots \; 5$$

이 오차의 총합 5(즉, 4)를 **목적 함수**라고 합니다. 최소화의 **목적**이 되는 함수이기 때문입니다.

이때 주의해야 할 점은 이것이 파라미터 p, q의 함수가 된다는 것입니다. p, q는 데이터의 입력 변수 x, y에 대해 상수지만, 최적화를 할 때는 변수가 되는 것입니다.

그런데 목표는 이 파라미터 p, q의 결정입니다. 회귀분석에서는

'목적 함수 5가 최소가 되는 p, q가 해가 된다.'

라고 생각해야 합니다. 목적 함수는 오차의 총합이고, 그것이 최소인 것이 좋은 모델이라 생각되기 때문입니다. 이것이 바로 파라미터 p, q의 결정 원리입니다. 따라서 이것이 처음에 기술한 '최적화 문제'입니다. 그러므로 이와 같이 p, q를 찾는 것을 **최적화한다**라고 표현합니다.

이상과 같이 생각하면, 뒤는 간단합니다. 엑셀이 제공하는 해 찾기로 목적 함수 5가 최소가 되는 파라미터 p, q를 찾으면 되기 때문입니다.

> **MEMO 목적 함수의 표현**
>
> 신경망의 세계에서는 오차를 식 3과 같이 제곱값으로 정의하고, 제곱값의 총합인 식 4를 목적 함수로 하는 것이 일반적입니다. 따라서 이 목적 함수가 최소가 되도록 파라미터를 결정해야 합니다. 이를 **최소제곱법**이라 부릅니다.
>
> 일반적으로는 목적 함수로서 식 3, 4의 형식이 될 필요는 없습니다. 통계학에서는 이를 일반화한 다양한 형식이 이용됩니다. 이렇게 함으로써 모델의 다른 평가가 가능하기 때문입니다.

다음 단계를 따라가며 회귀분석을 위한 최적화를 수행해봅시다.

❶ 파라미터 p, q의 초깃값을 설정하고 회귀방정식 1을 이용해 체중 y의 예측값 2를 계산합니다.

E7 =$C$3*C7+$C$4

	A	B	C	D	E	F
1		단순회귀분석				
2						
3		p	1			
4		q	1			
5						
6		번호	신장x	체중y	예측값	제곱오차
7		1	153.3	45.5	154.3	
8		2	164.9	56.0	165.9	
9		3	168.1	55.0	169.1	
10		4	151.5	52.8	152.5	
11		5	157.8	55.6	158.8	
12		6	156.7	50.8	157.7	

가상의 파라미터 p, q로 각각 1을 입력. 이를 이용해 식 2에서 y를 산출

또한 최적화 문제를 컴퓨터로 풀 때는 이 초깃값의 설정이 중요합니다. ▶ §3에서 다룬 것처럼 구해진 해가 국소해일 우려가 있기 때문입니다. 다양한 초깃값을 시험해 목적 함수가 0에 가장 가까운 것을 채택하게 됩니다.

❷ 식 3에서 각 여학생에 관한 제곱오차를 산출합니다.

F7 | =(D7-E7)^2

	A	B	C	D	E	F
1		단순회귀분석				
2						
3		p	1			
4		q	1			
5						
6		번호	신장x	체중y	예측값	제곱오차
7		1	153.3	45.5	154.3	11837.4
8		2	164.9	56.0	165.9	12078.0
9		3	168.1	55.0	169.1	13018.8
10		4	151.5	52.8	152.5	9940.1
11		5	157.8	55.6	158.8	10650.2
12		6	156.7	50.8	157.7	11427.6
13		7	161.1	56.4	162.1	11172.5

식 4에서 제곱오차 산출

❸ 제곱오차의 총합 E_T를 SUM 함수로 산출합니다(→ 식 3, 5).

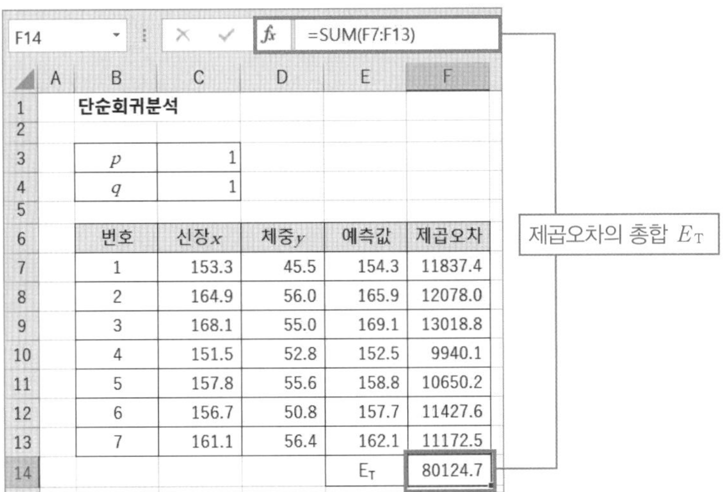

F14 | =SUM(F7:F13)

	A	B	C	D	E	F
1		단순회귀분석				
2						
3		p	1			
4		q	1			
5						
6		번호	신장x	체중y	예측값	제곱오차
7		1	153.3	45.5	154.3	11837.4
8		2	164.9	56.0	165.9	12078.0
9		3	168.1	55.0	169.1	13018.8
10		4	151.5	52.8	152.5	9940.1
11		5	157.8	55.6	158.8	10650.2
12		6	156.7	50.8	157.7	11427.6
13		7	161.1	56.4	162.1	11172.5
14					E_T	80124.7

❹ 해 찾기를 실행한 후 다음과 같이 E_T가 입력될 셀을 '목표 설정'에 설정하고 가상의 값이 입력될 p, q 셀을 '변수 셀 변경'에 설정합니다.

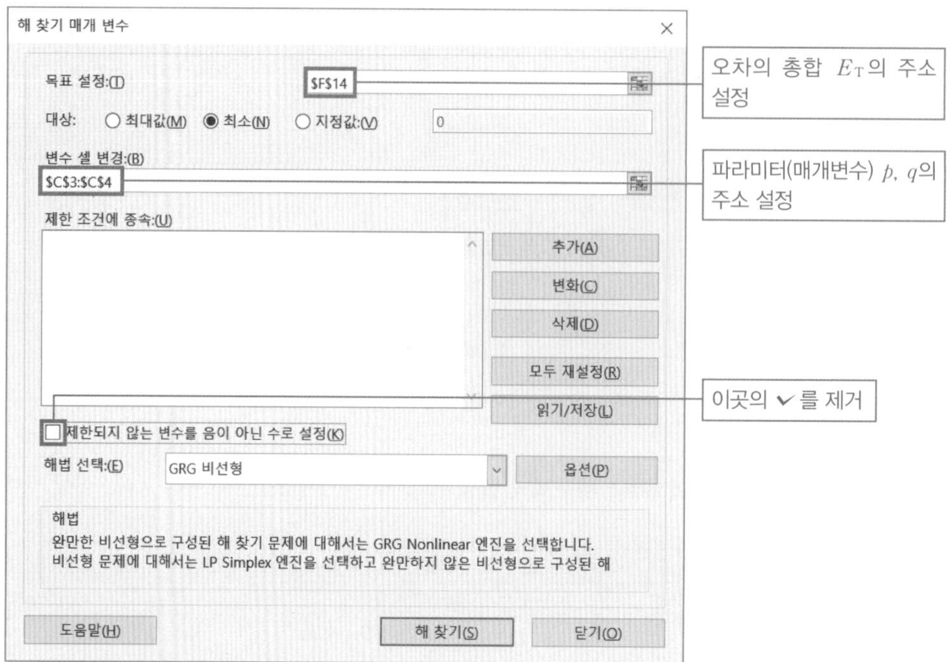

❺ 해 찾기를 실행하면 다음 그림과 같이 파라미터 p, q 의 값과 제곱오차의 총합 E_T의 값이 구해집니다.

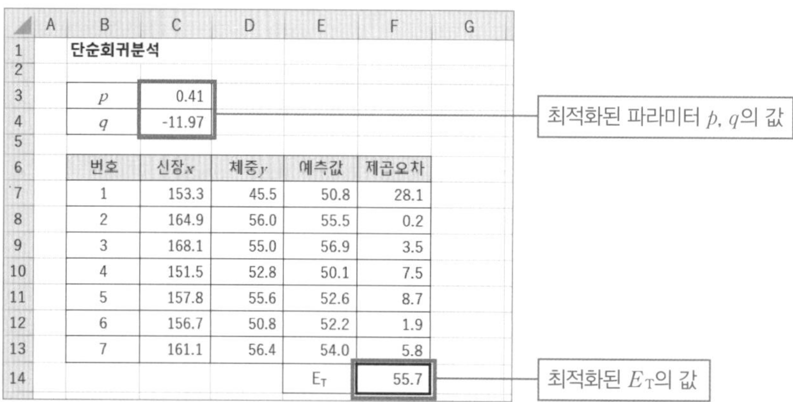

단순회귀분석

p	0.41
q	-11.97

번호	신장x	체중y	예측값	제곱오차
1	153.3	45.5	50.8	28.1
2	164.9	56.0	55.5	0.2
3	168.1	55.0	56.9	3.5
4	151.5	52.8	50.1	7.5
5	157.8	55.6	52.6	8.7
6	156.7	50.8	52.2	1.9
7	161.1	56.4	54.0	5.8
			E_T	55.7

이렇게 회귀계수와 절편 p, q의 값이 구해집니다.

$p = 0.41,\ q = -11.97$ … 6

또한 회귀방정식은 다음과 같이 나타냅니다.

$y = 0.41x - 11.97$ … 7

이상이 예제 의 정답입니다. 이를 이용해 이 데이터의 산점도와 회귀직선의 관계를 그려봅시다. 점과 직선은 거의 겹친다는 것을 확인할 수 있습니다.

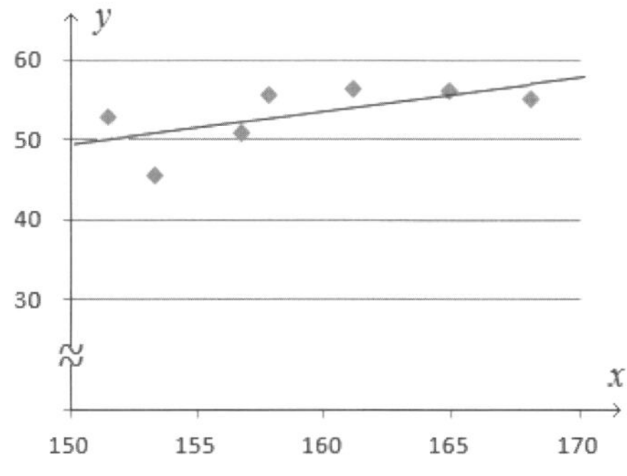

◀ 예제의 해가 되는 회귀직선

여기서 주의해야 할 점은 제곱오차 E_T가 0이 되지 않는다는 것입니다. 이것이 분명한 이유는 회귀직선이 산점도에 그려진 모든 점을 지나지 않기 때문입니다. 6의 p, q는 데이터와 이를 설명하기 위한 회귀방정식과의 경쟁 속에서 최대한 타협한 값을 나타내고 있습니다.

주 이상의 회귀방정식을 구하는 방법은 최적화를 설명하기 위한 것입니다. 보통 엑셀로 회귀방정식을 구하는 데는 좀 더 간단한 방법이 있습니다.

예 예제 에서 구한 회귀방정식을 이용해 신장 170cm인 여학생의 체중을 예측하시오.

방정식 7에서 이 여학생의 체중은 다음과 같이 예측됩니다.

예측 체중 $y = 0.41 \times 170 - 11.97 = 57.6\text{kg}$ 답

▶ 회귀분석을 이해하면 데이터 분석도 이해돼

이상이 선형 단순회귀분석으로 이용되는 회귀방정식의 결정법입니다. 중요한 점은 이것이 데이터 분석의 전형적인 예이고, '최적화 문제' 해법의 아이디어라는 것입니다. 여기에서 알아본 최적화 방법은 뒤의 신경망 계산에 그대로 활용됩니다.

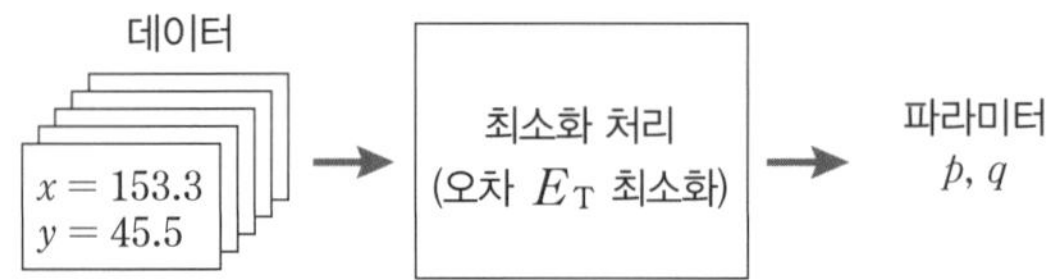

▲ 회귀분석은 수학의 데이터 분석을 위한 전형적인 예. 분석 모델의 파라미터 p, q가 어떻게 결정되는지 확인해보자.

MEMO 목적 함수를 부르는 이름은 여러 가지

모델에서 산출된 데이터의 예측값과 실제 데이터와의 차이의 총합이 목적 함수입니다(식 4). 그러나 이 함수는 최적화 문제가 이용되는 분야에 따라 **손실함수**, **오차함수** 등으로 불립니다.

2장

엑셀로 배우는 신경망

딥러닝, 순환 신경망(RNN) 그리고 심층 Q-네트워크(DQN)는 모두 신경망의 응용입니다. 따라서 2장에서는 신경망의 구조를 확인해 보겠습니다.

주 이 책에서는 신경망이라는 용어를 딥러닝을 포함한 넓은 의미로 사용하고 있습니다.

§ 1 출발점이 되는 뉴런 모델

딥러닝을 구현하는 신경망은 인공 뉴런이 계층화된 네트워크입니다. 인공 뉴런은 동물의 신경세포 동작을 모방해 단순화한 것입니다. 이번에는 신경세포의 동작을 알아보겠습니다.

생물의 뉴런 구조

동물의 뇌 속에는 다수의 신경세포(즉, **뉴런**)가 존재하고, 서로 연결돼 네트워크를 구성하고 있습니다. 즉, 하나의 뉴런은 다른 뉴런에서 신호를 받고, 또 다른 뉴런에 신호를 보냅니다. 뇌는 이러한 네트워크상의 신호 흐름에 따라 다양한 정보를 처리합니다.

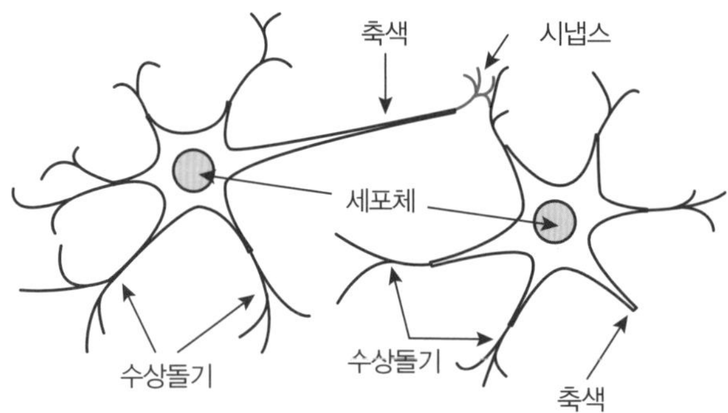

▲ **뉴런(신경세포) 그림**

신경세포는 주로 세포체, 축색, 수상돌기로 구성된다. 수상돌기는 다른 뉴런에서 정보를 받는 돌기, 축색은 다른 뉴런에 정보를 보내는 돌기다. 수상돌기가 받은 전기 신호는 세포체에서 처리되고, 출력 장치인 축색을 지나 다음 신경세포에 전달된다. 다시 말해, 뉴런은 시냅스를 매개로 결합해 네트워크를 구성한다.

뉴런이 정보를 전달하는 구조를 좀 더 상세히 살펴봅시다. 앞 그림에 나타낸 것처럼 뉴런은 세포체, 수상돌기, 축색의 세 가지 주요 부분으로 구성됩니다. 다른 뉴런에서 온 신호(입력 신호)는 수상돌기를 매개로 세포체(즉, 뉴런 본체)에 전달됩니다. 세포체는 받은 신호(입력 신호)의 크기를 판정하고, 옆의 뉴런에게 신호(출력 신호)를 전달합니다. 이러한 단순한 구조에서 어떻게 '지능'이 생기는지 매우 불가사의합니다.

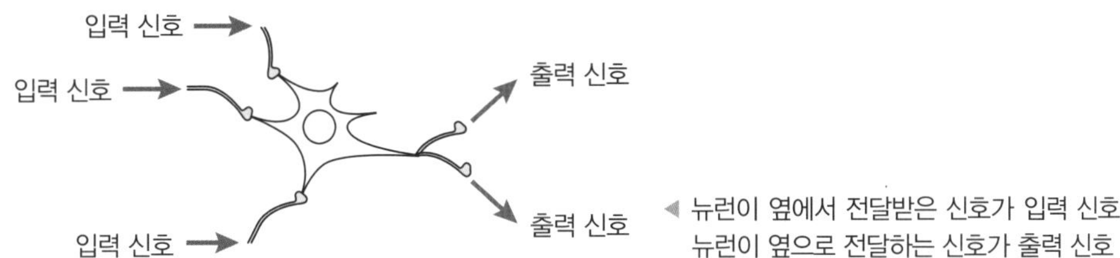

◀ 뉴런이 옆에서 전달받은 신호가 입력 신호, 뉴런이 옆으로 전달하는 신호가 출력 신호

▶ 뉴런의 입력 처리 방법

뉴런은 입력 신호의 크기를 판정하고 출력 신호를 옆으로 전달한다고 했지만, 어떻게 입력 신호의 크기를 판정하고, 어떤 방식으로 전달하는 것일까요?

중요한 점은 복수의 뉴런에게 전달받는 경우, 입력 신호의 처리가 전달하는 뉴런에 따라 달라진다는 것입니다. 다음 그림처럼 뉴런 1~3에서 뉴런 A가 신호를 받는다고 가정해봅시다. 이때, 뉴런 A는 뉴런 1~3에게 받은 신호의 합을 구하는데, 그 합은 가중입력의 합이 됩니다. 다시 말해, 각 뉴런에서 온 신호에 **가중치**(weight)를 곱하는 것입니다.

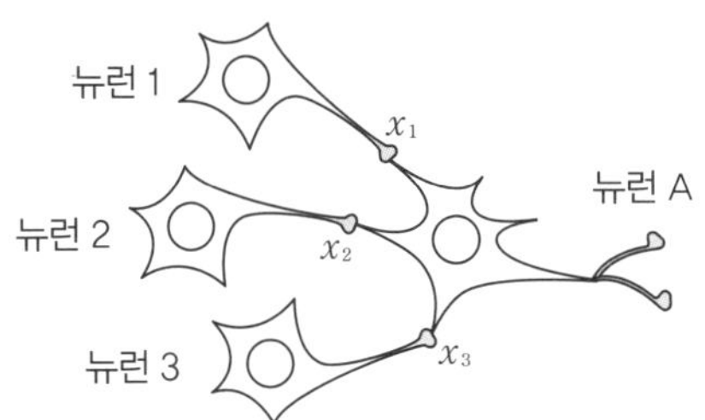

◀ 뉴런 A는 뉴런 1~3에게 받은 신호 x_1, x_2, x_3에 가중치를 곱해 처리한다.

예를 들면, 뉴런 1에게 받은 신호에는 가중치 3, 뉴런 2에게 받은 신호에는 가중치 1, 뉴런 3에게 받은 신호에는 가중치 4를 곱합니다. 다음 그림처럼, 뉴런 1~3으로부터 받은 신호를 각각 x_1, x_2, x_3이라고 하면, 뉴런 A가 전달받은 신호의 합은 다음과 같이 **가중치를 곱한 합**으로 나타냅니다.

가중치를 곱한 합 $= 3 \times x_1 + 1 \times x_2 + 4 \times x_3$ … [1]

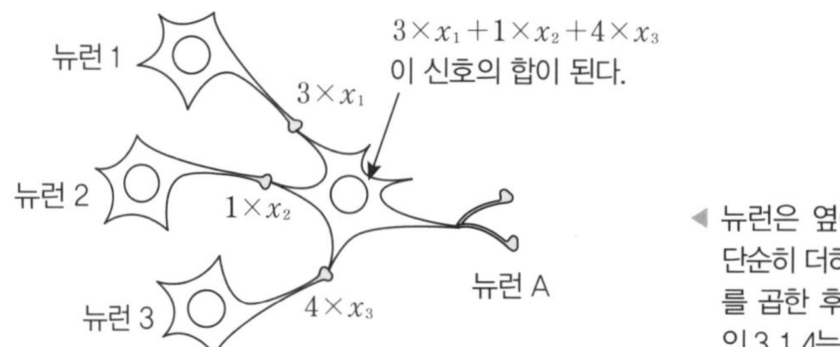

◀ 뉴런은 옆에서 전달받은 신호를 단순히 더하는 것이 아니라 가중치를 곱한 후 더한다(그림의 가중치인 3, 1, 4는 하나의 예).

이 가중치를 곱한 신호를 처리하는 구조 자체가 뉴런이 지능을 생성하는 원천이라 생각합니다. 뒤에서 살펴보는 신경망에서는 이 가중치를 어떤 식으로 정하는지가 중요한 문제가 됩니다.

발화

가중치을 곱한 합 [1]을 입력으로 받은 뉴런은 이를 어떤 식으로 처리하는지 알아봅시다.

복수의 뉴런에게 받은 입력의 가중치를 곱한 합이 작아서 해당 뉴런 고유의 어떤 경곗값(이를 **임곗값**이라 부릅니다)을 넘지 않으면, 그 뉴런의 세포체는 받은 신호를 무시하고 아무런 반응도 하지 않습니다.

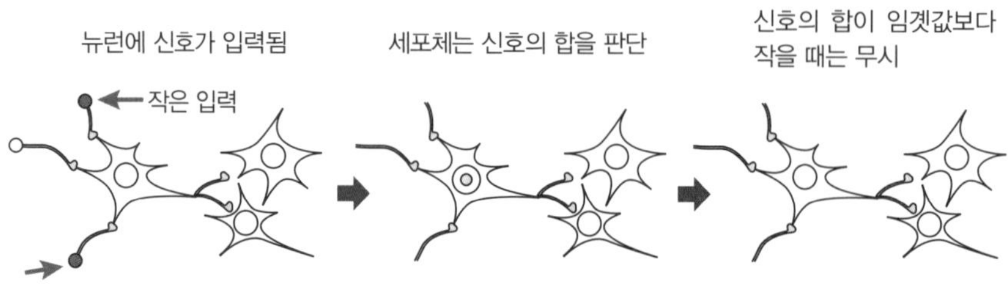

▲ 가중치를 곱한 합 [1]의 값이 작을 때 뉴런은 이를 무시

복수의 뉴런에게 받은 가중치를 곱한 합이 커서 해당 뉴런 고유의 어떤 경곗값(즉, 임곗값)을 넘는다고 가정해봅시다. 이때, 세포체는 강하게 반응하고 축색은 연결된 다른 뉴런에 신호를 전달합니다. 이와 같이 뉴런이 반응하는 것을 **발화**라고 합니다.

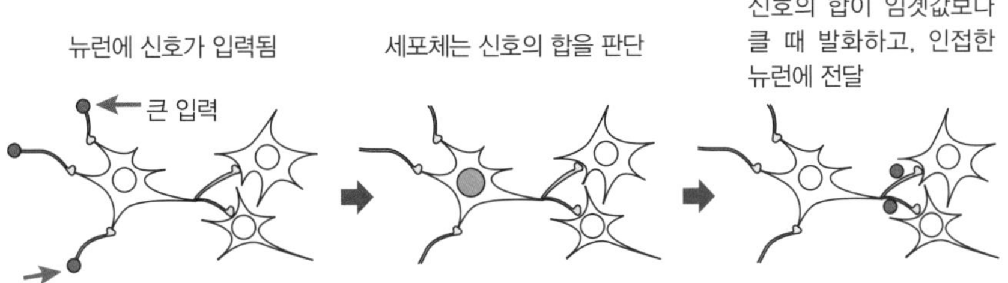
뉴런에 신호가 입력됨
큰 입력
세포체는 신호의 합을 판단
신호의 합이 임곗값보다 클 때 발화하고, 인접한 뉴런에 전달

▲ 가중치를 곱한 합 1의 값이 클 때 뉴런은 발화

그런데 발화할 때 뉴런의 출력 신호는 어떻게 될까요? 재미있게도 뉴런의 출력 신호는 일정한 크기가 됩니다. 비록 가중치를 곱한 합 1의 값이 크더라도 출력 신호의 값은 일정합니다. 또한 해당 뉴런이 복수의 인접한 뉴런에 축색을 연결하더라도 인접한 각 뉴런에 전달하는 출력 신호의 값은 일정합니다.

발화한 뉴런
동일한 크기의 신호

▲ 발화한 뉴런은 축색에 연결된 모든 뉴런에 동일한 크기의 신호를 전달한다.

> **MEMO 임곗값**
>
> 임곗값은 작은 입력(즉, 신호)을 무시하는 역할을 합니다. 이 '작은 신호를 무시하는' 성질은 생명체에게 중요합니다. 그렇지 않으면, 작은 신호의 흔들림에도 뉴런이 흥분하게 됩니다. 신경계가 '정서불안정'이 돼 버리는 것입니다. 임곗값은 해당 뉴런의 민감도 조정 지수를 나타내는 특성입니다.

더 재미있는 점은 이 발화에 따라 출력된 신호의 값은 모든 뉴런에 공통이라는 것입니다. 뉴런의 장소나 역할이 달라도 그 값은 공통입니다. 현대식으로 말하면, '발화'로 생기는 출력 정보는 0이나 1로 나타내는 **디지털 신호**로 표현할 수 있습니다.

▶ 뉴런의 입출력을 수식으로 표현

앞 절에서 살펴본 뉴런의 구조를 정리해봅시다.

《 i 》 복수의 뉴런에 가중치를 곱한 합인 신호가 뉴런의 입력이 됩니다.

《ii》 그 합인 신호가 뉴런 고유의 값(임곗값)을 넘으면 발화합니다.

《iii》 뉴런의 출력 신호는 발화 유무를 나타내는 0과 1의 디지털 신호로 표현할 수 있습니다.

이렇게 정리하면, 뉴런의 발화 구조를 수학적으로 간단하게 표현할 수 있다는 것을 알 수 있습니다.

우선 입력 신호를 수식으로 표현해봅시다. 인접한 뉴런에게 받은 입력 신호는 구조 《iii》에 따라 '있음', '없음' 의 두 가지 정보로 표현됩니다. 따라서 입력 신호를 변수 x로 나타낼 때, x는 다음과 같이 표현할 수 있습니다.

$$\begin{cases} \text{입력 신호 없음} & x = 0 \\ \text{입력 신호 있음} & x = 1 \end{cases}$$

다만, 지각세포에서 직접 연결된 뉴런은 이러한 제한이 없습니다. 예를 들면, 시각이라는 망막 위의 시세포(視細胞)에 직접 연결된 뉴런은 여러 가지 값의 신호를 받습니다. 입력 신호는 감지한 신호의 크기에 비례하는 아날로그 신호가 되기 때문입니다.

이번에는 출력 신호를 수식으로 표현해봅시다. 다시 구조《iii》에 따라 출력 신호도 발화의 유무, 즉 출력 신호의 '있음', '없

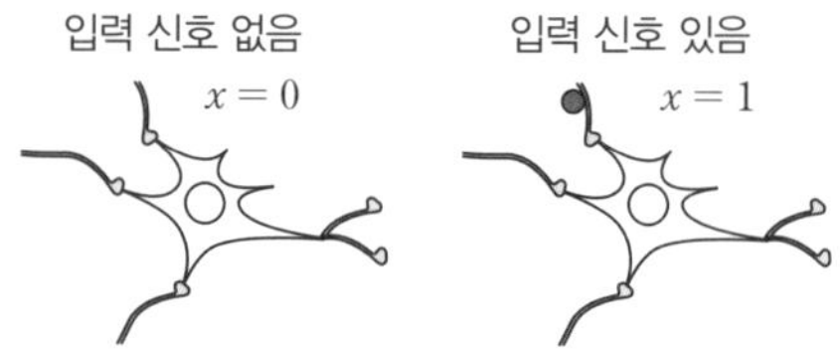

▲ 뉴런의 입력 신호는 디지털로 $x = 0, 1$이라고 표현된다.

지각세포

입력 신호 x
= 여러 가지 값(0 이상)

x

▲ 지각 신경에 직접 연결된 신경세포(뉴런)가 받은 신호 x는 아날로그

음'의 두 가지 정보로 표현됩니다. 따라서 출력 신호를 변수 y로 나타낼 때, y는 다음과 같이 표현할 수 있습니다.

$$\begin{cases} \text{출력 신호 없음(발화 없음)} & y=0 \\ \text{출력 신호 있음(발화 있음)} & y=1 \end{cases}$$

출력 신호 없음(발화 없음)

출력 신호 있음(발화 있음)

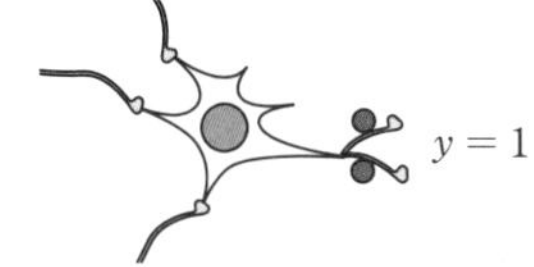

◀ 뉴런의 출력 신호는 디지털로 $y=0$이라고 표현된다. 이 그림에서는 출력이 2개가 있지만 출력 신호의 크기는 동일하다.

뉴런의 '발화'를 수식으로 표현

마지막으로 '발화의 판단'을 수식으로 표현해봅시다.

구체적인 예로, 왼쪽에 인접한 3개의 뉴런에서 입력 신호를 받고, 오른쪽 2개의 뉴런에게 출력 신호를 전달하는 뉴런을 살펴보겠습니다.

아래에서 살펴보는 구체적인 뉴런

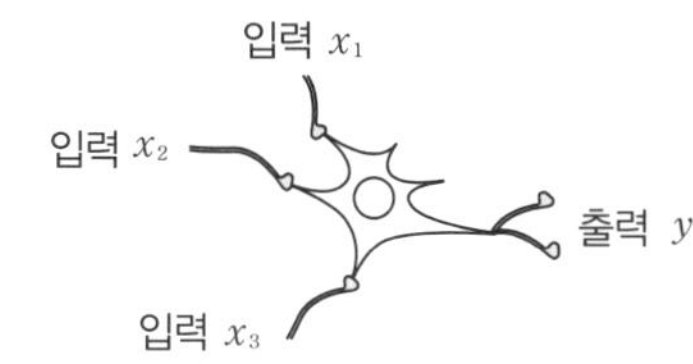

구조《i》,《ii》에서의 뉴런 발화 유무는 다른 뉴런에서 입력 신호합(즉, 가중치를 곱한 합)으로 판단됩니다. 수학적으로 말하면, 입력 신호를 각각 x_1, x_2, x_3으로 나타내고 그 각각의 가중치를 차례대로 w_1, w_2, w_3이라 할 때, 처리되는 입력 신호의 합(가중치를 곱한 합)은 다음과 같이 표현할 수 있습니다.

$$\text{가중치를 곱한 합} = w_1x_1 + w_2x_2 + w_3x_3 \quad \cdots \boxed{2}$$

주 이 식은 앞의 식 [1]을 일반화한 것입니다. '가중치'는 **결합하중, 결합부하, 결합계수**라고도 부릅니다.

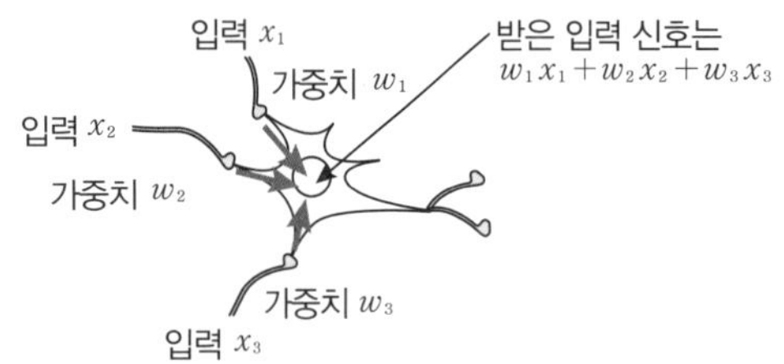

◀ 다른 뉴런에서 받은 신호 x_1, x_2, x_3에 해당 뉴런은 가중치 w_1, w_2, w_3을 곱해 입력 신호로 한다. 그것이 [2]다.

그리고 구조《ii》에서 받은 신호의 합이 임곗값을 넘으면 뉴런이 발화하고, 임곗값을 넘지 않으면 발화하지 않습니다. 그러면 '발화의 판단'은 식 [2]를 이용해 다음과 같이 표현할 수 있습니다. θ는 뉴런 고유의 임곗값입니다.

$$\left.\begin{array}{ll}\text{발화 없음}(y=0): & w_1x_1+w_2x_2+w_3x_3<\theta \\ \text{발화 있음}(y=1): & w_1x_1+w_2x_2+w_3x_3\geq\theta\end{array}\right\}\cdots [3]$$

이것이 뉴런 발화의 수학적 표현입니다. 매우 간단하게 정리된 것입니다. 이러한 간단한 조건식 [3]으로 표현되는 뉴런이 어떻게 복잡한 판단을 할 수 있는지를 알아보는 것이 2장의 목표입니다.

주 '임계'는 영어로 threshold. 따라서 이 값을 표시하기 위해 머리글자 t에 대응하는 그리스 문자 θ가 자주 이용됩니다.

또한 식 [3]의 아래 식 부등호에는 기호 '='가 붙어 있습니다. 이 기호 '='가 식 [3]의 위 식에 붙어 있는 문헌도 있습니다. 이 책에서는 앞으로 식 [3]을 깊게 다루지 않기 때문에 문제가 되지 않습니다.

예1 두 개의 입력 x_1, x_2를 가진 뉴런을 가정합니다. 입력 x_1, x_2에 대한 가중치를 차례대로 w_1, w_2라 하고 그 뉴런의 임곗값을 θ라고 합니다.
이제 w_1, w_2, θ의 값이 차례대로 2, 3, 4로 주어졌을 때 가중치를 곱한 합

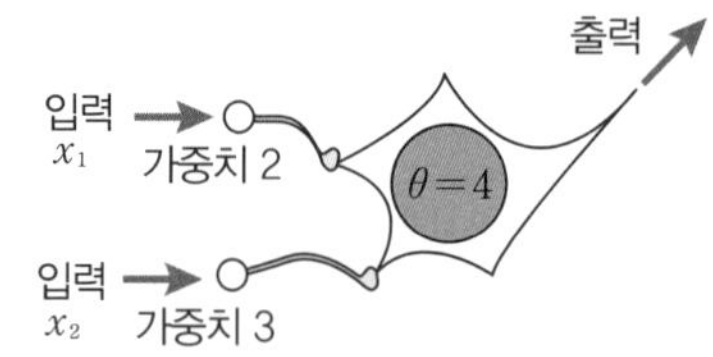

$$w_1x_1+w_2x_2$$

의 값과 발화 유무 그리고 뉴런의 출력값을 구하시오.

예1 의 답을 표로 나타내봅시다. 출력은 0과 1 둘 중 하나가 된다는 것에 유의하기 바랍니다.

입력 x_1	입력 x_2	가중치를 곱한 합 $w_1x_1+w_2x_2$	발화	출력 신호
0	0	$2\times0+3\times0=0(<4)$	없음	0
0	1	$2\times0+3\times1=3(<4)$	없음	0
1	0	$2\times1+3\times0=2(<4)$	없음	0
1	1	$2\times1+3\times1=5(<4)$	있음	1

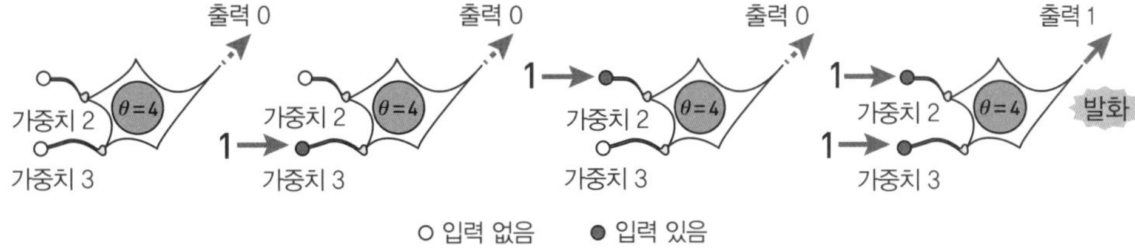

MEMO **가중치, 임곗값에 음수가 존재하지 않음**

이상의 설명에서 알 수 있듯이, 생명의 세계에서 가중치와 임곗값은 0 이상의 값만 취합니다. 음수는 없습니다. 그러나 생명의 세계에서 벗어나면 수학적인 추상 모델의 세계로 생각해 음수도 허용합니다. 그쪽이 모델의 현실과 어울리는 경우가 많기 때문입니다.

§ 2 신경세포를 모델링한 인공 뉴런

앞 절(▶ §1)에서는 동물 뉴런(신경세포)의 동작을 조건식으로 표현했습니다. 이 조건식을 함수로 표현하면 뉴런의 동작이 새롭게 정리되고, '인공 뉴런'으로 진화합니다.

▶ 뉴런의 움직임을 정리하면

앞 절(▶ §1)에서는 뉴런의 동작을 간단한 수식으로 치환했습니다. 뉴런의 입력을 x_1, x_2, x_3이라 하고, 이에 대한 가중치를 차례대로 w_1, w_2, w_3이라고 가정할 때, 발화 조건식은 다음과 같이 표현된다는 것을 살펴봤습니다.

$$\left.\begin{array}{l}\text{발화 없음: } w_1x_1 + w_2x_2 + w_3x_3 < \theta \\ \text{발화 있음: } w_1x_1 + w_2x_2 + w_3x_3 \geq \theta\end{array}\right\} \cdots \boxed{1}$$

여기에서 좌변은 '가중치를 곱한 합', θ는 뉴런 고유의 값으로 '임곗값'이라 부릅니다.

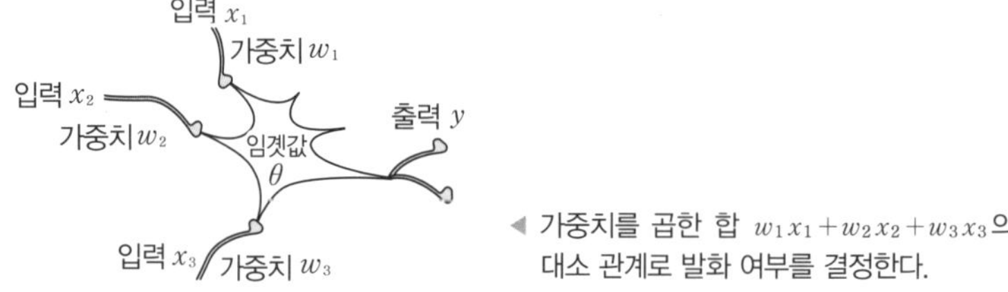

◀ 가중치를 곱한 합 $w_1x_1 + w_2x_2 + w_3x_3$의 대소 관계로 발화 여부를 결정한다.

▶ 발화 조건을 함수로 표현

발화 조건 [1]을 함수로 표현해봅시다. 이를 위해 발화 조건 [1]을 그림으로 표현했습니다. 뉴런으로 오는 '가중치를 곱한 합'을 가로축, 뉴런의 출력 y를 세로축으로 하면,

발화 조건 $\boxed{1}$은 다음과 같은 그래프로 그릴 수 있습니다. 또한, 출력 y는 발화할 때 1, 발화하지 않을 때 0이 되는 척도를 **이용한** 것입니다.

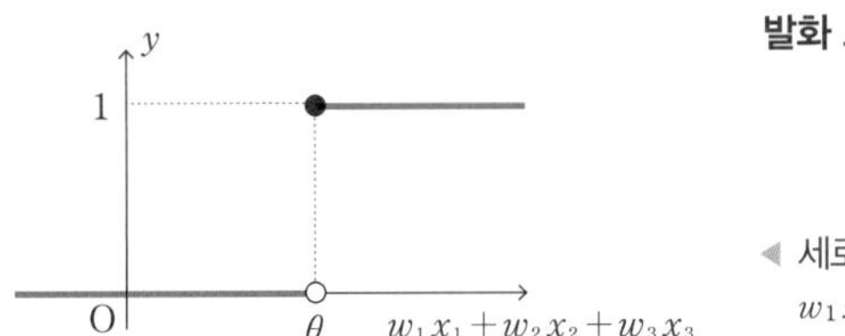

발화 조건의 그래프

◀ 세로축은 가중치를 곱한 합 $w_1x_1+w_2x_2+w_3x_3$을 나타낸다.

이 그래프를 함수로 표현해봅시다. 이때 도움이 되는 것이 다음의 **계단 함수** $u(x)$입니다.

$$u(x)=\begin{cases}0 & (x<0)\\ 1 & (x\geqq 0)\end{cases} \quad \cdots \boxed{2}$$

계단 함수의 그래프는 다음과 같이 그립니다.

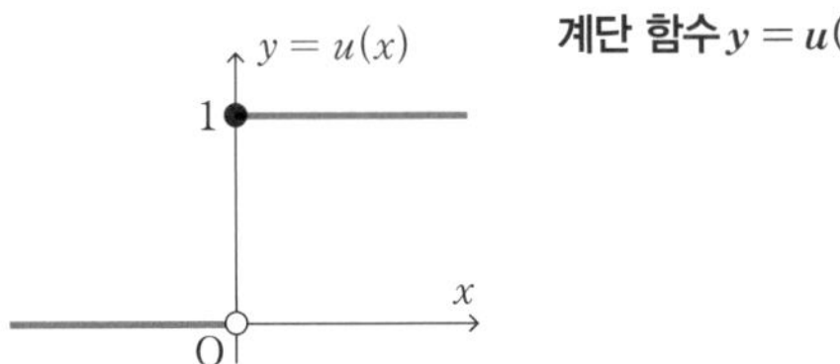

계단 함수 $y=u(x)$

이 계단 함수 $u(x)$를 이용하면 발화 조건 $\boxed{1}$은 다음과 같이 간단하게 하나의 식으로 표현할 수 있습니다. 앞으로 발전의 계기가 되는 중요한 식입니다.

> 발화식: $y=u(w_1x_1+w_2x_2+w_3x_3-\theta)\cdots\boxed{3}$

함수 u의 인수 $w_1x_1+w_2x_2+w_3x_3-\theta$를 **'입력의 선형합'**이라 부르고, 로마자 s로 나타내기로 합니다.

주 s는 SUM(합)의 머리글자

이 식 $\boxed{3}$이 조건식 $\boxed{1}$과 동일하다는 것을 다음 표(→ 50페이지)로 확인하기 바랍니다.

$w_1x_1+w_2x_2+w_3x_3$ (가중치를 곱한 합)	$w_1x_1+w_2x_2+w_3x_3-\theta$ (입력의 선형합)	$y=u(x)$	의미
θ 보다 작음	음수	0	발화 없음
θ 이상	0 이상	1	발화 있음

▶ 인공 뉴런

수학적으로 정리하면, 뉴런의 동작은 하나의 간단한 관계식 3으로 표현되는 것을 알 수 있습니다. 따라서 이와 같이 단순화된 뉴런의 기능을 컴퓨터로 구현해보고 싶어집니다. 이것이 **인공 뉴런**입니다. 인공 뉴런은 식 3을 이용해 컴퓨터상에서 동작하는 가상적인 뉴런입니다.

주 인공 뉴런을 **형식 뉴런**이라 부르는 문헌도 있습니다. 이제 다음 절 이후부터는 인공 뉴런을 간단하게 '뉴런'이라 줄여 표기하기로 합니다.

인공 뉴런을 생각할 때, 발화 조건식 3을 표현하는 함수 $u(x)$를 **활성화 함수**(activation function) 또는 **전달 함수**(transfer function)라 부릅니다. 이 책에서는 전자인 '활성화 함수'라 부르기로 합니다.

▶ 뉴런의 간단한 그림

이제까지는 뉴런을 다음 그림과 같이 표현했습니다. 조금이라도 뉴런의 이미지에 가깝게 표현하고 싶기 때문입니다.

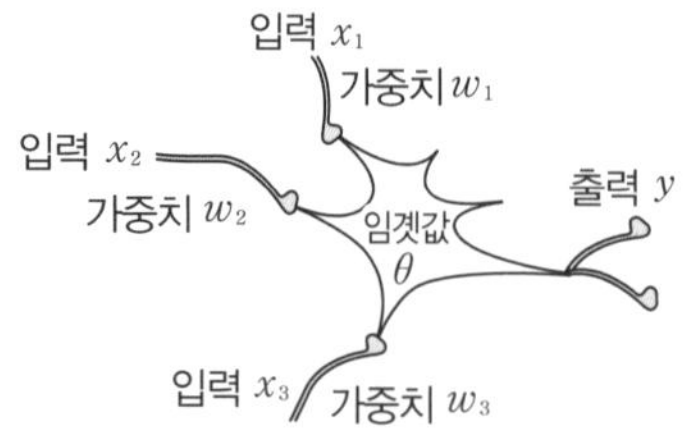

◀ 뉴런의 이미지(입력이 3개, 출력이 2개인 경우). 축색에서 출력은 2개로 나눠지지만, 출력값은 동일하다.

그러나 여러 인공 뉴런을 네트워크 형태로 묘사하고 싶을 때 이 그림은 부적절합니다. 따라서 다음과 같이 간략화한 그림을 이용합니다. 이렇게 하면 많은 뉴런을 묘사하기 쉽습니다.

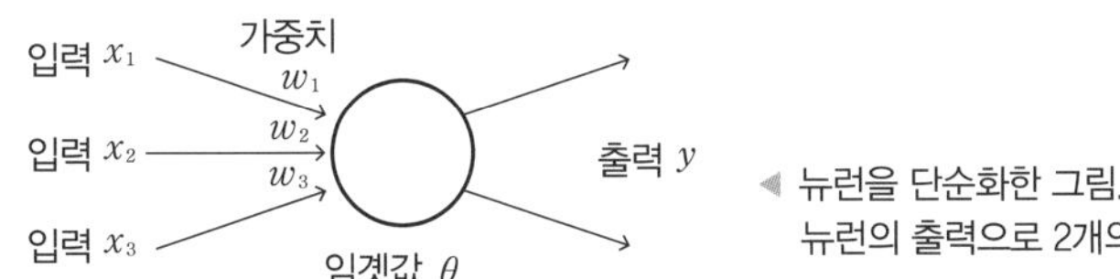

◀ 뉴런을 단순화한 그림. 화살표의 방향으로 입출력을 구별. 뉴런의 출력으로 2개의 화살표가 나가지만 값 y는 동일

▶ 시그모이드 함수

계단 함수 2를 이용한 인공 뉴런의 장점은 동물의 신경세포에 충실한 모델이라는 것입니다. 그러나 계단 함수는 매끄러운 함수가 아니라는 단점이 있습니다. 따라서 인류가 발명한 최대의 수학 무기 중 하나인 미분법의 아이디어를 사용할 수 없습니다.

이 계단 함수와 비슷하지만, 매끄러운 함수를 생각해 봅시다. 이것이 바로 **시그모이드 함수**입니다. 시그모이드 함수는 다음과 같이 정의할 수 있습니다.

$$\sigma(x) = \frac{1}{1+e^{-x}} \cdots \boxed{4}$$

주 ▶ 1장의 §2에서 살펴본 것처럼 e^x는 자연대수를 밑으로 하는 지수 함수. 엑셀에서는 EXP(x)라고 나타냅니다.

예 1 $\sigma(0) = \frac{1}{1+e^0} = \frac{1}{1+1} = \frac{1}{2}$, $\sigma(1) = \frac{1}{1+e^{-1}} = \frac{1}{1+0.3678} = 0.7311$

시그모이드 함수 4의 그래프를 살펴봅시다.

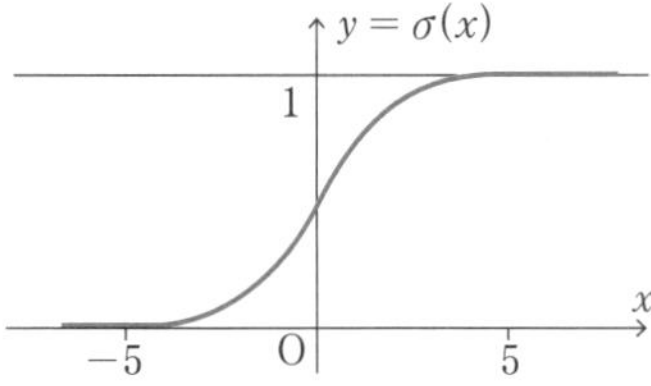

◀ 시그모이드 함수 [4]의 그래프. 계단 함수와 비슷하지만 매끄러운 함수이므로 수학적으로 다루기 쉽다.

이 그래프에서 알 수 있듯이, 시그모이드 함수는 계단 함수와 비슷하지만 모든 점에서 매끄러우므로 어느 점에서든 미분할 수 있습니다. 또한 함수값은 0과 1 사이 구간에 위치하고, 그 값은 비율이나 정도, 확률 등 다양한 수학적 해석을 할 수 있습니다.

▶ 시그모이드 뉴런

식 [2]의 계단 함수를 시그모이드 함수 [4]로 치환한 인공 뉴런을 **시그모이드 뉴런**이라 합니다. 이는 활성화 함수에 시그모이드 함수를 적용한 뉴런으로, 역사적으로도 매우 유명합니다.

퍼셉트론 모델

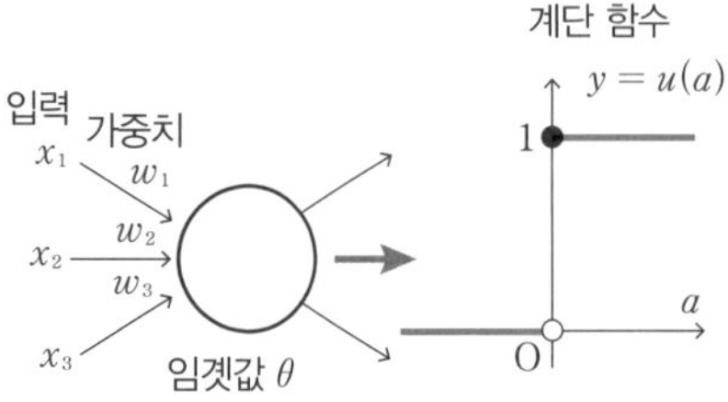

시그모이드 뉴런

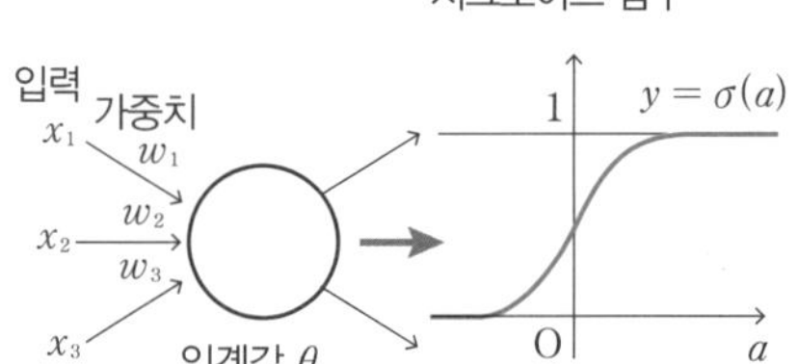

▶ 시그모이드 뉴런의 일반화

활성화 함수의 후보에는 시그모이드 함수만 있는 것이 아닙니다. 비슷한 발화를 구현할 수 있는 그래프 형태를 가진 함수라면, 어떤 것이라도 좋습니다. 여기에서는 음수의 세계를 허용할 때의 모델에 적합한 tanh 함수, 계산 속도가 빠른 램프 함수, 선형 함수를 소개합니다.

함수명	정의식	특징
tanh	$\tanh(x) = \dfrac{e^x - e^{-x}}{e^x + e^{-x}}$	가중치로 음수를 허용하는 모델에 적합
램프 함수	$x < 0$ 일 때의 0 $x \geqq 0$ 일 때의 x	계산이 빠름. 출력에 임의의 0 이상의 값을 허용
선형 함수	$y = x$	출력에 음수를 허용하고, 계산이 빠르다. 은닉층에는 사용하지 않음

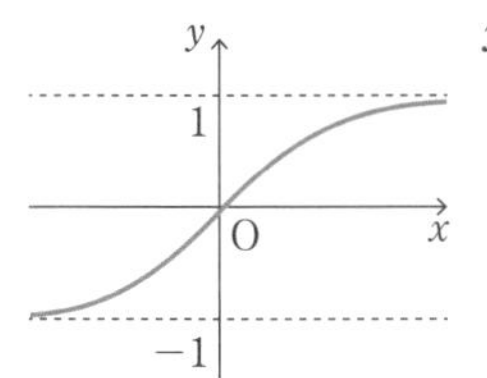

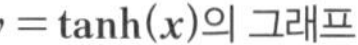
$y = \tanh(x)$의 그래프

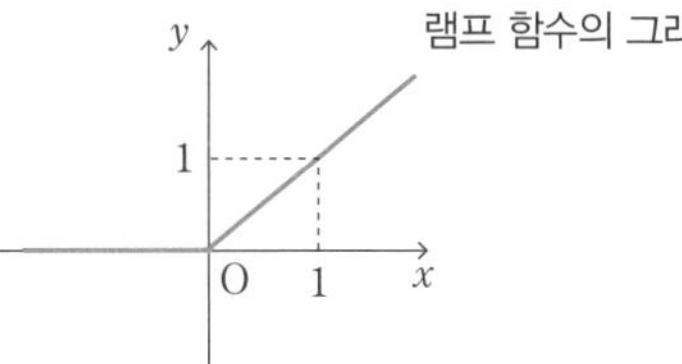

램프 함수의 그래프

▶ 인공 뉴런과 활성화 함수의 정리

지금까지 살펴본 인공 뉴런과 활성화 함수는 신경망을 계산할 때 기본이 됩니다. 이 동작을 정리해봅시다. 앞에서 제시한 것처럼, 다음 절 이후에는 위 함수를 활성화 함수로 하는 인공 뉴런을 '**뉴런**'이라 표현합니다.

입력 신호 $x_1, x_2, \ldots, x_n$(n은 자연수)을 대상으로 각 입력 신호에 가중치 $w_1, w_2, \ldots, w_n$이 주어졌다고 가정합시다. 임곗값을 θ라고 할 때, 뉴런의 출력은

입력 x_1 가중치 w_1 x_2 w_2 ⋮ w_n x_n 임곗값 θ 출력 y

$$y = a(s) \cdots \boxed{5}$$

여기에서 a는 '활성화 함수(activation function)', s는 '입력의 선형합'이라 부르며, 다음과 같이 정의됩니다.

$$s = w_1x_1 + w_2x_2 + \cdots + w_nx_n - \theta \cdots \boxed{6}$$

주 앞에서 기술한 것처럼, 식 $\boxed{6}$의 θ을 제외한 부분을 이 책에서는 '가중치를 곱한 합'이라 부릅니다.

▶ 엑셀로 뉴런의 동작 재현

구체적으로 시그모이드 뉴런의 출력을 계산해봅시다. 하나의 셀이 하나의 뉴런을 표현할 수 있다는 것을 확인합니다.

예제 1 2개의 입력 x_1, x_2 를 가진 인공 뉴런을 생각합니다. 입력 x_1, x_2 에 대한 가중치를 차례대로 w_1, w_2, 임곗값을 θ 라 합니다. 2개의 입력 x_1, x_2 이 주어졌을 때의 출력을 구하는 워크시트를 작성하시오. 다만 활성화 함수는 시그모이드 함수, tanh 함수, 램프 함수로 합니다. 또한 w_1, w_2 는 임의로 주어졌다고 가정합시다.

주 이 예제의 워크시트는 다운로드 사이트(→ 10페이지)의 샘플 파일 '2.xlsx'에 있는 '§2_예제1' 탭에 수록돼 있습니다.

풀이 다음 그림에 제시한 인공 뉴런이 이 예제의 대상입니다.

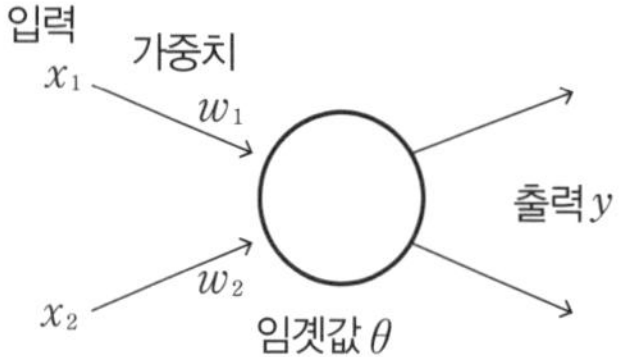

인공 뉴런의 출력은 식 5, 6에서 구할 수 있습니다. 다음 워크시트에서는 가중치 w_1, w_2를 차례대로 2, 3, 임곗값 θ를 4라 합니다. 또한 입력 x_1, x_2에는 1, 1이 주어집니다.

F8 =1/(1+EXP(-C8))

	A	B	C	D	E	F	G
1		〔예제1〕인공 뉴런의 계산					
2		가중치와 임곗값			입력		
3		w1	2		x1	1	
4		w2	3		x2	1	
5		θ	4				
6							
7		입력의 선형합			출력		
8		s	1		σ	0.7311	
9					tanh	0.7616	
10					램프 함수	1	

= SUMPRODUCT(C3:C4,F3:F4) - C5

◀ 이 그림에서는 시그모이드 뉴런의 출력값을 굵은 테두리로 둘러쌈.

이상이 예제 1 의 풀이입니다. 양수인 입력의 선형합에 대해 시그모이드 함수와 tanh 함수가 비슷한 값을 산출하고 있다는 점에 유의하기 바랍니다.

▶ '입력의 선형합' 내적 표현

식 6을 '입력의 선형합'이라 부르지만, 수학적으로는 깨끗한 형태가 아닙니다. 마지막 $-\theta$가 깔끔하지 않습니다. 따라서 뉴런을 다음과 같이 확장합니다.

가상적인 입력을 고려하고, 그 입력을 항상 -1이라 합니다. 또한 가중치는 θ로 합니다. 이렇게 하면, 수학의 벡터에서 유명한 내적 표현을 이용할 수 있습니다. 다음 두 벡터 x, w를 생각해봅시다.

$$\left.\begin{array}{r} \text{입력 벡터: } \boldsymbol{x} = (x_1,\ x_2,\ \cdots,\ x_n,\ -1) \\ \text{가중치 벡터: } \boldsymbol{w} = (w_1,\ w_2,\ \cdots,\ w_n,\ \theta) \end{array}\right\} \cdots \boxed{7}$$

이때 '입력의 선형합' 식 6은 다음과 같이 벡터의 내적 형태로 정리됩니다.

$$\text{입력의 선형합 } \boldsymbol{s} = \boldsymbol{w} \cdot \boldsymbol{x} \cdots \boxed{8}$$

식 6과 비교하면 매우 간단하다는 것을 알 수 있습니다.

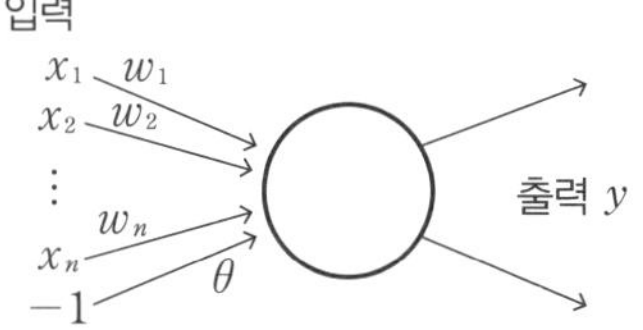

◀ 입력이 항상 −1, 가중치가 임곗값 θ인 가상적인 입력을 고려하면 '입력의 선형합'의 식 6은 간단하게 정리된다.

엑셀을 이용할 때, 식 8이 편리한 이유는 SUMPRODUCT 함수 하나로 '입력의 선형합'을 표현할 수 있기 때문입니다. 또한 배열 함수 MMULT(▶ 1장 §2)도 쉽게 응용할 수 있습니다.

주 함수에 관해서는 ▶ 1장 §2를 참조하기 바랍니다.

이 식 [8]을 앞의 **예제 1**에 대응시켜봅시다.

> **예제 2** 2개의 입력 x_1, x_2를 가진 인공 뉴런을 가정합니다. 입력 x_1, x_2에 대한 가중치를 차례대로 w_1, w_2라 하고, 임곗값을 θ라고 합니다. 2개의 입력 x_1, x_2가 주어졌을 때의 출력을 구하는 워크시트를 내적 표현 [8]을 이용하여 작성하시오. 다만 활성화 함수는 시그모이드 함수, tanh 함수, 램프 함수로 합니다. 또한 w_1, w_2, θ는 임의로 주어졌다고 가정합시다.

주 이 예제의 워크시트는 다운로드 사이트(→ 10페이지)의 샘플 파일 '2.xlsx'에 있는 '§2_예제2' 탭에 수록돼 있습니다.

풀이 다음 그림에 제시한 인공 뉴런이 이 예제의 대상입니다.

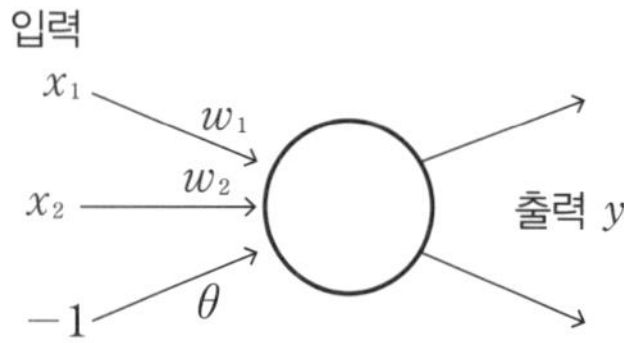

다음 워크시트에서는 **예제 1**과 마찬가지로 다음과 같이 설정합니다.

입력 벡터: $\boldsymbol{x} = (1,\ 1,\ -1)$

가중치 벡터: $\boldsymbol{w} = (2,\ 3,\ 4)$

C8 =SUMPRODUCT(C3:C5,F3:F5)

	A	B	C	D	E	F	G	H
1		〔예제2〕인공 뉴런의 계산2						
2		가중치와 임곗값			입력			
3		w1	2		x1	1		
4		w2	3		x2	1		
5		θ	4		가정	-1		
6								
7		입력의 선형합			출력			
8		s	1		σ	0.7311		
9					tanh	0.7616		
10					램프 함수	1		

SUMPRODUCT 함수 하나로 입력의 선형합이 구해진다.

이 셀에 −1을 준비해놓으면, '입력의 선형합'을 계산하기가 편리해진다.

이상이 **예제 2**의 **풀이**입니다. SUMPRODUCT 함수로 '입력의 선형합'이 계산된다는 것을 확인하기 바랍니다.

입력의 선형합을 벡터의 내적으로 표현하는 방식은 엑셀의 경우에 국한되지 않고, 프로그래밍 언어로 신경망을 작성할 때 도움이 됩니다.

MEMO **활성화 함수의 엑셀 표현**

인공 뉴런(이하 뉴런이라 표현)의 활성화 함수를 엑셀의 함수로 표현하는 방법에 관해 표로 정리합니다. s에는 '입력의 선형합'이 설정되는 셀 주소가 들어갑니다.

활성화 함수	엑셀 표현
$\sigma(s)$	1/(1+EXP(−s))
tanh(s)	TANH(s)
램프 함수	MAX(0, s)

§ 3 신경망의 사고방식

이 책이 목표로 하는 순환 신경망(RNN)과 심층 Q-네트워크(Deep Q-Network, DQN)는 이름에서도 알 수 있듯이 신경망의 응용입니다. 뒤에서 다룰 것에 대비해 구조를 확인해봅시다.

주 이 책에서는 신경망이라는 용어를 딥러닝을 포함한 넓은 의미로 사용하고 있습니다.

딥러닝으로 대표되는 신경망은 앞 절(▶ §2)에서 살펴본 인공 뉴런(앞으로는 뉴런이라 표기)을 계층 형태로 나열한 신경망입니다. 다음의 간단한 예를 통해 알아봅시다.

과제 1 4 × 3 화소의 흑백 2진 이미지로 읽어들인 '0'과 '1'의 필기체 이미지를 식별하는 신경망을 작성하시오.

이 과제에 대한 신경망으로 다음과 같은 형태를 이용합니다.

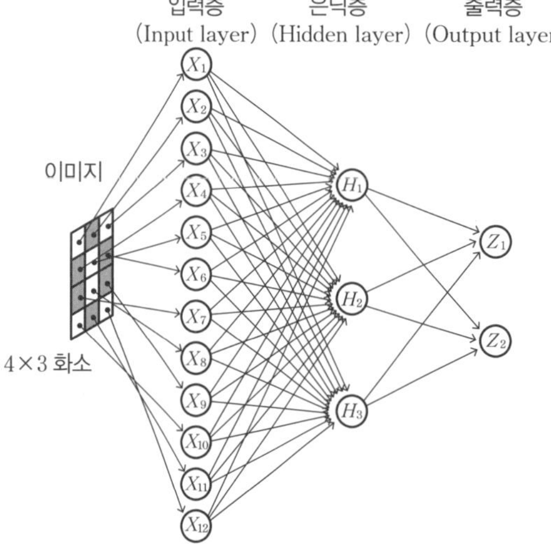

◀ 이 절에서 알아보는 신경망. 각 뉴런의 가중치와 임곗값을 결정하는 것이 중요한 목표가 된다. 또한 이 책에서는 왼쪽 그림과 같이 뉴런의 이름을 부여한다. 입력층은 X, 은닉층은 H, 출력층은 Z를 이용한다.

그림에 나타낸 것처럼, 이미지 옆의 층을 **입력층**(Input layer), 중간의 층을 **은닉층**(Hidden layer) 그리고 오른쪽의 층을 **출력층**(Output layer)이라 부릅니다. 또한 해설하기 쉽도록 각 층을 차례대로 X, H, Z로 구별하고, 각 뉴런은 위에서부터 차례대로 1, 2, 3, …이라는 번호가 반복됩니다.

주 은닉층이 복수 개의 층으로 구성되는 것을 '딥러닝'이라 부릅니다.

과제 1 에서 말하는 **'4 × 3 = 12 화소의 흑백 2진 이미지'**란, 다음에 나타낸 것처럼 지극히 간단한 이미지를 말합니다. 간단한 이미지이지만, 필기체 스타일의 숫자 '0', '1'로 표현할 수 있습니다. 이미지를 구성하는 화소의 흑과 백, 2진 값으로 표현된다는 점에 유의하기 바랍니다.

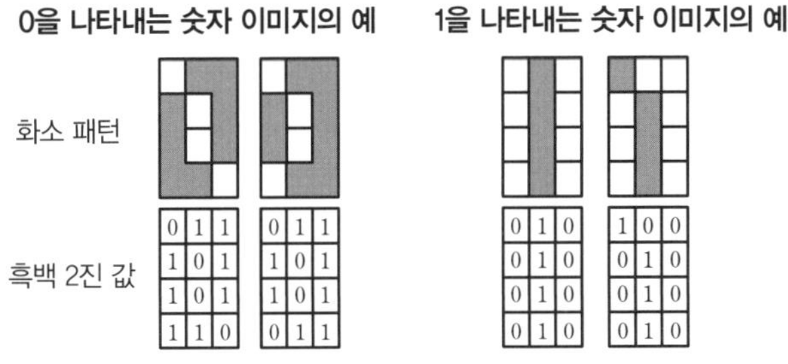

그러면 이제부터 신경망의 구조를 사람의 업무로 치환해 살펴봅시다.

▶ 입력층의 역할

가장 먼저 입력층에 관해 알아보겠습니다. 이 층에 있는 12개의 뉴런은 신경망에 이미지 정보를 옮기는 '운반원'의 역할을 담당합니다.

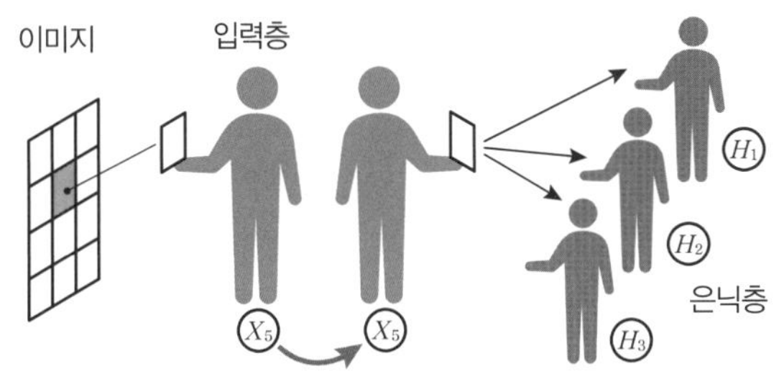

◀ 입력층의 각 뉴런은 신호의 '운반원'. 이 그림은 운반원 X_5를 나타낸다. 각 운반원은 접수한 화소 정보를 그대로 은닉층 전원에게 보고한다.

각 담당자는 이미지 각각의 화소를 담당하고, 화소 정보를 가공하지 않고 그대로 은닉층 전원에게 보고하는 역할을 담당합니다. 바꿔 말하면, 입력층 뉴런은 입력 신호를 중간층에 전달할 뿐, 아무런 처리를 하지 않습니다.

▶ 은닉층의 역할

다음으로 은닉층의 역할을 알아보겠습니다. 이 층에 있는 3개의 뉴런 $H_1 \sim H_3$은 '검사원'의 역할을 담당합니다. 입력층에서 보고받은 이미지 패턴 중 담당하는 이미지 패턴이 포함돼 있는지 조사하고, 그 포함 상태를 위층에 보고하는 역할을 담당합니다.

주 설명을 이해하기 쉽도록 '담당하는 이미지 패턴'을 미리 알고 있는 것으로 가정했습니다. 실제로는 이 패턴의 결정이 목표 중 하나가 됩니다.

각 검사원이 담당하는 패턴을 **'특징 패턴'**이라 부르기로 합니다. 여기에서는 다음과 같은 패턴을 가정합니다.

◀ 3명의 검사원 $H_1 \sim H_3$이 검사를 담당하는 3개의 특징을 지닌 패턴

또한 은닉층의 뉴런 $H_1 \sim H_3$은 위에서 기술한 **특징 패턴 ① ~ ③**의 검사를 담당합니다.

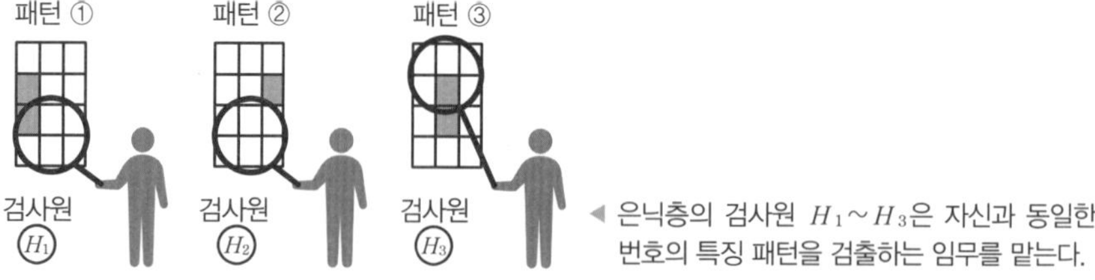

◀ 은닉층의 검사원 $H_1 \sim H_3$은 자신과 동일한 번호의 특징 패턴을 검출하는 임무를 맡는다.

다음 그림은 **특징 패턴 ①**을 검출하는 역할을 맡은 검사원 H_1의 동작을 나타내고 있습니다.

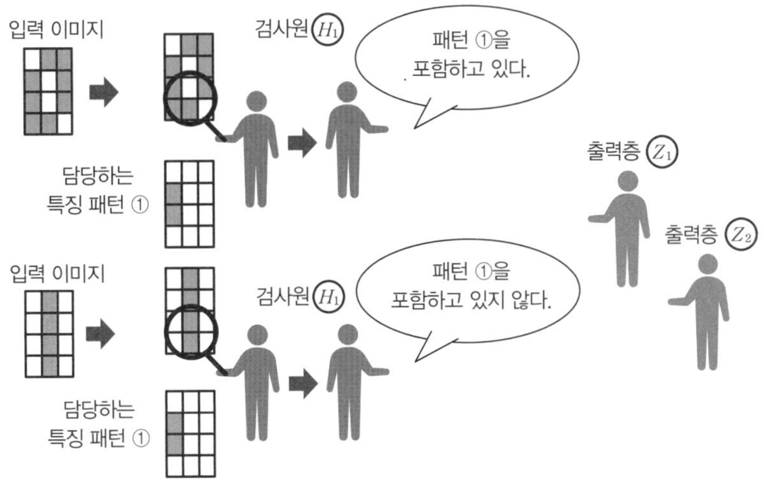

▲ 은닉층의 검사원 H_1은 담당하는 **특징 패턴 ①**이 이미지에 어느 정도 포함돼 있는지를 조사해 그 포함 상태를 출력층에 전달한다.

출력층의 역할

마지막으로 출력층을 알아보겠습니다. 이 층의 뉴런 Z_1, Z_2는 '판정원'의 역할을 담당합니다. 판정원 Z_1은 숫자 '0'의 판정, 판정원 Z_2는 숫자 '1'의 판정을 분담합니다. 판정원 Z_1은 은닉층 3명의 '검사원'으로부터 보고받은 특징 패턴의 포함 상태를 감안하여 숫자 '0'인 확신도를 0과 1 사이의 숫자, 판정원 Z_2는 숫자 '1'인 확신도를 0과 1 사이의 숫자로 표현합니다.

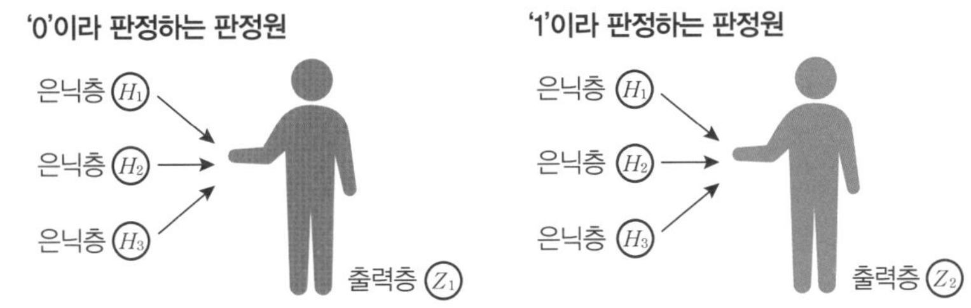

'확신도'라는 용어는 이미지와 관련된 표현으로, 엄밀한 의미에서 사용하는 것은 아닙니다.

▶ 뉴런 1개는 지능이 없다!

'운반원' 12명, '검사원' 3명, '판정원' 2명의 총수인 17명의 역할을 알아봅시다. '운반원'은 화소 신호를 은닉층의 담당자 전원에게 그대로 보내는 역할, '검사원'은 운반원에게 받은 신호에 포함돼 있는 '특징 패턴'의 함유율을 판정원에게 보고하는 역할 그리고 마지막 '판정원'은 검사원에게 받은 정보 중에서 숫자 '0', '1'의 확신도를 출력하는 역할을 담당합니다.

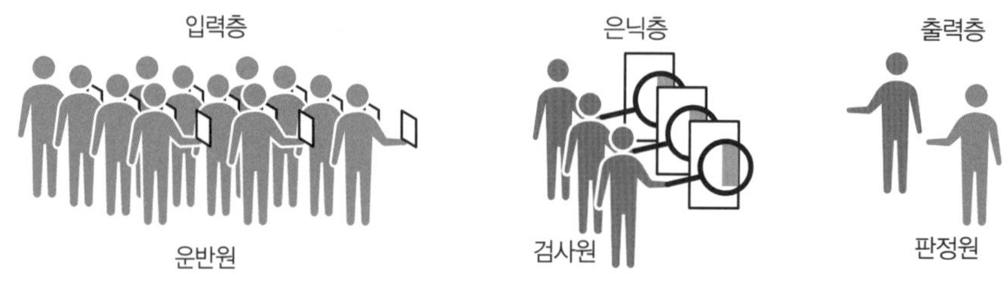

▲ 총 17명의 담당자

여기서 주의해야 할 점은 각 뉴런을 '사람'으로 비유했다고 해서 그 뉴런이 사람처럼 지능을 갖고 있지 않다는 것입니다. 앞 절(▶ §2)에서 살펴본 것처럼 각 뉴런은 단순히 다음 동작을 할 뿐입니다.

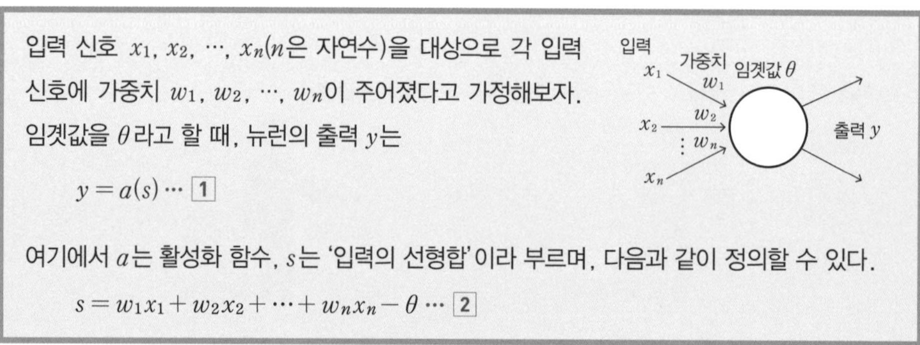

입력 신호 $x_1, x_2, \cdots, x_n$(n은 자연수)을 대상으로 각 입력 신호에 가중치 $w_1, w_2, \cdots, w_n$이 주어졌다고 가정해보자. 임곗값을 θ라고 할 때, 뉴런의 출력 y는

$$y = a(s) \cdots \boxed{1}$$

여기에서 a는 활성화 함수, s는 '입력의 선형합'이라 부르며, 다음과 같이 정의할 수 있다.

$$s = w_1x_1 + w_2x_2 + \cdots + w_nx_n - \theta \cdots \boxed{2}$$

주 입력의 선형합 s에서 θ를 제외한 부분을 이 책에서는 '가중치를 곱한 합'이라 부릅니다(▶ 2장 §1).

그러나 어떻게 이런 단순한 뉴런(즉, 17명의 담당자)이 모여 문자 식별이라는 고도의 처리를 할 수 있는 것일까요? 그 비밀은 은닉층 각 담당자와의 관계(즉, 가중치)의 크기에 있습니다. 층별 구조를 알아봅시다.

특징 추출의 구조

입력층은 단순히 신경망의 창구입니다. 받은 입력을 그대로 은닉층에 넘겨줍니다. 중요한 것은 그 은닉층의 동작입니다.

예를 들어, 앞에서 제시한 은닉층의 '검사원' H_1을 알아봅시다. 그 검사원 H_1은 읽어들인 이미지 속에 다음에 제시한 **특징 패턴 ①**이 포함돼 있는지 알아보고 그 포함 상태를 수치화하는 역할을 담당합니다.

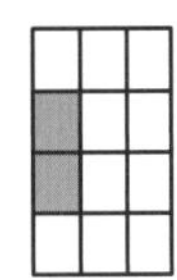

◀ **검사원 ①이 검사해야 하는 특징 패턴 ①**

그런데 어떻게 그 포함 상태를 산출하는 것일까요? 그 비밀은 입력층의 운반원과 검사원 H_1을 연결하는 화살표의 굵기(즉, 가중치의 크기)에 있습니다. 다음 그림을 살펴보기 바랍니다.

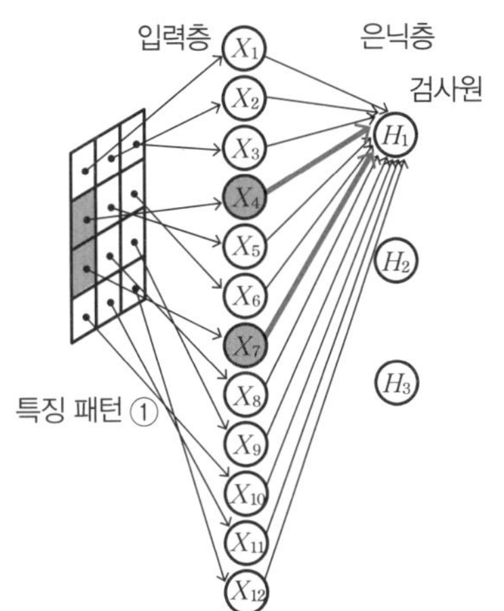

◀ 특징 패턴 ①이 이미지에 포함돼 있는 것을 은닉층의 검사원 H_1이 알기 위해서는 입력층 담당자 X_4, X_7과 검사원 H_1이 굵은 화살표로 연결돼 있는지 살펴보면 된다. 즉, 은닉층의 뉴런 H_1은 입력층 X_4, X_7의 입력 '가중치'는 크고, 다른 가중치는 작은지 살펴보면 된다.

이 그림에 나타낸 것처럼, 입력층의 운반원 X_4, X_7과 은닉층의 검사원 H_1을 연결하는 화살표를 굵게(즉, 가중치를 크게), 다른 화살표는 가늘게(가중치를 작게) 해봅시다. 그렇게 하면, **특징 패턴 ①**이 이미지에 포함돼 있으면 '입력의 선형합' 2에서 알 수 있듯이 검사원 H_1에 전달되는 신호는 커집니다. 이와 반대로 **특징 패턴 ①**이 이미지에 포함돼 있지 않으면 검사원 H_1에 전달되는 신호는 작아집니다.

이 개념은 은닉층의 '검사원' H_3이 다음의 **특징 패턴 ③**에 포함돼 있는지의 여부를 알아보기 위해 수치화할 때도 적용됩니다.

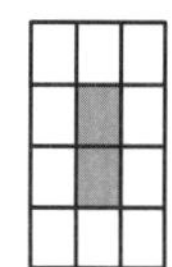

◀ **검사원 H_3가 검사해야 하는 특징 패턴 ③**

'검사원' H_1과 마찬가지로, 다음과 같이 신경망을 그려봅시다. 입력층의 운반원 X_5, X_8과 검사원 H_3을 연결하는 화살표를 굵게(즉, 가중치를 크게), 다른 화살표는 가늘게(가중치를 작게) 한 것입니다.

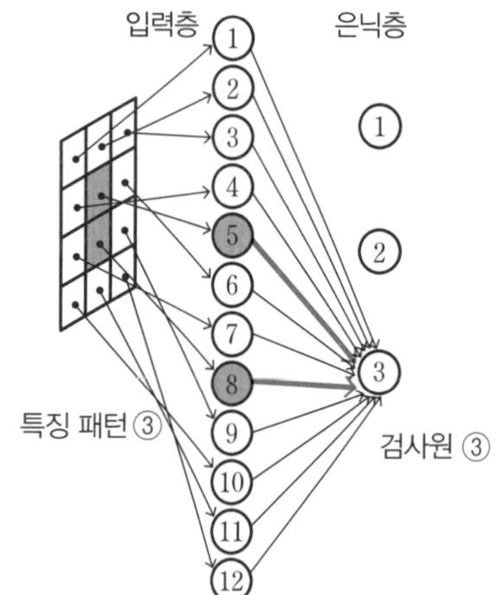

◀ **특징 패턴 ③**이 이미지에 포함돼 있는 것을 은닉층의 검사원 H_3이 알기 위해서는 입력층 담당자 X_5, X_8과 검사원 H_3이 굵은 화살표로 연결돼 있는지 살펴보면 된다. 즉, 은닉층의 뉴런 H_3은 입력층 X_5, X_8의 입력 '가중치'는 크고, 다른 가중치는 작은지를 살펴보면 된다.

이 그림처럼 특징 패턴 ③이 이미지에 포함돼 있으면 '입력의 선형합' 2에서 검사원 H_3에 전달되는 신호는 커집니다. 이와 반대로 **특징 패턴 ③**이 이미지에 포함돼 있지 않으면 검사원 H_3에 전달되는 신호는 작아집니다.

이상과 같이 '입력의 선형합' 2 안의 '가중치'를 조절하는 것으로, 담당하는 특징 패턴이 포함된 상태를 판명합니다. 따라서 이 포함 상태를 활성화 함수 1에서 함유율로 변환할 수 있습니다. 단순한 뉴런이 문자 이미지 속의 정보를 조사한다는 것은 이와 같이 단순한 조작에 따라 이뤄지는 것입니다.

주 함유율도 이미지에 관련된 표현입니다. 수학적인 의미는 ▶ § 3의 엑셀 실습에서 확인하기 바랍니다.

검사원이 특징 패턴의 함유율을 산출하는 것은 이미지에 포함된 특징을 추출하는 것으로 바꿔 말할 수 있습니다. 이를 '은닉층은 **특징 추출** 역할을 담당한다.'라고 표현합니다.

▶ 출력층의 '판정원'은 정리하는 역할

마지막으로 출력층에 있는 판정원의 동작을 알아보겠습니다. 앞에서 정한 것처럼, 판정원 Z_1은 '0'의 확신도, 판정원 Z_2는 '1'의 확신도를 수치화하는 동작을 함으로써 판정합니다.

출력층의 '판정원'은 은닉층의 '검사원'에게 보고받은 특징 패턴의 함유율을 이용해 입력 이미지가 스스로 담당하는 숫자인지 여부를 확신도로 수치화합니다. 그런데 판정원 Z_1이 '0'이라 판정하는 역할을 담당한다는 것은 판정원 Z_1이 은닉층의 검사원 H_1, H_2에서 오는 굵은 화살표를 갖고 있다는 것을 의미합니다. 필기체 숫자 '0'의 문자에는 **특징 패턴 ①, ②**가 포함돼 있을 가능성이 높기 때문입니다.

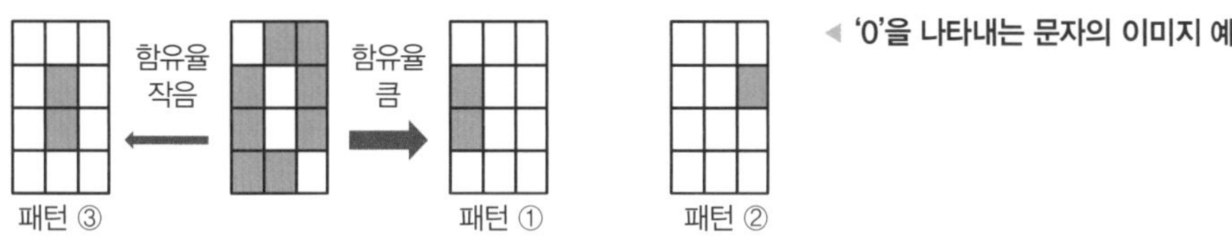

▲ 필기체 숫자 '0'의 문자에는 특징 패턴 ①, ②가 포함돼 있을 가능성이 높다.

판정원 Z_2가 입력 이미지를 '1'이라 판정하는 역할을 담당한다는 것은 은닉층의 검사원 Z_2에서 오는 굵은 화살표를 갖고 있다는 것을 의미합니다. 필기체 숫자 '1'의 문자에는 **특징 패턴 ③**이 포함돼 있을 가능성이 높기 때문입니다.

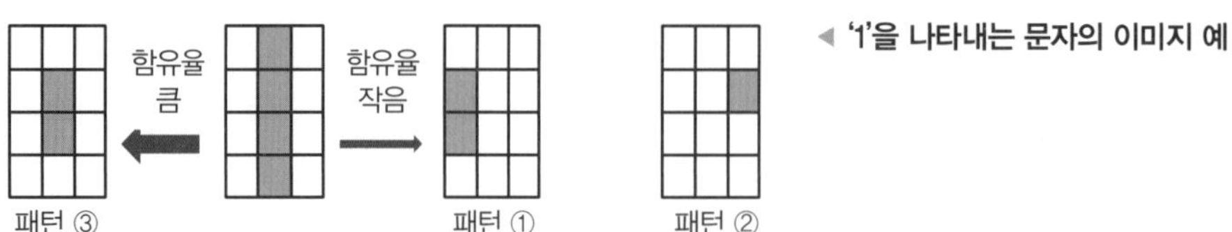

◀ '1'을 나타내는 문자의 이미지 예

▲ 필기체 숫자 '1'의 문자에는 특징 패턴 ③이 포함돼 있을 가능성이 높다.

굵은 화살표는 은닉층의 경우와 마찬가지로, 뉴런의 세계로 말하면 '가중치'가 큰 것, 가는 화살표는 '가중치'가 작은 것을 의미합니다. 이렇게 하면, 은닉층의 경우와 완전히 동일한 구조로 식 1, 2로부터 목표로 하는 정보를 선별해 자신이 찾고 있는 이미지인지 여부를 판단할 수 있게 됩니다.

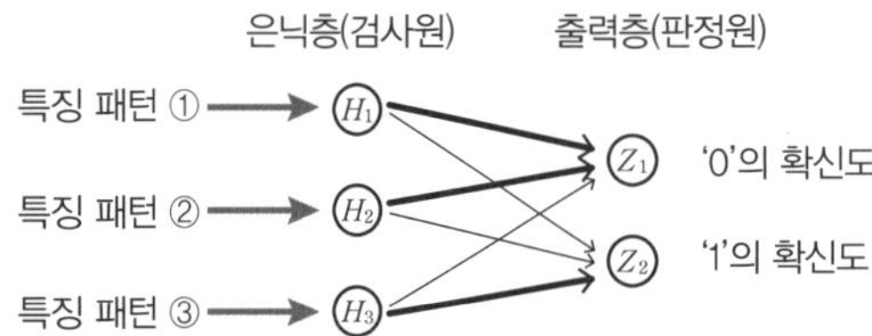

▲ '0'을 판정하는 판정원 Z_1의 경우는, 특징 패턴 ①, ②의 검사를 담당하는 검사원 H_1, H_2에서 오는 화살표가 굵어진다(가중치가 커진다). '1'이라 판정하는 판정원 Z_2의 경우는, 특징 패턴 ③의 검사를 담당하는 검사원 H_3에서 오는 화살표가 굵어진다(가중치가 커진다). 이렇게 해서 판정원 Z_1, Z_2는 입력 이미지가 0인지, 1인지 판정할 수 있다.

구조를 정리하면

지금까지의 이야기를 정리해봅시다. 결국 각 층 간의 화살의 굵기, 다시 말하면 '가중치'의 크기가 이미지를 판별하는 키가 되는 것을 알 수 있습니다. 다음 예로 알아봅시다.

예 오른쪽 그림의 필기체 숫자 '0'의 이미지가 입력됐을 때, 신경망이 '0'이라 판정하는 흐름을 살펴봅시다.

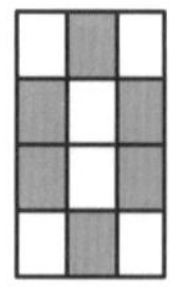

숫자 '0'을 나타내는 이미지 ▶

이 문자 이미지에는 **특징 패턴 ①, ②**가 포함돼 있습니다. 따라서 운반원 X_4, X_6, X_7은 굵은 화살표를 갖고 있는 검사원 H_1, H_2에게 강한 신호를 보냅니다. 그러면 검사원 H_1, H_2는 굵은 화살을 가진 출력층의 판정원 Z_1에게 강한 신호를 보냅니다. 이렇게 해서 '0'을 판정하는 출력층의 판정원 Z_1은 **'이 이미지는 0'**이라 확신하고, 확신도로 1에 가까운 값을 출력합니다. 이에 비해 약한 신호만 받은 출력층의 판정원 Z_2는 **'이 이미지는 1'**이라는 확신도를 0에 가까운 값으로 출력합니다. 신경망은 이렇게 출력층 2명의 확신도를 비교해 **'이 숫자 이미지는 0'**이라 판정하게 됩니다.

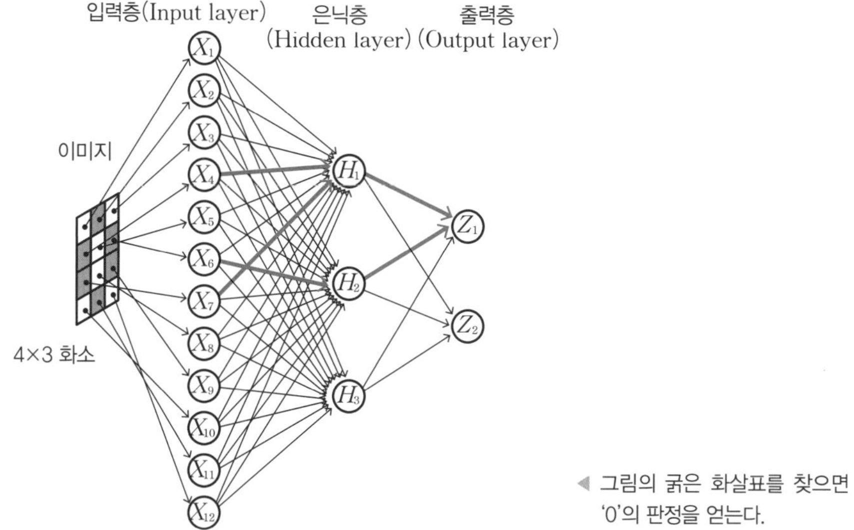

◀ 그림의 굵은 화살표를 찾으면 '0'의 판정을 얻는다.

▶ 임곗값의 역할은 불필요한 정보를 차단하는 것

은닉층의 검사원이 입력층에서 온 정보를 가려내는 구조가 '가중치'에 있다는 것을 알아봤습니다. 또 하나의 파라미터인 '임곗값'은 어떤 동작을 하는 것일까요?

예를 들면, 은닉층의 검사원 담당자를 생각해봅시다. 해당 검사원에게는 자신과 굵은 화살표로 연결된 입력층의 운반원에게 오는 신호가 중요합니다. 그러나 그 외의 운반원에게 오는 신호는 잡음이 됩니다. 그 잡음을 차단하는 역할이 '임곗값'인 것입니다.

임곗값을 알맞게 설정해 담당한 목표 신호를 받아들이고, 그 외의 신호는 차단할 수 있습니다.

가중치와 임곗값의 결정 방법

이제까지는 은닉층의 검사원이 담당하는 '특징 패턴'이 처음부터 주어졌다고 가정했습니다. 그러나 앞에서 기술한 것처럼, 무엇이 이미지의 특징인지 처음에는 불분명합니다. 이미지의 특징은 어떻게 결정되는 것일까요? 또한 각 뉴런의 가중치에 구체적으로 어떻게 결정되는 것일까요?

이 질문에 대한 답이 **신경망이 스스로 결정한다**라는 아이디어입니다. 다시 말하면, 가중치와 임곗값은 주어진 데이터로부터 신경망이 스스로 결정하는 것입니다. 사람이 하나하나 자상하게 가르치는 작업이 아닙니다.

지금 알아보는 예로 가정해봅시다. '0', '1'의 필기체 이미지 데이터가 몇 장 있고, 그것들에 한 장씩 '0' 또는 '1'인지 정답이 기록돼 있다고 가정합니다.

주 이러한 이미지와 정답 세트를 '**훈련 데이터**' 또는 '**학습 데이터**'라 부르고, 이 이미지 데이터의 정답 부분을 '**예측 대상**', 이미지 부분을 '**예측 자료**'라 부르기도 합니다. 정답 부분이라 부르는 방식으로는 **정답 레이블**이라는 용어도 자주 사용됩니다.

MEMO 지도학습

위에 기술한 것처럼, **'정답 레이블'**이라 부르는 정답이 주어진 훈련 데이터로 모델의 파라미터를 결정하는 기계학습을 지도학습이라 합니다. 많은 AI는 이러한 유형으로 분류됩니다.

처음에 할 일은 가상의 가중치와 임곗값을 설정하고, 신경망에 한 장 한 장의 이미지를 읽어들여 '0'과 '1'의 확신도를 계산하는 것입니다. 그다음으로는 각 이미지에 부착된 정답과의 오차를 산출하고, 이미지 데이터 모두에 대한 오차의 총합을 구합니다. 마지막으로 이 오차의 총합이 최소가 되도록 가중치와 임곗값을 컴퓨터를 이용해 결정하는 것입니다.

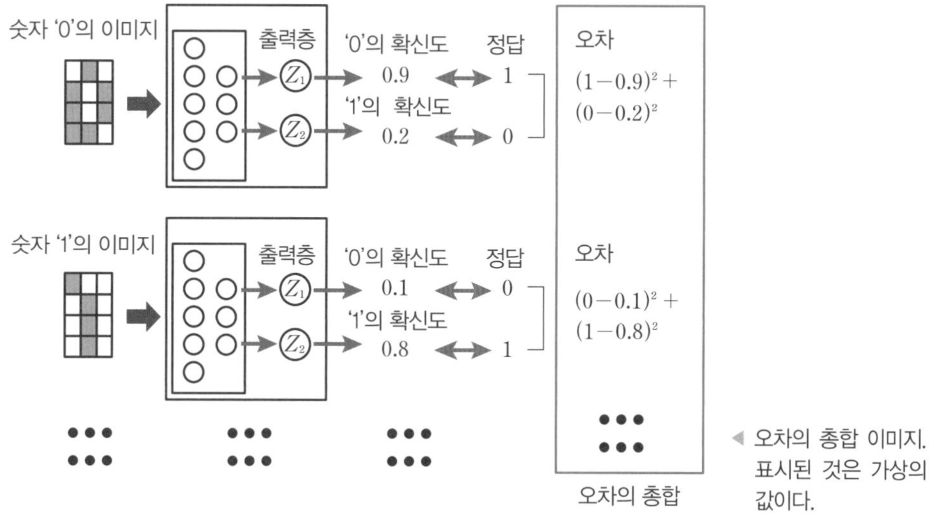

◀ 오차의 총합 이미지. 표시된 것은 가상의 값이다.

이상의 수학적 절차는 **최적화**라 부르는 기법입니다. ▶ 1장 §4에서는 이 회귀분석으로 알아봤지만 이와 동일한 기법으로 신경망의 가중치와 임곗값이 결정됩니다.

최적화 계산을 하면 신경망은 이미지 데이터에서 자기 자신을 결정합니다. 이것이 '신경망 스스로가 학습'이라 표현하는 이유입니다. 사람이 이러쿵저러쿵 말할 필요가 없습니다.

▶ 신경망의 아이디어 정리

신경망을 구성하는 뉴런 하나하나의 동작은 단순합니다. 계층 뉴런에서 입력을 '입력의 선형합'으로 정리하고(식 2), 이 크기를 적당한 값으로 변환하는 것뿐입니다(식 1). 그러한 단순한 동작밖에 하지 않는 뉴런의 네트워크가 판단 능력이 있는 이유는 가중치와 임곗값을 데이터에 맞춰 조정하기 때문입니다. 즉, 담당자가 '특징 패턴'을 찾기 쉽도록 화살표의 가중치를 데이터에 맞춰 스스로 결정합니다.

이는 개미 사회와도 비슷합니다. 개미 한 마리 한 마리는 큰 지능을 갖지 않습니다. 그러나 서로가 네트워크를 구성하고, 관계를 구축함으로써 복잡한 사회를 만들 수 있습니다.

이상의 아이디어가 이해되면, 신경망을 엑셀로 간단하게 구현할 수 있습니다. 그전에 이제까지의 논의를 수식으로 살펴보면 앞으로의 발전에 도움이 됩니다.

MEMO **합성곱 신경망**

신경망의 응용으로 유명한 것으로는 **합성곱 신경망**(Convolutional Neural Network, CNN)이 있습니다. 뒤에 살펴보는 DQN에 이용되는 신경망에도 CNN이 이용됩니다.

CNN의 특징은 신경망의 은닉층에 '합성곱층'이라는 정리층과 '풀링층'이라는 정보 압축층을 삽입하는 것입니다. 이렇게 신경망의 특징 추출 능력을 효율적으로 끌어내게 됩니다.

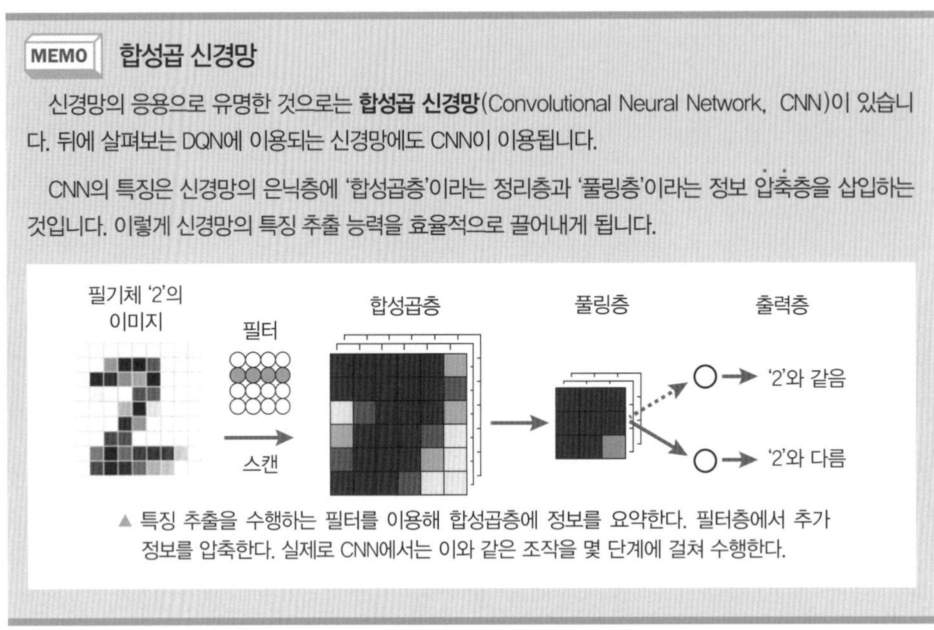

▲ 특징 추출을 수행하는 필터를 이용해 합성곱층에 정보를 요약한다. 필터층에서 추가 정보를 압축한다. 실제로 CNN에서는 이와 같은 조작을 몇 단계에 걸쳐 수행한다.

주 CNN의 구조는 『엑셀로 배우는 딥러닝』(성안당)을 참고하기 바랍니다.

§ 4 신경망을 식으로 표현

앞 절(▶ §3)에서는 신경망의 구조를 사람의 역할에 비유해 알아봤습니다. 이 절에서는 이 사람의 동작을 수식으로 표현해봅시다.

주 수식을 좋아하지 않는 독자는 이 절을 가볍게 읽고 넘어가도 됩니다. 엑셀을 이용한 시각적인 설명은 다음 절에서 제공합니다.

이 절에서도 앞 절(▶§3)과 동일한 과제를 이용해 설명하겠습니다.

과제 1 4×3 화소의 흑백 2진 이미지로 읽어들인 '0'과 '1'의 필기체 이미지를 식별하는 신경망을 작성하시오.

주 이미지 수는 55매로 합니다.

앞 절과 마찬가지로 이 과제의 신경망으로 다음 형식을 적용합니다.

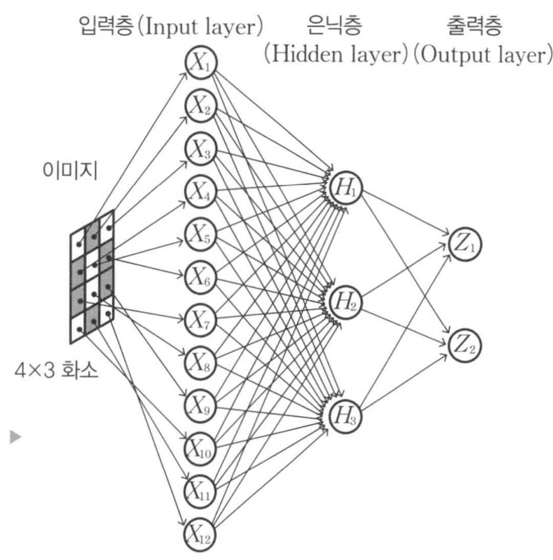

2장에서 살펴보는 신경망. 각 뉴런의 가중치와 임곗값을 결정하는 것이 중요한 목표가 된다. 더욱이 지금까지와 마찬가지로 오른쪽 그림과 같이 뉴런에 이름을 부여한다. ▶

▶ 변수명을 정하는 규칙

신경망의 출력을 산출하기 위해서는 뉴런 사이의 관계를 식으로 표현할 필요가 있습니다. 이때 필요한 변수명을 확인합니다.

단일 뉴런을 다룬 ▶ §2에서는 뉴런의 동작을 표현하기 위해 다음과 같은 기호를 이용했습니다.

> x_i …… i번째 입력값
> w_i …… i번째 입력에 곱해지는 가중치
> θ …… 임곗값
> y …… 출력
> s …… 입력의 선형합($w_1x_1 + w_2x_2 + \cdots + w_nx_n - \theta$)
> $y = a(s)$ …… a는 활성화 함수

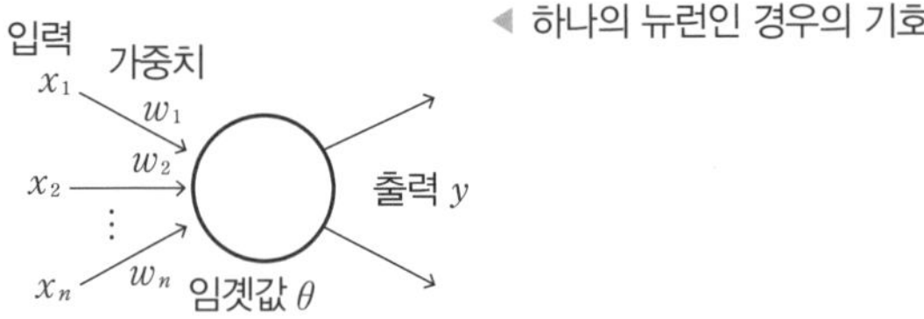

◀ 하나의 뉴런인 경우의 기호

이러한 기호는 신경망을 기술하기에 부족합니다. 신경망 안의 뉴런을 표현할 때는 어느 층의 몇 번째에 위치하는지가 필요하기 때문입니다. 이점에 유의하면서 앞으로 사용하는 기호의 이름을 정합시다.

층을 구별하기 위해 입력층, 은닉층, 출력층 뉴런명에 각각 X, H, Z 문자를 이용합니다. 이는 ▶ §3과 마찬가지입니다.

◀ H는 Hidden Layer(은닉층)의 머리글자

각 층 안의 뉴런 위치는 해당 층의 위에서부터의 위치 번호를 이용합니다. 이 번호를 X, H, Z에 첨자로 붙여 뉴런명으로 합니다.

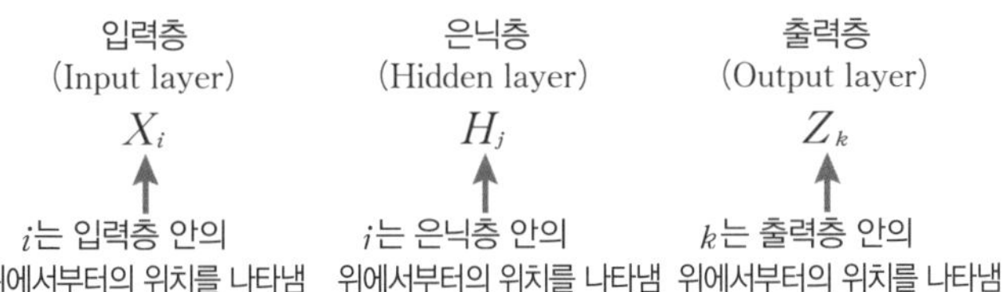

이렇게 이름붙인 뉴런의 **출력**은 뉴런명과 **동일**한 소문자로 합니다. 즉, 각 뉴런의 뉴런명과 출력 변수명은 대문자와 소문자로 구별합니다.

X_i → 출력 x_i H_j → 출력 h_j Z_k → 출력 z_k

▲ 출력명은 뉴런명의 소문자를 이용

그다음으로 신경망의 각 뉴런에 관련된 '가중치'와 '임곗값' 그리고 뉴런에 대한 '입력 선형합'을 기술하는 변수명에 관해서 알아봅시다. 이것들은 다음 그림과 같이 약속합니다.

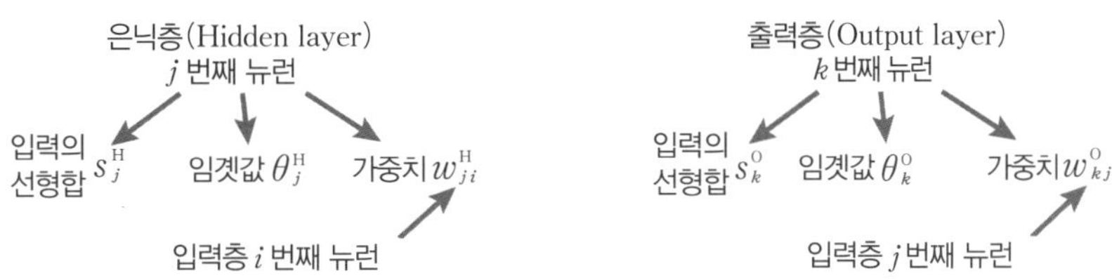

이와 같이 약속하면 다음 그림처럼 각 층의 뉴런과 파라미터의 위치 관계가 표시됩니다.

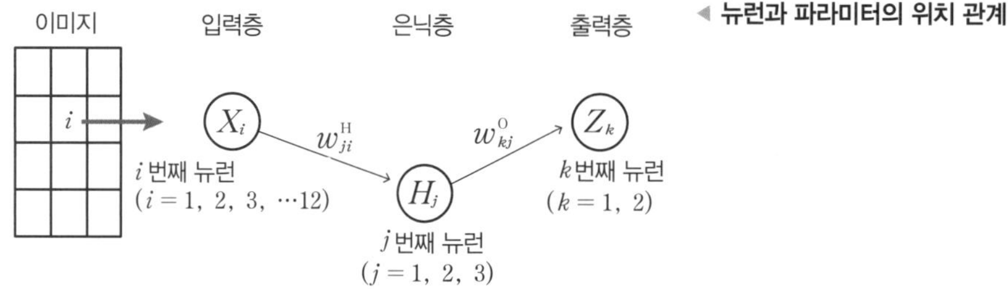

◀ 뉴런과 파라미터의 위치 관계

또한 각 뉴런에 관련된 가중치, 임곗값, 입력의 선형합에 대한 의미와 역할은 앞 장(▶ 3장)에서 살펴본 단일 뉴런의 경우와 동일합니다.

이상을 표로 정리하면 다음과 같습니다.

기호명	의미
x_i	입력층 i번째 뉴런 X_i의 입력을 나타내는 변수 입력층에서는 출력과 입력이 동일한 값이기 때문에 출력의 변수도 된다.
h_j	은닉층 j번째 뉴런 H_j의 출력을 나타내는 변수
z_k	출력층 k번째 뉴런 Z_k의 출력을 나타내는 변수
w^{H}_{ji}	입력층 i번째 뉴런 X_i에서 은닉층 j번째 뉴런 H_j를 향한 화살표의 가중치
w^{O}_{kj}	은닉층 j번째 뉴런 H_j에서 출력층 k번째 뉴런 Z_k를 향한 화살표의 가중
θ^{H}_{j}	은닉층 j번째에 있는 뉴런 H_j의 임곗값
θ^{O}_{k}	출력층 k번째에 있는 뉴런 Z_k의 임곗값
s^{H}_{j}	은닉층 j번째 뉴런 H_j에 대한 입력의 선형합
s^{O}_{k}	출력층 k번째 뉴런 Z_k에 관한 입력의 선형합

▶ 신경망을 식으로 표현

신경망 안 뉴런의 관계를 식으로 표현할 수 있는 준비가 가능해졌습니다. 이제 관계식을 작성해봅시다.

그러나 신경망을 구성하는 각 뉴런은 ▶ 2장에서 알아본 단일 뉴런과 동일하게 동작합니다. 따라서 관계식을 만드는 방법에 관련된 새로운 이야기는 없습니다. 다만, 다수의 뉴런이 나타나므로 식은 그만큼 복잡해집니다.

우선, 은닉층 뉴런을 알아봅시다. 다음 그림은 은닉층의 첫 번째 뉴런 H_1과 파라미터(가중치, 임곗값)의 관계를 나타냅니다.

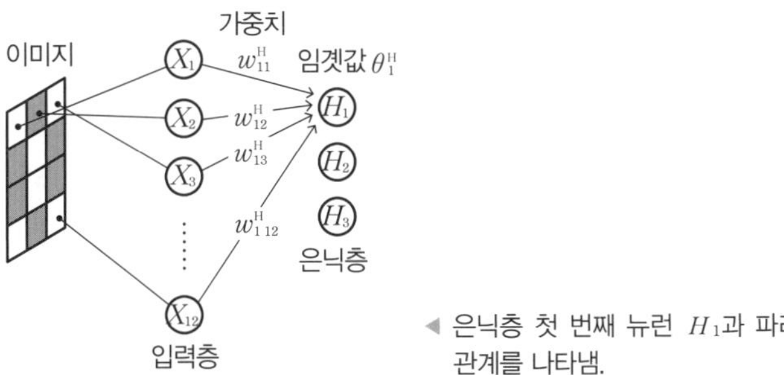

◀ 은닉층 첫 번째 뉴런 H_1과 파라미터의 관계를 나타냄.

이 그림을 이용하면 은닉층의 뉴런에 관련된 모든 관계식을 작성할 수 있습니다.

〔은닉층의 뉴런에 관련된 '입력의 선형합'과 출력〕

$$s_1^H = w_{11}^H x_1 + w_{12}^H x_2 + w_{13}^H x_3 + \cdots + w_{1\,12}^H x_{12} - \theta_1^H$$
$$s_2^H = w_{21}^H x_1 + w_{22}^H x_2 + w_{23}^H x_3 + \cdots + w_{2\,12}^H x_{12} - \theta_2^H \quad \cdots \boxed{1}$$
$$s_3^H = w_{31}^H x_1 + w_{32}^H x_2 + w_{33}^H x_3 + \cdots + w_{3\,12}^H x_{12} - \theta_3^H$$

$$h_1 = a(s_1^H),\ h_2 = a(s_2^H),\ h_3 = a(s_3^H) \qquad a\text{는 활성화 함수} \quad \cdots \boxed{2}$$

다음으로 출력층 뉴런에 관해 알아봅시다. 다음 그림은 출력층의 첫 번째 뉴런과 파라미터의 관계를 나타냅니다.

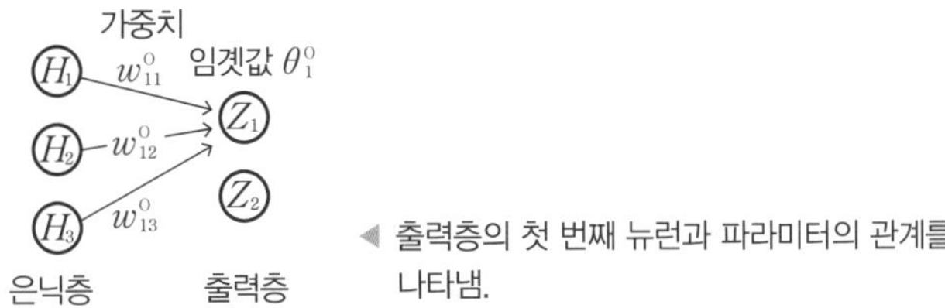

◀ 출력층의 첫 번째 뉴런과 파라미터의 관계를 나타냄.

이 그림을 이용하면 출력층 뉴런에 관련된 모든 관계식을 작성할 수 있습니다.

〔출력층 뉴런에 관한 '입력의 선형합'과 출력〕

$$\left.\begin{aligned} s_1^O &= w_{11}^O h_1 + w_{12}^O h_2 + w_{13}^O h_3 - \theta_1^O \\ s_2^O &= w_{21}^O h_1 + w_{22}^O h_2 + w_{23}^O h_3 - \theta_2^O \end{aligned}\right\} \cdots \boxed{3}$$

$$z_1 = a(s_1^O),\ z_2 = a(s_2^O) \qquad a\text{는 활성화 함수} \quad \cdots \boxed{4}$$

주 식 2와 4에서는 활성화 함수의 기호 a를 공통으로 사용하지만, 동일할 필요는 없습니다(층별로는 일치시킵니다).

▶ 신경망 출력의 의미

과제 1에 나타난 신경망의 출력층에는 2개의 뉴런(Z_1, Z_2)이 있습니다. Z_1은 숫자 '0', Z_2는 숫자 '1'을 검출하도록 했습니다. 이를 염두에 둔 채, 신경망의 산출값을 살펴봅시다.

다음 그림을 살펴보기 바랍니다. 왼쪽은 앞 절(▶ §3)의 예에서 다룬 이미지의 예로, 숫자 '0'을 나타냅니다. 이 경우, 다음과 같은 출력을 산출하는 것이 이상적입니다.

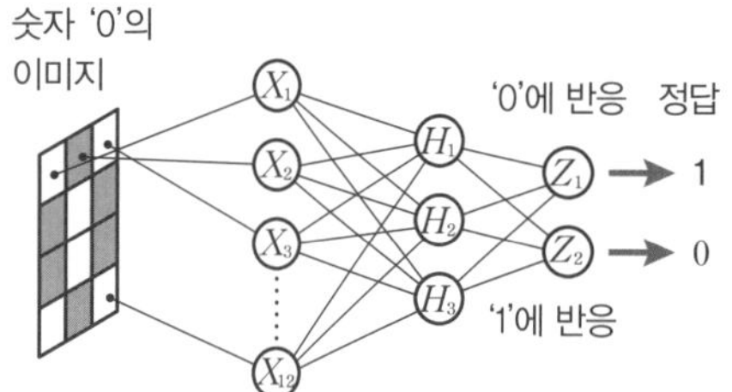

◀ 출력층의 뉴런 Z_1은 숫자 '0', Z_2는 '1'을 탐지하는 역할. 따라서 '0'이 입력되면 Z_1은 1, Z_2는 0을 출력하는 것을 희망한다.

이 그림에서 중요한 사실을 알 수 있습니다. 숫자 '0'이 읽힐 때 뉴런 Z_1의 출력 z_1과 1의 차이가 작아질수록, 뉴런 Z_2의 출력 z_2와 0의 차이가 작아질수록 신경망은 좋은 결과를 산출합니다.

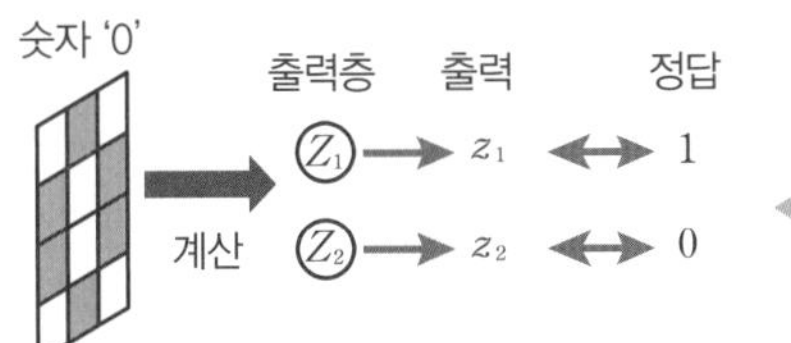

◀ 숫자 '0'이 읽힐 때 출력 z_1과 정답 1의 차이가 작을수록, 출력 z_2와 정답 0의 차이가 작을수록 좋은 결과를 산출

따라서 숫자 '0'이 읽힐 때 신경망의 출력 오차를 평가하기 위해서는 다음 값 e를 고려해야 합니다.

숫자 '0'이 읽힐 때: $e = (1-z_1)^2 + (0-z_2)^2$ … 5

이 값 e가 작아질 때, 신경망은 '좋은 값을 산출했다.'라는 것이 됩니다.

숫자 '1'이 읽힐 때도 이와 마찬가지입니다. Z_1의 출력 z_1과 0의 차이가 작을수록, Z_2의 출력 z_2와 1의 차이가 작을수록 신경망은 좋은 결과를 산출합니다.

◀ 숫자 '1'이 읽힐 때 출력 z_1과 정답 0의 차이가 작을수록, 출력 z_2와 정답 1의 차이가 작을수록 좋은 결과를 산출

따라서 숫자 '1'이 읽힐 때 신경망의 출력 오차를 평가하기 위해서는 다음 값 e를 고려해야 합니다.

숫자 '1'이 읽힐 때: $e = (0-z_1)^2 + (1-z_2)^2$ … 6

이 값 e가 작아질 때, 신경망은 '좋은 값을 산출했다.'라는 것이 됩니다.

이상의 식 5, 6으로 정의된 값 e를 신경망이 산출한 값의 **제곱오차**라고 합니다.

주 문헌에 따라서는 5, 6과 계수에 차이가 있습니다. 많은 문헌에서 오차역전파법을 고려해 계수에 1/2을 붙입니다.

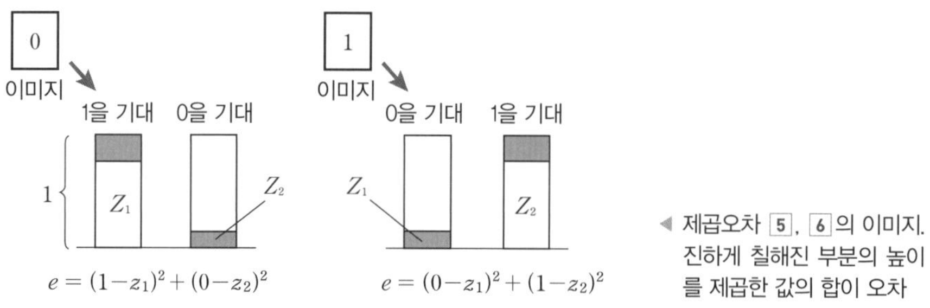

◀ 제곱오차 5, 6의 이미지. 진하게 칠해진 부분의 높이를 제곱한 값의 합이 오차

여기에서 제곱오차 5, 6은 말 그대로, 제곱의 합이라는 것에 유의하기 바랍니다. **한 이미지만의 오차** 평가라면 일부러 제곱 계산을 할 필요가 없습니다. 그러나 **데이터 전체의 오차**를 예측할 때는 제곱합이 중요합니다. 단순히 출력과 정답과의 차이만을 더하면, 데이터 전체에서 오차의 합이 서로 상쇄돼버리고, 옳은 오차의 평가가 불가능해지기 때문입니다. 그 이유는 ▶ 2장에서 알아본 **회귀분석**과 동일합니다.

▶ 정답을 변수화

이미지를 식별하기 위한 훈련 데이터의 경우, 각 이미지에는 그것이 무엇을 의미하는지를 알려주는 정답이 붙어 있습니다. **과제 1**에는 필기체 숫자 이미지에 '0', '1' 중 어느 문자인지를 나타내는 정답이 붙어 있습니다. 그런데 '0', '1' 그대로는 처리하기 어렵기 때문에 계산하기 쉽도록 바꿔 써봅시다. 이를 위해서는 다음 표에 제시한 변수 t_1, t_2 쌍을 이용해야 합니다.

	의미	이미지가 '0'일 때	이미지가 '1'일 때
t_1	'0'의 정답 변수	1	0
t_2	'1'의 정답 변수	0	1

주 t는 teacher의 머리글자. 훈련 데이터의 정답 부분(즉, 정답 레이블)이기 때문에 이 이름이 자주 이용됩니다.

이런 t_1, t_2 쌍으로 정답을 표현하면 '오차'를 정의하기가 쉽습니다.

▶ 제곱오차의 식 표현

정답 변수 t_1, t_2 쌍을 이용해 제곱오차 e의 식 5, 6을 표현해봅시다. 다음과 같이 하나로 정리됩니다.

$$e = (t_1 - z_1)^2 + (t_2 - z_2)^2 \cdots \boxed{7}$$

이와 같이 제곱오차 e를 하나의 식 7로 표현하면, 엑셀로 오차를 표현하기 편리합니다.

예 '1'을 나타내는 이미지가 읽혔을 때, 식 7 이 식 6 과 일치하는지 확인하시오.

'1'의 이미지가 읽혔을 때, $t_1 = 0$, $t_2 = 1$이고, 식 7은 다음과 같아집니다. 이는 식 6과 같습니다.

$$e = (t_1 - z_1)^2 + (t_2 - z_2)^2 = (0 - z_1)^2 + (1 - z_2)^2$$

▶ 모델의 최적화

일반적으로 데이터를 분석하기 위한 수학 모델은 파라미터로 규정됩니다. ▶ 1장 §4에서는 그 전형적인 예로 회귀분석을 알아봤습니다. 회귀분석에서는 회귀계수와 절편이 파라미터의 역할을 수행합니다. 따라서 이 파라미터를 데이터에 가능한 한 적합하게 결정하는 문제를 **최적화 문제**라 부른다는 것을 확인했습니다.

신경망의 결정도 최적화 문제 중 하나입니다. 모델의 파라미터인 **가중치**와 **임곗값**을 훈련용 데이터에 가능한 한 일치하도록 결정하는 것이 목표인 것입니다. 즉, 가중치와 임곗값은 회귀분석과 동일하게 오차의 총합이 최소가 되도록 파라미터가 결정됩니다.

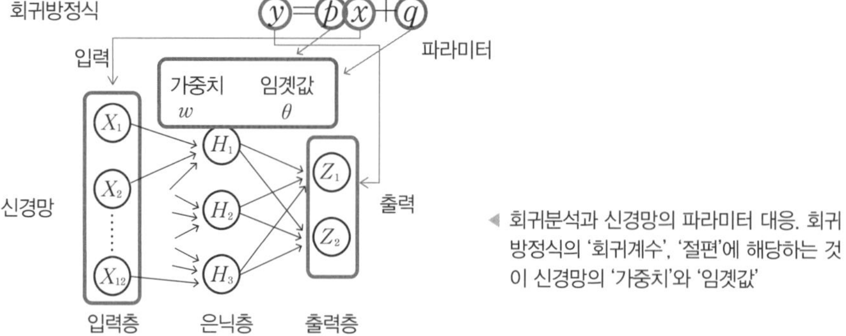

◀ 회귀분석과 신경망의 파라미터 대응. 회귀방정식의 '회귀계수', '절편'에 해당하는 것이 신경망의 '가중치'와 '임곗값'

이런 식으로 회귀분석과 동일한 기법을 이용해, 지금까지 살펴본 신경망의 가중치와 임곗값을 결정할 수 있습니다.

▶ 신경망의 목적 함수

회귀분석에서도 알아봤지만(▶ 1장 §4), 데이터 전체 제곱오차 e를 모두 더한 값 E_T를 **목적 함수**라 부릅니다. **과제 1** 의 신경망에 관해 그 목적 함수를 식으로 표시해봅시다.

식 **7** 에서 알아본 것처럼 하나의 이미지에 대한 신경망의 산출값과 정답과의 오차는 다음과 같이 주어집니다.

$$e = (t_1 - z_1)^2 + (t_2 - z_2)^2 \cdots \boxed{7} \text{ (다시 수록)}$$

그런데 훈련 데이터의 어떤 필기체 문자 이미지에 관한 것인지는 이 기호로 알 수 없습니다. 따라서 k번째 이미지의 제곱오차를 다음과 같이 나타냅니다.

$$e_k = (t_1[k] - z_1[k])^2 + (t_2[k] - z_2[k])^2 \quad (k = 1,\ 2,\ \cdots,\ 55) \cdots \boxed{8}$$

$t_1[k]$, $t_2[k]$는 k번째 필기체 숫자 이미지의 정답, $z_1[k]$, $z_2[k]$는 k번째 필기체 숫자 이미지에 대한 신경망의 출력을 나타냅니다. 값 55는 지금 알아보고 있는 훈련 데이터의 크기로, 다시 말해 이미지의 수입니다.

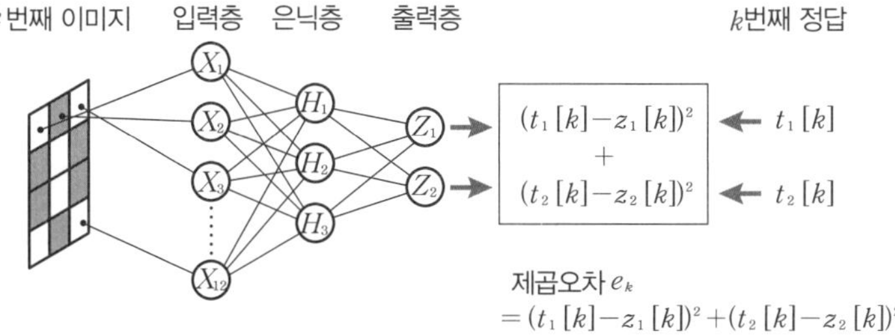

신경망을 결정하기 위해 주어진 이미지와 정답의 세트 전체에 관해, 이 e_k를 모두 더한 것이 훈련 데이터 전체의 '오차'라고 생각합니다. 이것이 신경망의 목적 함수 E_T가 됩니다.

$$E_T = e_1 + e_2 + \cdots + e_{55} \cdots \boxed{9}$$

식 9 중의 '55'는 훈련 데이터에 포함된 필기체 이미지의 수입니다. 가중치와 임곗값의 구체적인 관계식으로 식 9를 표현하는 것은 현실적으로 무리입니다.

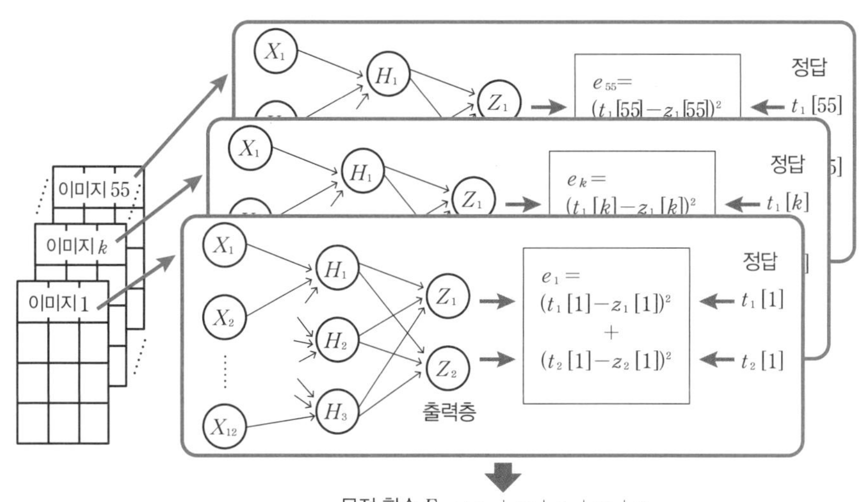

▲ 목적 함수를 구하는 방법. 각 이미지에 관한 제곱오차의 총합이 목적 함수

MEMO 제곱오차의 계산에 편리한 SUMXMY2

엑셀에서 제곱오차 e의 계산에 편리한 것이 SUMXMY2 함수입니다. 다음 예에서 확인해봅시다.

예 $(x,\ y) = (0.9,\ 0.1)$, $(a,\ b) = (0.8,\ 0.3)$이라고 할 때, 다음 '차의 제곱합' e를 SUMXMY2 함수를 이용해 구하시오.

$$e = (x - a)^2 + (y - b)^2$$

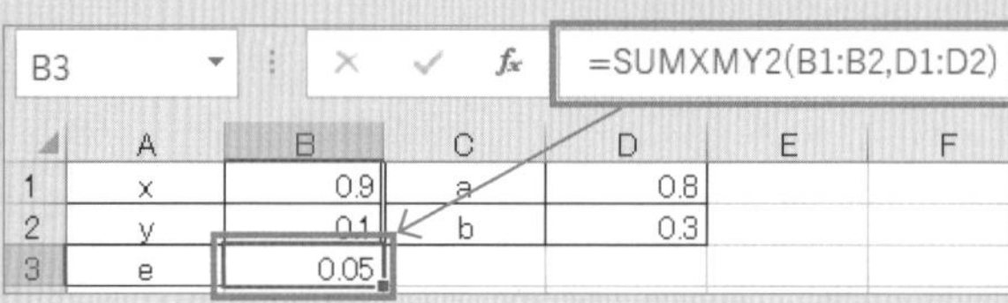

	A	B	C	D	E	F
1	x	0.9	a	0.8		
2	y	0.1	b	0.3		
3	e	0.05				

SUMXMY2의 함수 이름은 'X 마이너스 Y의 2제곱의 합(SUM)'의 머리글자를 취했습니다.

§ 5 엑셀로 배우는 신경망

앞 절(▶ §3)에서는 사람의 역할로 신경망의 동작을 알아봤습니다. 이 이미지를 이용하면 신경망을 엑셀로 간단히 구현할 수 있습니다. 지금까지와 마찬가지로 구체적인 예(다음의 과제 1)를 이용해 구조를 알아봅시다.

과제 1 4× 3 화소의 흑백 2진 이미지로 읽어들인 '0'과 '1'의 필기체 이미지를 식별하는 신경망을 작성하시오.

주 이미지의 수는 55매입니다.

신경망으로는 앞 절(▶ §3, ▶ §4)에서 살펴본 다음 그림을 이용합니다. 이렇게 간단한 신경망으로도 실제 숫자를 구별할 수 있다는 것을 엑셀로 확인해봅시다.

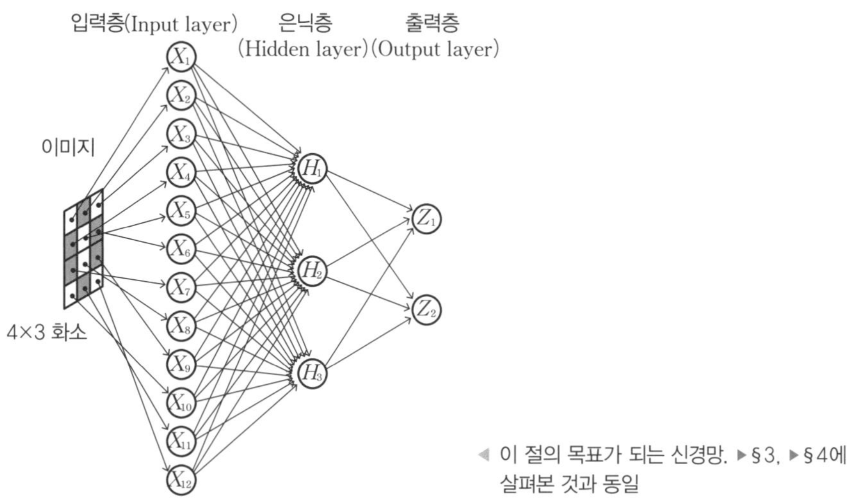

◀ 이 절의 목표가 되는 신경망. ▶§3, ▶§4에서 살펴본 것과 동일

훈련 데이터의 준비

앞 절에서 확인했지만, **과제 1** 에서 제시한 '4×3 = 12 화소의 흑백 2진 이미지'는 다음 그림에 나타낸 매우 단순한 이미지입니다. 이미지를 구성하는 화소의 흑백 값이 수치 1, 0의 2진값으로 표현됩니다.

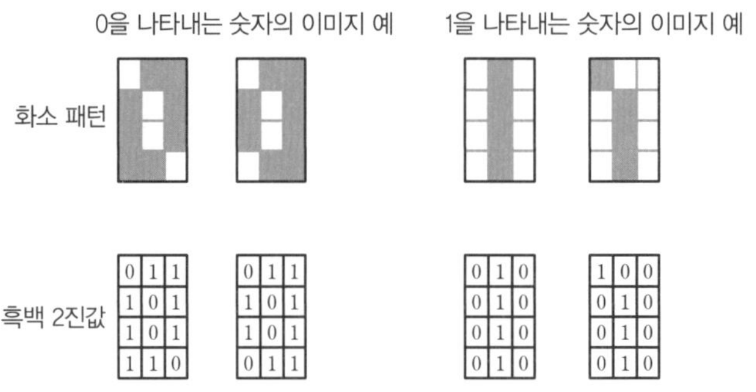

우선 이 훈련 데이터를 엑셀에 입력해봅시다.

> **예제 1** 4×3 화소의 흑백 2진 이미지로 읽어들인 필기체 숫자 '0'과 '1'을 정답과 함께 워크시트에 준비하시오.

주 이 예제의 워크시트는 다운로드 사이트(→ 10페이지)의 샘플 파일 '2.xlsx'에 있는 '§5_훈련 데이터' 탭에 수록돼 있습니다.

풀이 필기체 숫자 이미지와 그 정답을 준비합니다.

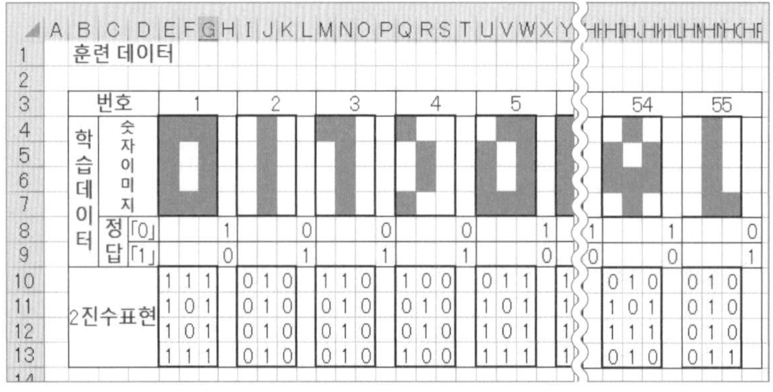

▶ 신경망의 사고방식에 따라 함수 설정

앞 절(▶ §3, ▶ §4)에 따라 신경망의 입출력 값을 실제로 구해봅시다.

> **예제 2** 예제 1 의 훈련 데이터를 작업용 워크시트에 복사한 후 가상의 파라미터(가중치, 임곗값)와 함수를 설정하시오.

주 이 예제의 워크시트는 다운로드 사이트(→ 10페이지)의 샘플 파일 '2.xlsx'에 있는 '§5_최적화전' 탭에 수록돼 있습니다.

풀이 다음 그림과 같이 작성해봅시다.

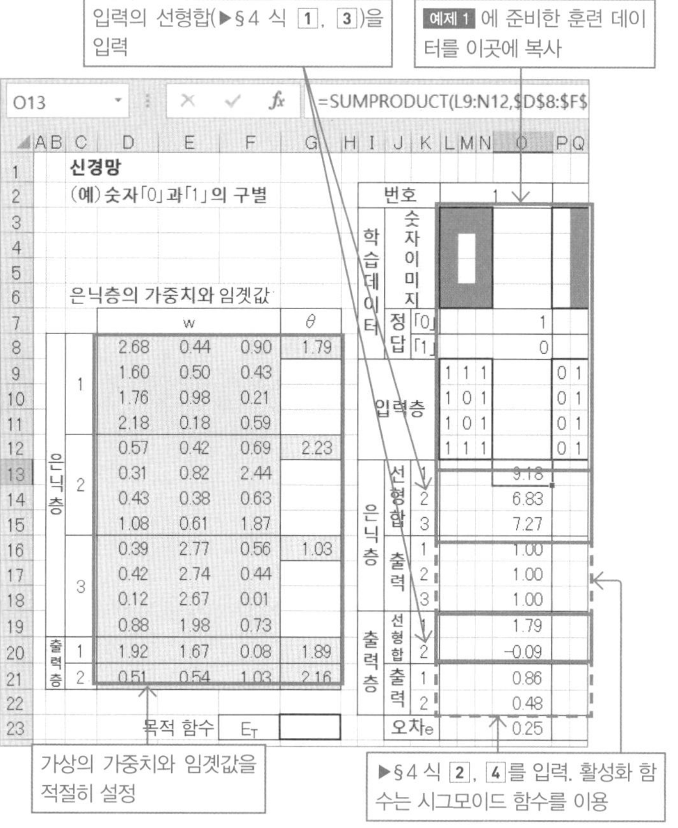

이 그림은 작업용 워크시트에 **예제 1** 에서 준비한 훈련 데이터를 복사했습니다. 또한 가상의 파라미터(가상의 가중치와 임곗값)의 값을 설정했습니다(보통, 난수를 이용합니다). 이렇게 준비한 후 첫 번째 이미지 데이터의 은닉층과 출력층에 ▶ §4에서 살펴본 계산식을 입력합니다.

첫 번째 이미지에 관련된 워크시트가 작성되고 나면 이를 전체 훈련 데이터에 복사합니다(다음 그림).

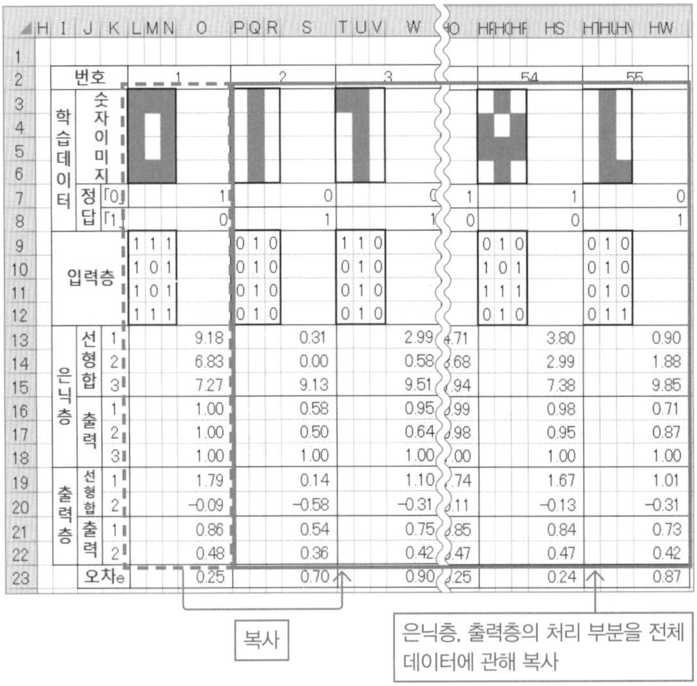

행	구분			1	2	3	…	54	55
2	번호			1	2	3		54	55
3–6	학습 데이터	숫자 이미지							
7		정답	「0」	1	0	0	1	1	0
8			「1」	0	1	1	0	0	1
9	입력층			1 1 1	0 1 0	1 1 0		0 1 0	0 1 0
10				1 0 1	0 1 0	0 1 0		1 0 1	0 1 0
11				1 0 1	0 1 0	0 1 0		1 1 1	0 1 0
12				1 1 1	0 1 0	0 1 0		0 1 0	0 1 1
13	은닉층	선형합	1	9.18	0.31	2.99	4.71	3.80	0.90
14			2	6.83	0.00	0.58	.68	2.99	1.88
15			3	7.27	9.13	9.51	.94	7.38	9.85
16		출력	1	1.00	0.58	0.95	.99	0.98	0.71
17			2	1.00	0.50	0.64	.98	0.95	0.87
18			3	1.00	1.00	1.00	.00	1.00	1.00
19	출력층	선형합	1	1.79	0.14	1.10	.74	1.67	1.01
20			2	−0.09	−0.58	−0.31	.11	−0.13	−0.31
21		출력	1	0.86	0.54	0.75	.85	0.84	0.73
22			2	0.48	0.36	0.42	.47	0.47	0.42
23		오차e		0.25	0.70	0.90	.25	0.24	0.87

복사

은닉층, 출력층의 처리 부분을 전체 데이터에 관해 복사

또한 가상의 가중치와 임곗값으로 계산하고 있으므로 여기에서 출력값을 계산하는 것은 의미가 없습니다.

주 이 절에서는 활성화 함수로 시그모이드 함수를 이용하고 있습니다.

▶ 목적 함수의 산출

가상의 파라미터를 이용해 산출한 출력층의 출력에의 목적 함수의 값을 구해봅시다. 목적 함수의 값은 신경망이 어느 정도 데이터와 일치하는지를 나타내는 '기준'이 됩니다.

> **예제 3** 예제 2 에서 산출한 신경망의 출력에서 제곱오차 e를 구하고, 목적 함수의 값을 산출하시오.

주 이 예제의 워크시트는 다운로드 사이트(→ 10페이지)의 샘플 파일 '2.xlsx'에 있는 '§5_최적화 전' 탭에 수록돼 있습니다.

풀이 ▶ §4의 식 8 을 이용하면 지금 살펴보고 있는 이미지의 제곱오차 e를 구할 수 있습니다. 이것들을 전체 데이터에 관해 모두 더한 것이 목적 함수의 값 E_T가 됩니다(▶ §4 식 9).

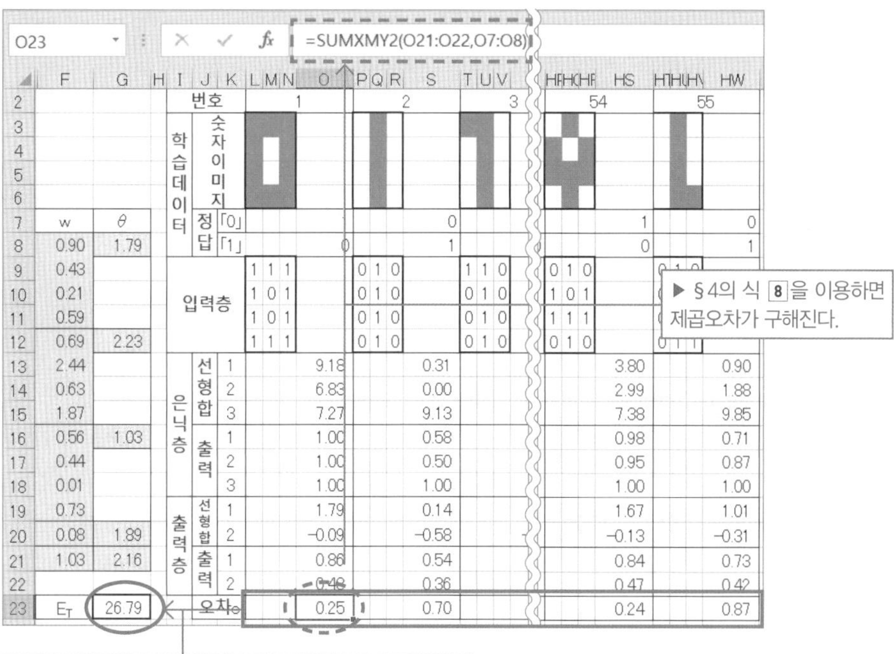

행	F	G	구분			1	2	3	54	55
2			번호			1	2	3	54	55
7	w	θ	학습 데이터	정답	「0」	1	0		1	0
8	0.90	1.79			「1」	0	1		0	1
9	0.43		입력층			1 1 1	0 1 0	1 1 0	0 1 0	
10	0.21					1 0 1	0 1 0	0 1 0	1 0 1	
11	0.59					1 0 1	0 1 0	0 1 0	1 1 1	
12	0.69	2.23				1 1 1	0 1 0	0 1 0	0 1 0	
13	2.44		은닉층	선형합	1	9.18	0.31		3.80	0.90
14	0.63				2	6.83	0.00		2.99	1.88
15	1.87				3	7.27	9.13		7.38	9.85
16	0.56	1.03		출력	1	1.00	0.58		0.98	0.71
17	0.44				2	1.00	0.50		0.95	0.87
18	0.01				3	1.00	1.00		1.00	1.00
19	0.73		출력층	선형합	1	1.79	0.14		1.67	1.01
20	0.08	1.89			2	-0.09	-0.58		-0.13	-0.31
21	1.03	2.16		출력	1	0.86	0.54		0.84	0.73
22					2	0.48	0.36		0.47	0.42
23	E_T	26.79	오차e			0.25	0.70		0.24	0.87

이 목적 함수의 값 E_T는 가상의 가중치와 임곗값에서 구한 것입니다. 따라서 이 단계에서 목적 함수의 값을 논하는 것은 의미가 없습니다.

신경망의 최적화

신경망의 산출값과 정답과의 오차 총합(= 목적 함수)이 구해졌으므로 이를 최소화해 가중치와 임곗값을 구해봅시다. 이 작업을 수학의 세계에서 일반적으로 '최적화'라 부르는 것을 ▶ 1장에서 살펴봤지만, 신경망에서는 **학습**이라 부르기도 합니다.

최적화를 위해서는 보통 수학 지식이 필요합니다. 그러나 다행스럽게도 지금 알아보고 있는 과제 1과 같은 단순한 신경망이라면 엑셀의 해 찾기를 이용해 간단히 최적화를 수행할 수 있습니다. 수학 지식은 필요 없습니다.

주 엑셀의 해 찾기 이용법은 ▶ 1장 §3을 참조하기 바랍니다.

예제 4 지금까지 작성한 워크시트로 목적 함수 해 찾기를 최소화해 가중치와 임곗값을 결정하시오.

주 이 예제의 워크시트는 다운로드 사이트(→ 10페이지)의 샘플 파일 '2.xlsx'에 있는 '§5_최적화 전' 탭에 수록돼 있습니다.

풀이 해 찾기를 호출해 해 찾기 파라미터 박스에서 목적 함수의 셀을 '목표 설정:(T)'에 지정하고 '가중치'와 '임곗값'을 '변수 셀 변경:(B)'에 지정합니다. 역시 여기에서는 '가중치'와 '임곗값'을 모두 음수가 아닌 값으로 설정해야 합니다. 결과를 직감에 따라 이미지대로 해석하기 위해서는 0 이상의 값이 필요하기 때문입니다. '가중치가 크다.', '가중치가 작다.' 등으로 해석하는 것은 0 이상의 세계에서만 통용됩니다.

MEMO **훈련 데이터**

이 책에서 이용하는 이미지와 정답 세트를 일반적으로 **훈련 데이터** 또는 **학습 데이터**라 한다는 것은 ▶ 3장 §3에서 살펴봤습니다. 이런 이름은 문헌에 따라 다르기 때문에 주의가 필요합니다. 또한, 이 데이터의 정답 부분을 **정답 레이블** 또는 **예측 대상**이라 부른다는 것도 ▶ §3에서 살펴봤습니다.

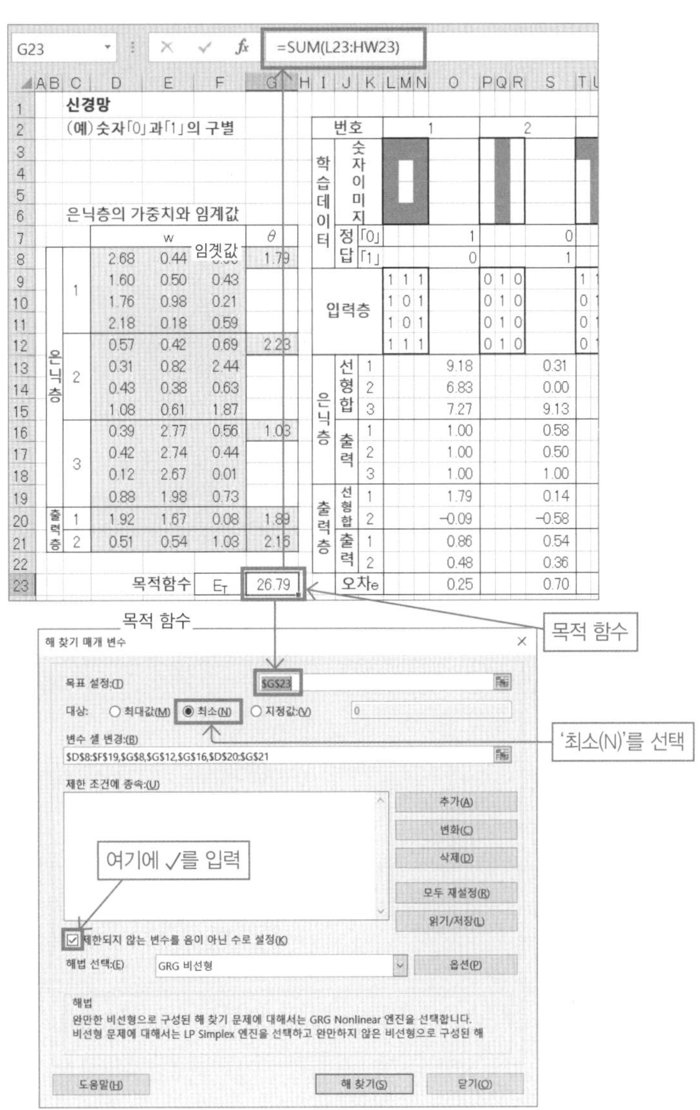

해 찾기의 계산이 성공하면, 다음 그림과 같이 가중치와 임곗값이 구해집니다.

주 이 예제의 워크시트는 다운로드 사이트(→ 10페이지)의 샘플 파일 '2.xlsx'에 있는 '§5_최적화 후' 탭에 수록돼 있습니다.

신경망

(예) 숫자「0」과「1」의 구별

은닉층의 가중치와 임곗값

		w			θ
은닉층	1	0.00	0.36	0.68	4.46
		2.25	0.21	0.50	
		2.91	0.00	0.23	
		0.64	0.17	0.49	
	2	0.43	0.39	0.58	5.66
		0.37	0.00	6.14	
		0.54	0.22	0.88	
		0.69	0.53	0.63	
	3	0.00	0.00	0.00	8.91
		0.00	5.99	0.00	
		0.00	6.16	0.01	
		0.00	0.00	0.00	
출력층	1	5.01	7.94	0.07	6.14
	2	0.00	0.00	12.49	6.29

목적 함수 E_T 0.00

◀ **해 찾기의 산출값**
목적 함수 E_T의 값이 0이 되기 때문에 이 해는 충분히 데이터에 적합하다는 것을 알 수 있다. 또한 가중치와 임곗값의 초깃값에 따라 이 결과는 크게 달라진다.

목적 함수의 값은 0. 모델이 적합하다는 것을 나타내고 있다.

▶ 최적화된 파라미터 해석

엑셀로 신경망을 계산하는 최대 장점은 계산 결과를 시각적으로 확인할 수 있다는 것입니다. 이 절에서는 그 장점을 살려, 은닉층, 출력층의 내용을 실펴봅시다. 데이터 분석이라는 관점에서 보면 가장 흥미로운 주제가 됩니다.

앞의 예제 4에서 얻어진 가중치와 임곗값은 신경망을 결정하는 파라미터입니다. 그중에서 '가중치'는 뉴런이 그 아래층의 뉴런과 연결된 결합의 강도를 나타냅니다. 다시 말해, 정보 교환 파이프의 굵기를 표현합니다. 따라서 앞의 결과를 이용해 크기순으로 상위 2개의 가중치를 골라봅시다(다음 그림에서 ○로 표시했습니다).

은닉층의 가중치

1	0.00	0.36	0.68
	2.25	0.21	0.50
	2.91	0.00	0.23
	0.64	0.17	0.49
2	0.43	0.39	0.58
	0.37	0.00	6.14
	0.54	0.22	0.88
	0.69	0.53	0.63
3	0.00	0.00	0.00
	0.00	5.99	0.00
	0.00	6.16	0.01
	0.00	0.00	0.00

출력층의 가중치

1	5.01	7.94	0.07
2	0.00	0.00	12.49

큰 값을 가진 '가중치'에 ○ 표시를 함.

다음으로, 신경망에서 이 ○ 표시를 한 가중치와 관계된 뉴런을 화살표로 연결해봅시다. 출력층의 뉴런 1과 2로 나눠 그림을 그리면 다음과 같습니다.

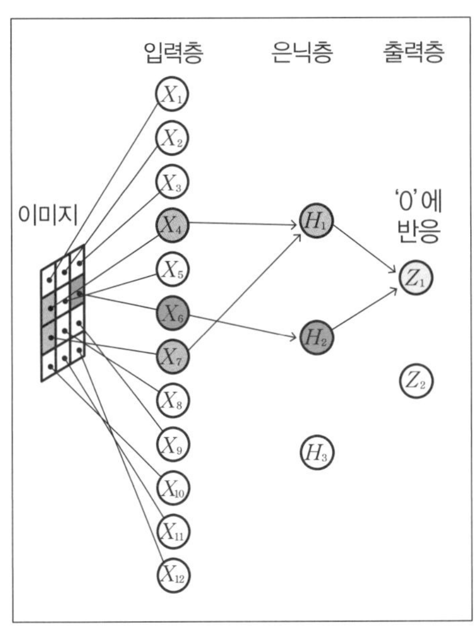

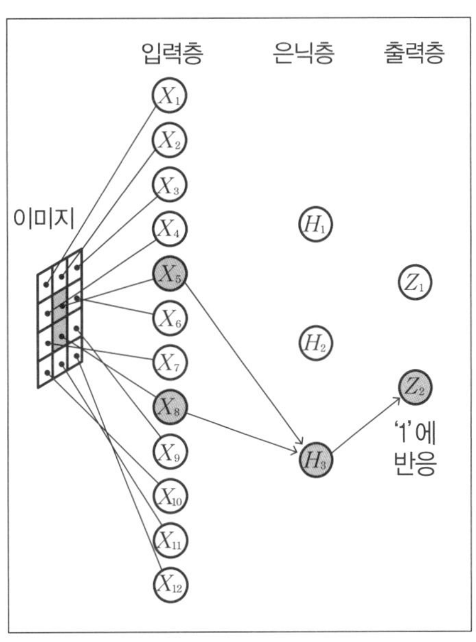

▶ §3에 나타낸 것처럼, 은닉층은 다음에 제시한 **특징 패턴 ①~③**을 추출하는 것을 알 수 있습니다. 다시 말하면, 은닉층은 ▶ §1에서 기술한 '검사원'의 역할을 하고 있다는 것이 확인됩니다.

▲ 은닉층의 뉴런 H_1은 특징 패턴 ①, 뉴런 H_2는 특징 패턴 ②, 뉴런 H_3은 특징 패턴 ③을 추출한다는 것을 알 수 있다.

또한 해당 은닉층의 보고를 받은 출력층은 입력된 숫자가 '0'인지, '1'인지를 구별하는 '판정원'의 역할을 하고 있다는 것을 확인할 수 있습니다.

이렇게 얻은 결론은 매우 상식적입니다. 원칙적으로는 사람과 동일한 일을 실행하는 것입니다. 2장의 처음(▶ §3)에 의인화한 설명이 엑셀의 계산으로 확인된 것입니다.

신경망을 테스트하자

훈련 데이터를 이용해 신경망을 결정했지만, 이는 어디까지나 훈련용입니다. 새로운 이미지를 만날 때, 그 신경망이 정말 바르게 판정할 수 있는지 알아봅시다. 즉, 예제 4에서 결정된 신경망이 바른 동작을 하는지 다음 예제로 확인해봅시다.

예제 5 오른쪽에 제시한 테스트용 필기체 숫자 이미지를 이제까지 작성한 신경망이 숫자 이미지 '0'과 '1' 중 어느 것으로 판정하는지 알아보시오.

주 이 예제의 워크시트는 다운로드 사이트(→ 10페이지)의 샘플 파일 '2.xlsx'에 있는 '§5_테스트' 탭에 수록돼 있습니다.

풀이 이 테스트용 필기체 숫자는 훈련 데이터에 없는 도트가 하나 빠진 숫자입니다. 사람이 보면 '0'이라고 판정할 것입니다. 이는 예제 4에서 결정된 신경망이 다루지 않은 미경험 데이터입니다. 다음에 제시한 것처럼 워크시트는 '0'이라고 판정합니다. 예제 4 에서 확정된 신경망은 사람과 같은 판단을 합니다.

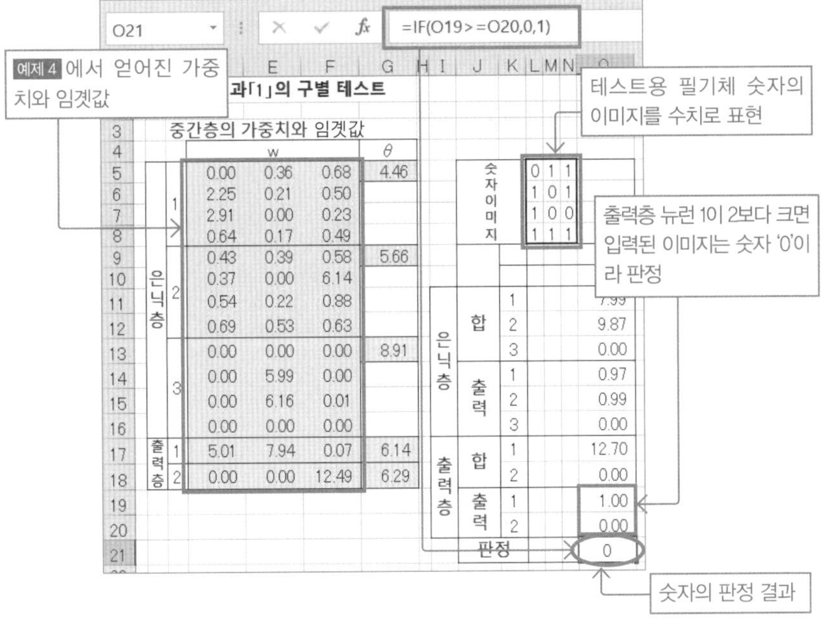

MEMO 초깃값의 설정

최적화 문제에서는 계산 전에 설정하는 초깃값이 중요합니다. 그럴듯한 결과를 얻기 위해서는 초깃값을 몇 번이고 새로 제공해야 합니다. 이 초깃값을 제공하는 데 유효한 것이 엑셀의 RAND 함수입니다. RAND 함수에서는 임의 범위의 난수값을 설정할 수 있습니다. 예를 들어, 범위 $a \leqq x < b$의 난수값을 구하기 위해서는 다음과 같이 설정해야 합니다.

$(b-a)\text{RAND}(\ )+a$

여기에서 a, b는 숫자 또는 셀 주소입니다.
엑셀에는 다음과 같은 함수도 준비돼 있습니다.

RANDBETWEEN(최솟값, 최댓값)

정수인 난수가 반환되기 때문에 최적화에는 적합하지 않을 수도 있습니다.

§ 6 보편성 정리

3계층 이상의 신경망은 은닉층의 뉴런을 조정하는 것으로, 임의의 정밀도로 주어진 함수를 근사할 수 있다고 알려져 있습니다. 이를 **보편성 정리**라고 합니다. 이것이 어떤 의미인지 다음 예제에서 알아봅시다.

과제 2 함수 $y = x^2 \ (-2 \leqq x \leqq 2)$ 가 오른쪽 신경망으로 근사된다는 것을 확인하시오.

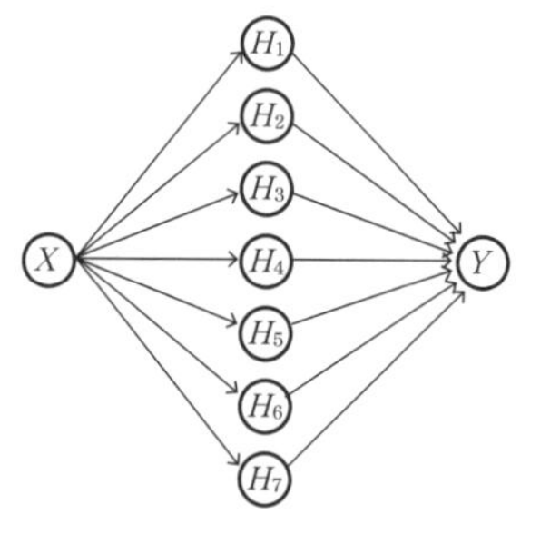

주 이 예제의 워크시트는 다운로드 사이트(→ 10페이지)의 샘플 파일 '2.xlsx'에 있는 '§6_보편성 정리_최적화 후' 탭에 수록돼 있습니다.

은닉층 H의 가중치와 임곗값 및 출력층 Y의 가중치와 임곗값을 다음과 같이 설정해 봅시다.

은닉층

	가중치	임곗값
H_1	−2.41	−4.06
H_2	0.13	−2.30
H_3	−3.70	6.60
H_4	0.21	−2.49
H_5	−0.13	1.47
H_6	−0.30	2.39
H_7	−4.11	3.42

출력층

출력층의 가중치							
1	2	3	4	5	6	7	임곗값
−5.70	3.95	4.10	3.48	−1.43	−0.47	1.62	0.92

이렇게 정한 신경망에서 입력층의 뉴런 X에 $-2, -1, 0, 1, 2$를 입력해봅시다. 출력은 다음 표와 같습니다(계산은 뒤에 기술하는 워크시트에서 실행합니다).

x	–2	–1	0	1	2
출력	4.01	1.04	0.04	0.93	3.99
함수값	4.00	1.00	0.00	1.00	4.00

이 표에서 알 수 있듯이 신경망의 출력은 함수 $y=x^2$의 값과 거의 일치합니다. 이것이 보편성 정리의 의미입니다. 앞 페이지(→ 94쪽)의 간단한 신경망에서 이만큼 좋은 근사값을 얻은 것입니다.

참고 그래프로 표시

과제 3 에서 구한 (X, Y) 쌍을 좌표로 보아 좌표 평면 위에 그린 후 매끄럽게 연결시켜봅시다. 여기에 함수 $y=x^2$의 그래프를 겹쳐 그려봅시다. 신경망의 출력이 원래의 함수와 실제로 정확히 겹쳐집니다.

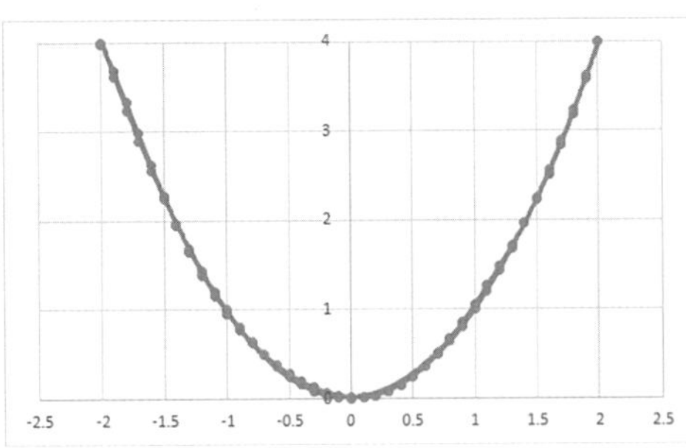

자연 현상을 나타내는 함수는 일반적으로 '연속'입니다. 이 연속성을 가정하면 함수를 간단한 신경망으로 근사할 수 있습니다. ▶ 5장에서 살펴보는 DQN에 신경망을 응용할 수 있는 수학적 비밀이 여기에 숨어 있습니다.

▶ 가중치와 임곗값을 구하는 방법

가중치와 임곗값을 결정하는 구조는 지금까지 살펴본 신경망의 논의와 전적으로 동일합니다. 다음에서 순서대로 알아봅시다.

❶ 가중치와 임곗값으로 초깃값을 설정합니다.

	A	B	C	D	E
1		**보편성정리**(예) y=x^2			
2		은닉층			
3			가중치	임곗값	
4		H_1	-1.44	-1.12	
5		H_2	0.23	-1.16	
6		H_3	-2.04	-1.09	
7		H_4	-0.01	-1.66	
8		H_5	-1.21	1.90	
9		H_6	1.44	2.19	
10		H_7	-1.99	-1.16	

	K	L	M	N	O	P	Q	R
2	출력층							
3	출력층의 가중치							
4	1	2	3	4	5	6	7	임곗값
5	-2.31	1.00	1.44	1.26	-1.32	-1.82	1.25	2.24

가중치와 임곗값의 초깃값을 임의로 설정

❷ 입력층에 적당한 값(여기에서는 −2, −1.5, …, 1.5, 2)을 입력합니다. 각 값에 관한 은닉층의 각 뉴런의 입력합을 구합니다.

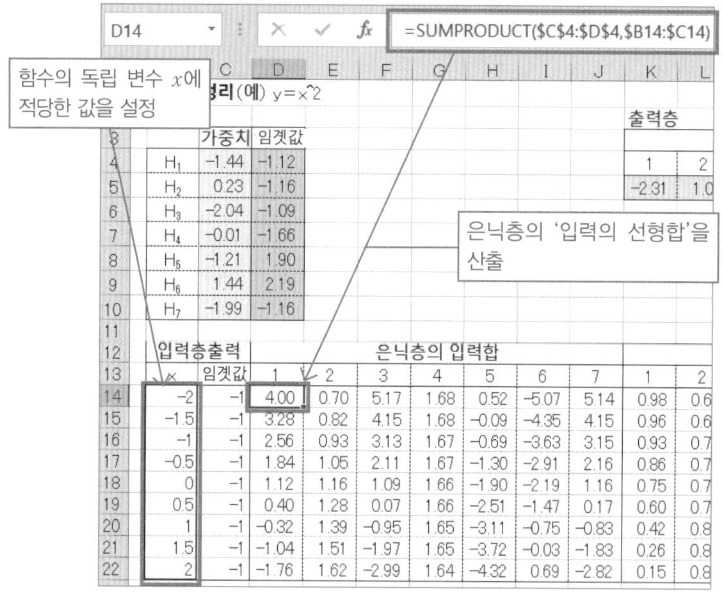

	B	C	D	E	F	G	H	I	J	K	L
1		정리(예) y=x^2									
2										출력층	
3		가중치	임곗값								
4	H_1	-1.44	-1.12							1	2
5	H_2	0.23	-1.16							-2.31	1.0
6	H_3	-2.04	-1.09								
7	H_4	-0.01	-1.66								
8	H_5	-1.21	1.90								
9	H_6	1.44	2.19								
10	H_7	-1.99	-1.16								
11											
12	입력층출력		은닉층의 입력합								
13	x	임곗값	1	2	3	4	5	6	7	1	2
14	-2	-1	4.00	0.70	5.17	1.68	0.52	-5.07	5.14	0.98	0.6
15	-1.5	-1	3.28	0.82	4.15	1.68	-0.09	-4.35	4.15	0.96	0.6
16	-1	-1	2.56	0.93	3.13	1.67	-0.69	-3.63	3.15	0.93	0.7
17	-0.5	-1	1.84	1.05	2.11	1.67	-1.30	-2.91	2.16	0.86	0.7
18	0	-1	1.12	1.16	1.09	1.66	-1.90	-2.19	1.16	0.75	0.7
19	0.5	-1	0.40	1.28	0.07	1.66	-2.51	-1.47	0.17	0.60	0.7
20	1	-1	-0.32	1.39	-0.95	1.65	-3.11	-0.75	-0.83	0.42	0.8
21	1.5	-1	-1.04	1.51	-1.97	1.65	-3.72	-0.03	-1.83	0.26	0.8
22	2	-1	-1.76	1.62	-2.99	1.64	-4.32	0.69	-2.82	0.15	0.8

❸ 은닉층 각 뉴런의 출력을 구합니다. 이 값에서 출력층에 관련된 '입력의 선형합'과 출력을 구합니다. 여기에서는 은닉층의 활성화 함수로 시그모이드 함수, 출력층의 활성화 함수로는 선형 함수를 이용합니다(▶ 2장 §2).

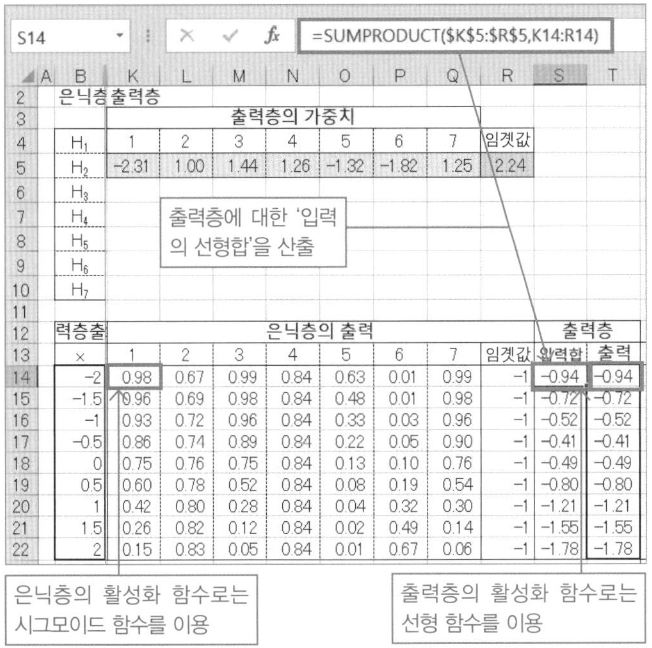

S14 =SUMPRODUCT($K$5:$R$5,K14:R14)

행	B	K	L	M	N	O	P	Q	R
2	은닉층 출력층								
3		출력층의 가중치							
4	H_1	1	2	3	4	5	6	7	임곗값
5	H_2	−2.31	1.00	1.44	1.26	−1.32	−1.82	1.25	2.24
6	H_3								
7	H_4								
8	H_5								
9	H_6								
10	H_7								

행	B	K	L	M	N	O	P	Q	R	S	T
12	력층출	은닉층의 출력								출력층	
13	×	1	2	3	4	5	6	7	임곗값	입력합	출력
14	−2	0.98	0.67	0.99	0.84	0.63	0.01	0.99	−1	−0.94	−0.94
15	−1.5	0.96	0.69	0.98	0.84	0.48	0.01	0.98	−1	−0.72	−0.72
16	−1	0.93	0.72	0.96	0.84	0.33	0.03	0.96	−1	−0.52	−0.52
17	−0.5	0.86	0.74	0.89	0.84	0.22	0.05	0.90	−1	−0.41	−0.41
18	0	0.75	0.76	0.75	0.84	0.13	0.10	0.76	−1	−0.49	−0.49
19	0.5	0.60	0.78	0.52	0.84	0.08	0.19	0.54	−1	−0.80	−0.80
20	1	0.42	0.80	0.28	0.84	0.04	0.32	0.30	−1	−1.21	−1.21
21	1.5	0.26	0.82	0.12	0.84	0.02	0.49	0.14	−1	−1.55	−1.55
22	2	0.15	0.83	0.05	0.84	0.01	0.67	0.06	−1	−1.78	−1.78

❹ 정답 레이블이 되는 함수 $y = x^2$의 값 신경망의 출력, 제곱 오차를 구한 후 목적 함수의 값을 산출합니다.

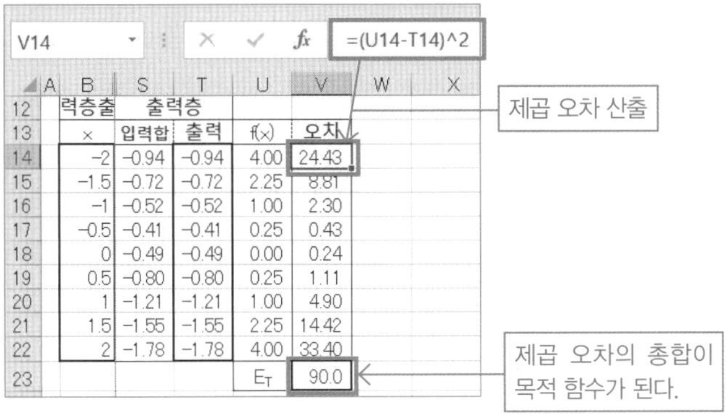

V14 =(U14-T14)^2

행	B	S	T	U	V
12	력층출	출력층			
13	×	입력합	출력	f(x)	오차
14	−2	−0.94	−0.94	4.00	24.43
15	−1.5	−0.72	−0.72	2.25	8.81
16	−1	−0.52	−0.52	1.00	2.30
17	−0.5	−0.41	−0.41	0.25	0.43
18	0	−0.49	−0.49	0.00	0.24
19	0.5	−0.80	−0.80	0.25	1.11
20	1	−1.21	−1.21	1.00	4.90
21	1.5	−1.55	−1.55	2.25	14.42
22	2	−1.78	−1.78	4.00	33.40
23				E_T	90.0

❺ ❹에서 구한 목적 함수의 셀을 '목표 설정(T)'으로 설정한 후 해 찾기를 이용해 최적화합니다. 해 찾기로 설정하는 '변수 셀'은 ❶에서 살펴본 가중치와 임곗값의 셀입니다.

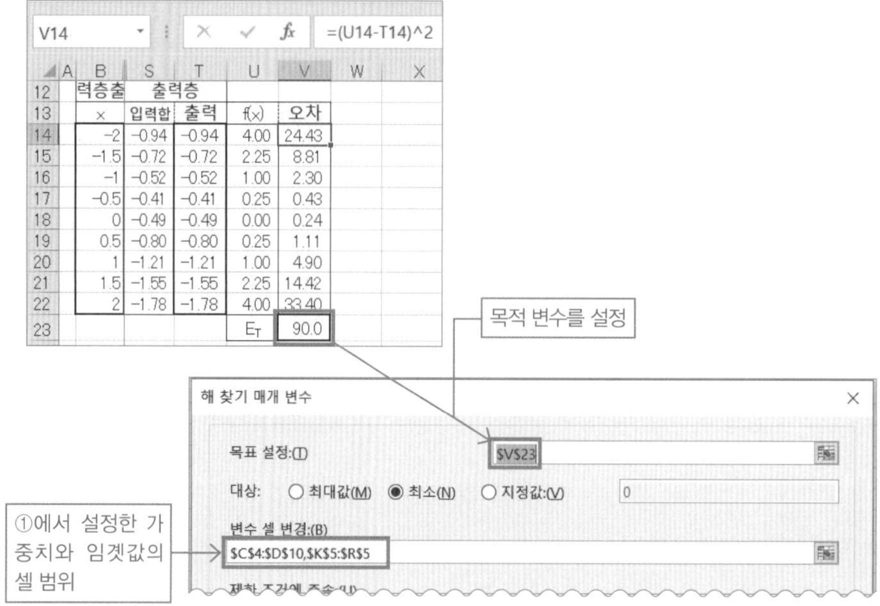

V14 =(U14-T14)^2

	B	S	T	U	V
12	력층출	출력층			
13	x	입력합	출력	f(x)	오차
14	-2	-0.94	-0.94	4.00	24.43
15	-1.5	-0.72	-0.72	2.25	8.81
16	-1	-0.52	-0.52	1.00	2.30
17	-0.5	-0.41	-0.41	0.25	0.43
18	0	-0.49	-0.49	0.00	0.24
19	0.5	-0.80	-0.80	0.25	1.11
20	1	-1.21	-1.21	1.00	4.90
21	1.5	-1.55	-1.55	2.25	14.42
22	2	-1.78	-1.78	4.00	33.40
23				E_T	90.0

❻ 해 찾기를 실행합니다. 이렇게 처음에 수록한 가중치와 임곗값이 얻어집니다.

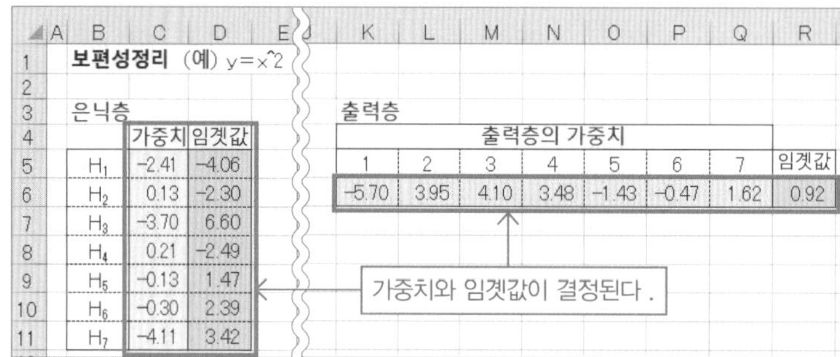

보편성정리 (예) y=x^2

은닉층

	가중치	임곗값
H_1	-2.41	-4.06
H_2	0.13	-2.30
H_3	-3.70	6.60
H_4	0.21	-2.49
H_5	-0.13	1.47
H_6	-0.30	2.39
H_7	-4.11	3.42

출력층

출력층의 가중치							
1	2	3	4	5	6	7	임곗값
-5.70	3.95	4.10	3.48	-1.43	-0.47	1.62	0.92

3장

엑셀로 배우는 RNN

RNN(순환 신경망)은 2장에서 살펴본 신경망에 **기억을 갖게 해주는 신경망**입니다. 시계열 데이터, 즉 순서가 문제가 되는 데이터를 다룰 때 매우 효과적입니다. 출력을 입력에 집어넣는 간단한 기법으로 기억 효과를 구현합니다.

주 3장 이후에는 인나공 뉴런을 '뉴런'이라 줄여 부릅니다. 또한 신경망이라는 용어를 딥러닝 등을 포함하는 넓은 의미로 사용합니다.

§

1 RNN의 사고방식

신경망은 이미지의 구별은 가능해도 그 이미지의 동작은 예상할 수 없습니다. 예를 들면, 사진 속에서 '고양이'를 찾을 수 있어도 그 고양이가 어떻게 움직일 것인지 예측할 수는 없습니다. 이에 따라 등장한 아이디어가 **순환 신경망**(RNN)입니다. **회귀형 신경망**이라도 부릅니다. 종전의 신경망을 약간 수정해 '다음'의 '예측'을 가능하게 한 기법입니다.

구체적인 예로 생각한다

'다음'을 '예측'하는 시스템의 예로, 다음의 간단한 과제를 생각해보겠습니다. 스마트폰의 입력 문자 등에서 익숙할 것입니다.

과제 3 세 문자 '사', '나', '이'를 대상으로 다음 표에 있는 '단어'의 마지막 문자가 '입력 문자'에서 예측되는 순환 신경망을 작성하시오.

단어	입력 문자	마지막 문자
사나이	'사', '나'	이
사이나	'사','이'	나
나이사	'나', '이'	사
나사이	'나', '사'	이
이사나	'이', '사'	나
이나사	'이', '나'	사
나사	'나'	사
사이	'사'	이

예를 들면, '사', '이'라는 순서로 입력하면, '나'가 출력되도록 신경망을 작성하는 것이 목표입니다. 이 **과제 3** 의 의미를 다음 스마트폰 화면의 이미지에서 확인하기 바랍니다.

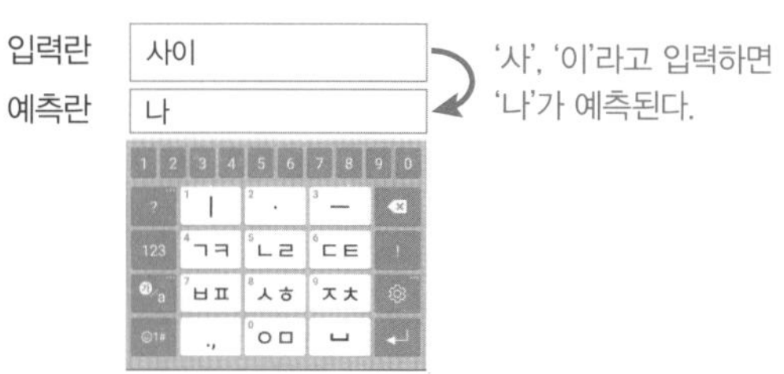

▶ 종래의 신경망에 적용해보면?

과제 3 을 생각하기 전에 이 예측 문제를 ▶ 2장에서 살펴본 종래의 신경망으로 생각해봅시다. 예를 들어 다음 그림의 신경망을 생각해봅시다(이곳에 기입한 가중치와 임곗값의 수치는 지금은 논의하지 않습니다).

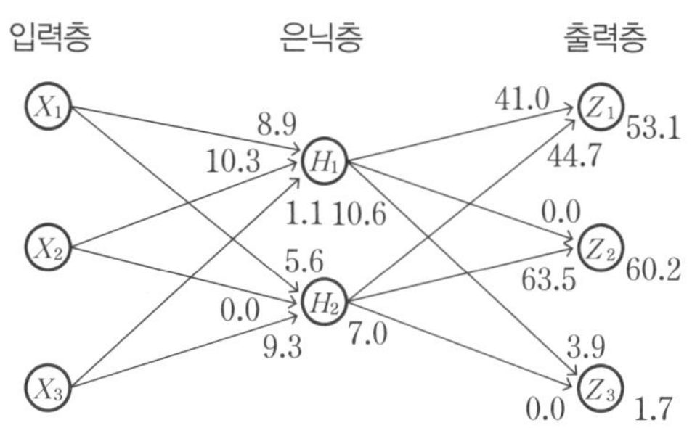

◀ 화살표의 머리에 있는 것이 가중치, 뉴런을 나타내는 원의 오른쪽 아래에 있는 것이 임곗값

입력층 X_1, X_2, X_3는 문자 데이터를 입력하기 위한 뉴런입니다. 은닉층에는 2개의 뉴런 H_1, H_2를 배치합니다. 출력층의 뉴런 Z_1, Z_2, Z_3는 순서대로 문자 '사', '나', '이'에 대한 반응도를 출력한다는 가정입니다.

여기에서 입력층에 입력하는 문자 '사', '나', '이'는 입력층 X_1, X_2, X_3에 맞춰 다음 형식으로 입력되는 것으로 합니다.

사 = (1, 0, 0), 나 = (0, 1, 0), 이 = (0, 0, 1) ⋯ 1

이와 같이 독립적인 데이터에 1, 0으로 구성되는 단순한 벡터를 부여하는 방법을 **원핫 인코딩**(One Hot Encoding)이라 합니다. 또한 다음의 그림과 같이 세로 형식으로 표시되는 것도 있습니다.

$$사=\begin{pmatrix}1\\0\\0\end{pmatrix},\ 나=\begin{pmatrix}0\\1\\0\end{pmatrix},\ 이=\begin{pmatrix}0\\0\\1\end{pmatrix}$$

이 신경망의 사용 방법을 알아보기 위해 다음 예제 1 을 생각해봅시다.

예제 1 앞에 제시한 신경망에 단어 '사이나'의 '사', '이'를 입력할 때의 출력을 산출하시오.

풀이 ▶ 2장에서 살펴본 신경망과 마찬가지로 계산하면, 문자 '사'는 다음 표에 따라 처리됩니다.

층	입출력	입출력
입력층	입력	1 에서 첫 번째 문자 '사' = (1, 0, 0). 즉, $X_1=1,\ X_2=0,\ X_3=0$
	출력	위의 입력과 동일
은닉층	입력	H_1에 대한 입력의 선형합 $=8.9\cdot1+10.3\cdot0+1.1\cdot0-10.6=-1.7$ H_2에 대한 입력의 선형합 $=5.6\cdot1+0\cdot0+9.3\cdot0-7.0=-1.4$
	출력	H_1의 출력 $=a(-1.7)=0.15$, H_2의 출력 $=a(-1.4)=0.20$
출력층	입력	Z_1에 대한 입력의 선형합 $=41.0\cdot0.15+44.7\cdot0.2-53.1=-37.9$ Z_2에 대한 입력의 선형합 $=0\cdot0.15+63.5\cdot0.2-60.2=-47.64$ Z_3에 대한 입력의 선형합 $=3.9\cdot0.15+0\cdot0.2-1.7=-1.1$
	출력	Z_1의 출력 $=a(-37.9)=0$, Z_2의 출력 $=a(-47.64)=0$ Z_3의 출력 $=a(-1.1)=\mathbf{0.25}$

또한 활성화 함수 a는 시그모이드 함수(▶ 2장 §2)를 이용하고 있습니다.

주 활성화 함수는 반올림했기 때문에 소수 부분이 실제와 어긋나는 것을 양해해주시기 바랍니다.

표에 제시한 출력층의 결과로부터 '이'를 탐지하는 뉴런 Z_3의 값(= 0.25)은 최대가 됐습니다.

Z_1의 출력 = 0, Z_2의 출력 = 0, Z_3의 출력 = 0.25

'사'의 입력에 대해 이 신경망은 '이'를 예측한 것입니다.

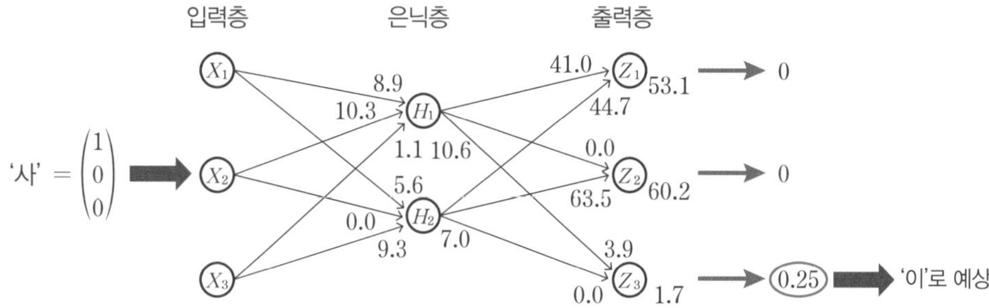

다음에 단어 '사이나'의 두 번째 문자 '이'를 입력해봅시다. 앞의 표와 마찬가지로 계산하면 다음과 같은 계산값이 얻어집니다.

Z_1의 출력 = 0, Z_2의 출력 = 0.08, Z_3의 출력 = 0.15

그 결과, '이'를 탐지하는 뉴런의 값(= 0.15)이 최대가 됩니다. 신경망은 '이'의 입력에는 다시 '이'를 예측하게 됩니다.

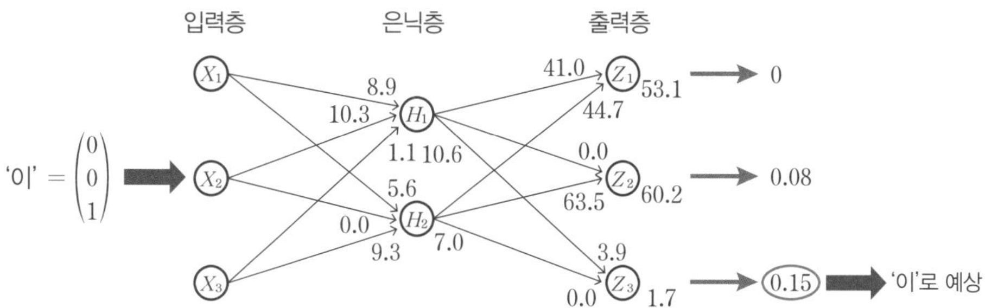

이상이 **예제 1** 의 정답입니다.

이 계산에서 알게된 것은 이 신경망은 **과제 3** 이 구하는 답은 되지 않았다는 것입니다. 그 이유는 간단합니다. '사이'라 입력해도 첫 문자 '사'의 입력 정보가 신경망 어디에도 남아 있지 않기 때문입니다. ▶ 2장에서 살펴본 것과 같은 신경망에서는 순서에 의미가 있는 데이터(즉, 시계열 데이터)를 처리할 수 없습니다.

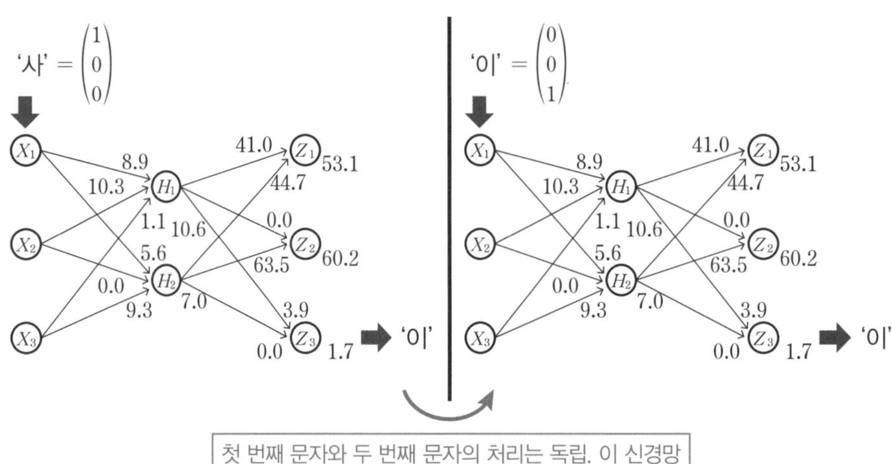
'사' = (1 0 0)
'이' = (0 0 1)
'이'
'이'
첫 번째 문자와 두 번째 문자의 처리는 독립. 이 신경망에는 첫 번째 문자의 입력 정보가 남아 있지 않다.

▶ 신경망이 기억을 갖게 해주는 RNN

그런데 순서에 의미가 있는 데이터는 어떻게 처리하는 것이 좋을까요?

그 방법은 의외로 간단합니다. 위의 두 가지 처리를 결합하면 됩니다. 다음 그림은 위에 기술한 두 신경망을 결합해, **'메모리'**로 동작하는 뉴런 C_1, C_2를 추가한 예를 나타냅니다.

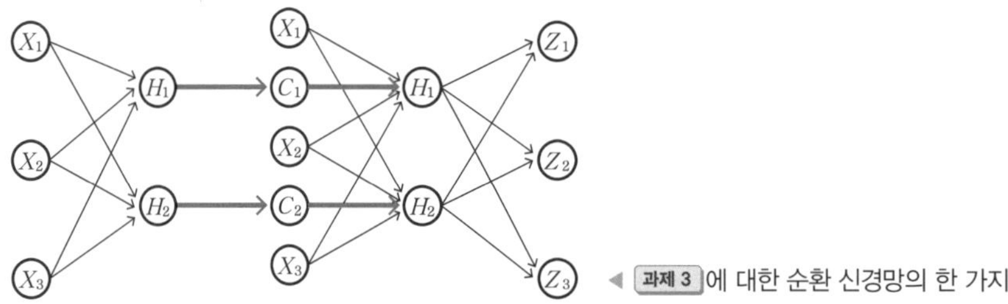

◀ **과제 3** 에 대한 순환 신경망의 한 가지

은닉층의 처리 결과를 유지하는 '메모리' 역할의 뉴런 C_1, C_2를 준비해 첫 번째 은닉층의 출력을 그대로 기억하도록 합니다. 그리고 두 번째 데이터를 처리할 때 이 '메모리'의 정보를 받아들입니다.

이 '메모리'에 해당하는 뉴런 C_1, C_2를 **컨텍스트 노드**, C_1, C_2를 합쳐 **상태층**(state layer)이라 부릅니다.

주 C는 context의 머리글자. context는 영어로 '문맥'이라는 의미. 신경망 내의 뉴런을 노드(node)라고도 합니다. node는 '매듭', '마디' 등의 의미입니다.

컨텍스트 노드를 추가하면 앞의 처리 결과가 다음 처리로 간단히 넘겨집니다. 이와 같은 사고방식으로 작성한 신경망을 **순환 신경망**(RNN)이라 부릅니다.

주 RNN에는 몇 가지 유형이 있습니다. 여기에서는 가장 간단한 형태를 알아봅니다.

▶ 순환 신경망을 나타내는 그림

많은 문헌에서는 앞 페이지(→ 104페이지)의 순환 신경망을 다음과 같이 표현하고 있습니다.

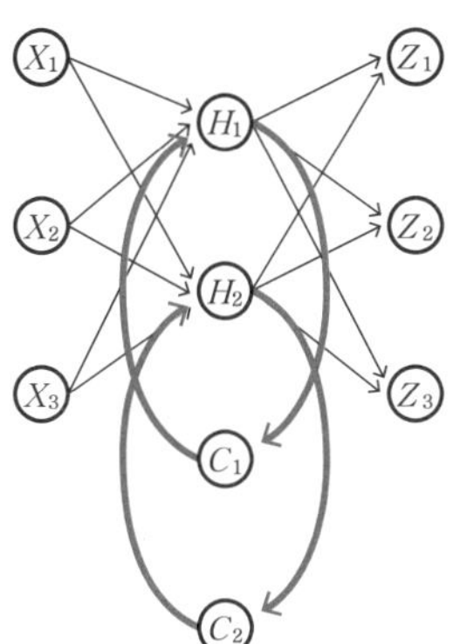

◀ 많은 문헌에서 이용되고 있는 순환 신경망의 그림. 앞 페이지(→ 104페이지)의 순환 신경망 그림을 포함한다.

이와 같이 그린 이유는 시계열 데이터가 복잡한 경우에도 대응할 수 있도록 하기 위한 것입니다. 앞에 제시한 **과제 3** 에서는 고작 3개 문자의 연속이지만, 문자가 증가하면 재입력 부분이 간단하게 그려지지 않습니다. 따라서 위와 같은 그림을 이용하는 것입니다.

앞의 그림을 펼쳐 표현하면, 다음 그림과 같습니다. 앞 페이지(→ 105페이지)의 순환 신경망 그림은 다음 그림의 왼쪽 2개의 그림만을 이용했습니다.

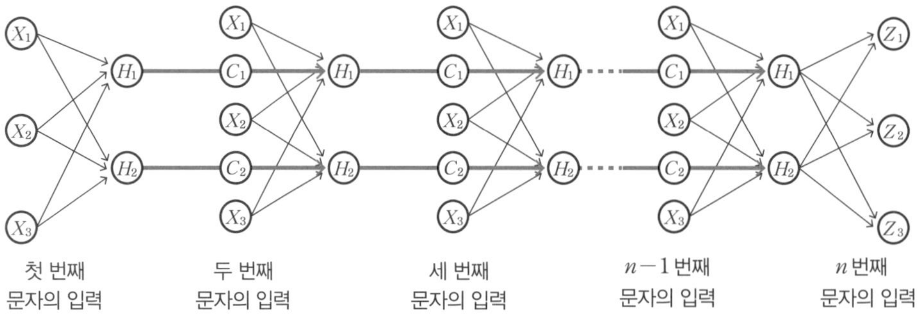

▶ 컨텍스트 노드의 계산

앞에서 소개한 순환 신경망을 이용해 과제 3 의 정답을 생각해봅시다.

> **예제 2** 다음에 제시한 순환 신경망이 과제 3 의 정답이 되는 것을 단어 '사이나'의 각 문자 입력으로 확인하시오.

여기에서 컨텍스트 노드 이외의 가중치와 임곗값은 **예제 1** 의 신경망과 동일합니다. 또한 컨텍스트 노드 C_1에 은닉층 H_1이 부여하는 가중치는 21.1입니다. C_2에 은닉층 H_2가 부여하는 가중치는 10.0입니다.

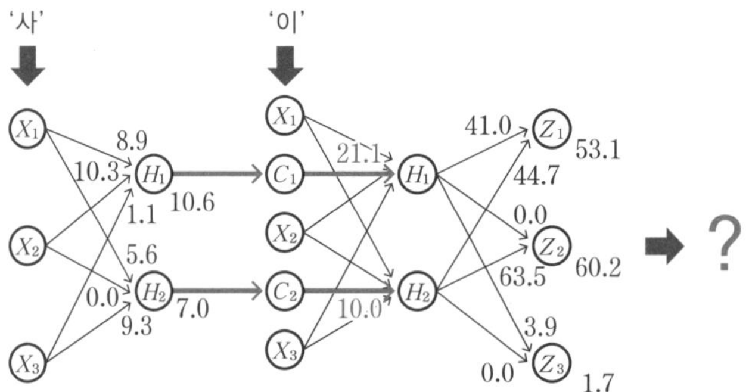

주 컨텍스트 노드 외에서 두 번째 문자 처리 부분의 가중치와 임곗값은 왼쪽의 첫 번째 문자 처리 부분과 동일합니다.

먼저 컨텍스트 노드의 처리 방법을 확인합니다.

첫 번째 문자의 처리를 담당하는 은닉층 H_1의 출력은 그대로 컨텍스트 노드 C_1에 입력된다. C_1은 입력된 값을 그대로 출력한다. 두 번째 문자의 처리를 담당하는 은닉층 H_1은 그 C_1의 출력에 가중치 '21.1'을 부여하고, 두 번째 문자의 입력 문자로 나란히 처리한다. 컨텍스트 노드 C_2를 처리하는 방법도 이와 동일하다.

은닉층 H_1에 관해 이 내용을 그림으로 확인해봅시다.

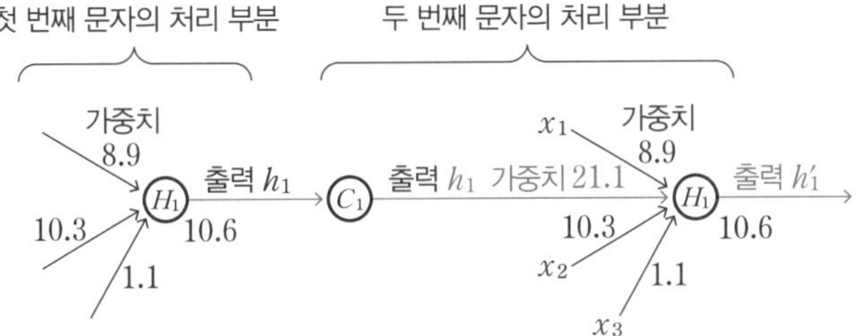

두 번째 문자의 처리를 담당하는 은닉층 H_1의 입출력 관계식. 출력을 h'_1로 놓으면,

$$h'_1 = a(8.9x_1 + 10.3x_2 + 1.1x_3 + 21.1h_1 - 10.6)$$

소숫값의 의미는 앞 페이지(→ 106페이지)의 신경망을 참조. h_1은 첫 번째 문자의 처리를 담당 하는 은닉층 H_1의 출력, a는 활성화 함수

위 내용을 확인한 후 예제 2 를 살펴봅니다.

풀이 위에 기술한 컨텍스트 노드의 처리 방법을 확인했으므로 '사이'라 입력된 문자열의 첫 번째 문자 '사'가 어떻게 처리되는지를 알아봅시다. 이 첫 번째 문자 '사'의 입력에 대한 계산 방법은 예제 1 에서 살펴본 신경망의 형태와 동일하기 때문에 처리는 동일합니다(예제 1 의 표).

H_1의 출력 $= 0.15$, H_2의 출력 $= 0.20$

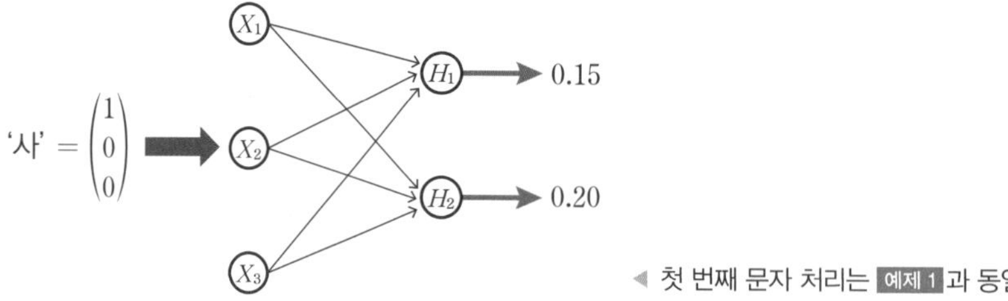

◀ 첫 번째 문자 처리는 예제 1 과 동일

다음으로 두 번째 문자 '이'에 관해 살펴봅니다. 이것이 순환 신경망의 특징이 됩니다. 표로 정리해봅시다.

〈문자 '나'의 처리〉

층	입출력	입출력
입력층	입력	코드의 식 1에서, 첫 번째 문자 '이' = (0, 0, 1)
	출력	위의 입력과 동일
상태층	입력	C_1에 대한 입력 = 첫 번째 문자의 은닉층 H_1의 출력 $= 0.15$ C_2에 대한 입력 = 첫 번째 문자의 은닉층 H_2의 출력 $= 0.20$
	출력	위의 입력과 동일
은닉층	입력	H_1에 대한 입력의 선형합 $= (8.9 \cdot 0 + 10.3 \cdot 0 + 1.1 \cdot 1) + 21.1 \cdot 0.15 - 10.6 = -6.24$ H_2에 대한 입력의 선형합 $= (5.6 \cdot 0 + 0 \cdot 0 + 9.3 \cdot 1) + 10.0 \cdot 0.20 - 7.0 = -4.28$
	출력	H_1의 출력 $= a(-6.24) = 0$, H_2의 출력 $= a(4.28) = 0.99$
출력층	입력	Z_1에 대한 입력의 선형합 $= 41.0 \cdot 0 + 44.7 \cdot 0.99 - 53.1 = -8.93$ Z_2에 대한 입력의 선형합 $= 0 \cdot 0 + 63.5 \cdot 0.99 - 60.2 = 2.43$ Z_3에 대한 입력의 선형합 $= 3.9 \cdot 0 + 0 \cdot 0.99 - 1.7 = -1.69$
	출력	Z_1의 출력 $= a(-8.93) = 0.00$ Z_2의 출력 $= a(2.43) = 0.92$ Z_3의 출력 $= a(-1.69) = 0.16$

주 활성화 함수 a는 모두 시그모이드 함수(▶ 2장 §2)를 이용합니다. 활성화 함수의 값은 반올림되므로 소수 부분이 실제와 어긋나는 것을 양해해주시기 바랍니다. 또한 유효 자릿수에 관해서는 생각하지 않습니다.

이상이 **예제 2** 의 정답입니다.

결과를 살펴봅시다. '나'를 탐지하는 뉴런 Z_2의 값이 최대가 됐습니다. 이 입력 시스템은 '사', '이'라고 연속 입력된 후에 정답인 '나'를 예측합니다. 컨텍스트 노드라는 새로운 뉴런을 갖추면 원래 목적대로 예측할 수 있습니다.

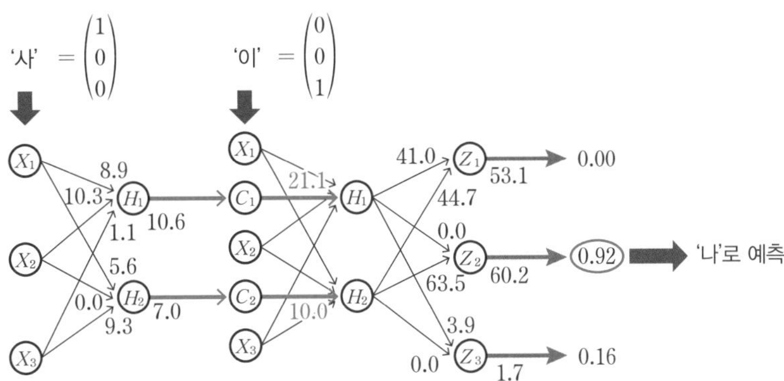

다른 예로 확인

단 하나의 예로는 '우연이겠지요!'라고 생각할 수도 있습니다. 따라서 다른 문자열 '이사나'로 알아봅시다. 이와 마찬가지로 계산하면 다음 출력층의 값이 구해집니다.

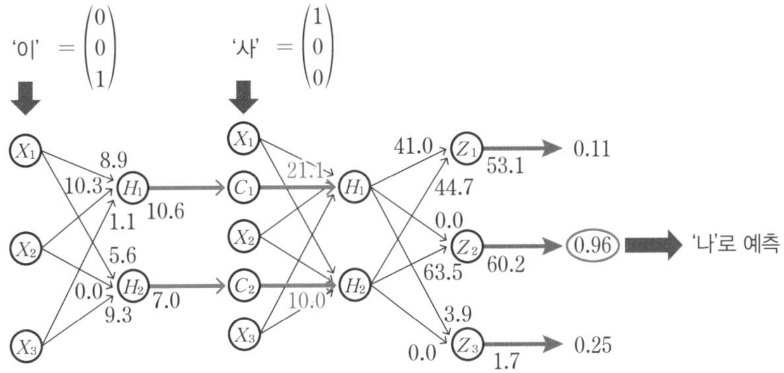

Z_1의 출력 $= 0.11$, Z_2의 출력 $= \mathbf{0.96}$, Z_3의 출력 $= 0.25$ ⋯ **2**

최댓값은 '나'에 반응하는 뉴런 Z_2입니다. '이사나'의 처음 두 문자 '이사'를 입력하면, 마지막 문자 '나'가 예측되는 것입니다.

예제 2와 이 예의 결과 [2]가 나타내듯이 컨텍스트 노드를 도입한 신경망은 순서에 의미가 있는 데이터의 예측을 가능하게 합니다. 컨텍스트 노드가 기억 장치의 동작을 하기 때문입니다.

▶ 파라미터의 결정 방법은 신경망과 동일

지금까지 이용한 신경망의 파라미터(가중치와 임곗값)는 자의적이고 다음 절(▶ §3)의 결과를 미리 취한 것입니다. 여기에서는 그 파라미터를 결정하는 사고방식만 예습합시다.

사고방식은 ▶ 2장에서 살펴본 신경망과 동일합니다. '예측하고 싶은 마지막 문자'를 '정답 레이블'로 하고, 이보다 앞서 입력하는 문자열을 '예측 자료'로 이용합니다.

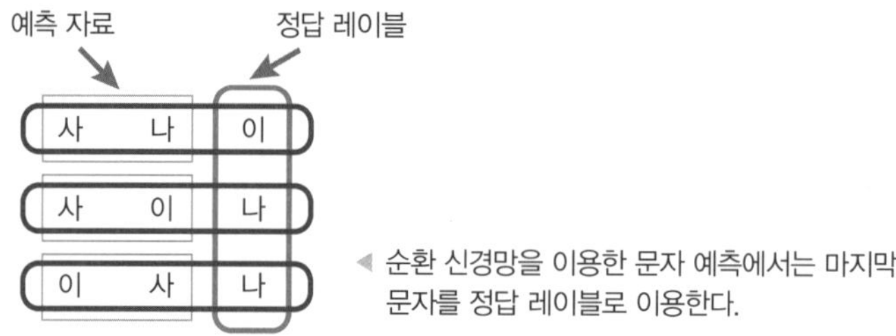

◀ 순환 신경망을 이용한 문자 예측에서는 마지막 문자를 정답 레이블로 이용한다.

주 예측 자료와 정답 레이블은 ▶ 2장 §3을 참조하기 바랍니다.

구체적인 예를 살펴봅시다.

예를 들면, 위의 [2]를 살펴보기 바랍니다. '이사나'를 입력하기 위해 '이사'라고 입력할 때, 순환 신경망이 세 번째 문자로 산출한 이론값입니다. 그런데 정답의 세 번째 문자는 '나'입니다.

Z_1의 정답 $= 0$, Z_2의 정답 $= 1$, Z_3의 정답 $= 0$ … [3]

[2]와 [3]을 비교했을 때 이론값과 정답과의 제곱 오차 e는 다음과 같습니다.

$$e = (Z_1 - 0)^2 + (Z_2 - 1)^2 + (Z_3 - 0)^2 = (0.11 - 0)^2 + (0.96 - 1)^2 + (0.25 - 0)^2$$
$$= 0.0762\cdots \fallingdotseq 0.08$$

이 절의 **과제 3**이 제공하는 모든 단어를 동일하게 계산해 제곱 오차를 구합니다. 그리고 모두 더한 것이 목적 함수의 값이 됩니다. 이 목적 함수를 최소로 하는 파라미터(즉, 가중치와 임곗값)를 구하면, 순환 신경망이 결정되는 것입니다. 전통적인 최적화 순서에 따르면 파라미터의 값이 구해집니다.

MEMO 순환 신경망의 그림

이 책에서는 이해를 돕기 위해 순환 신경망을 다음의 왼쪽 그림과 같이 나타냈습니다. 또한 많은 문헌에서 이를 다음의 오른쪽 그림과 같이 표현하는 것도 살펴봤습니다.

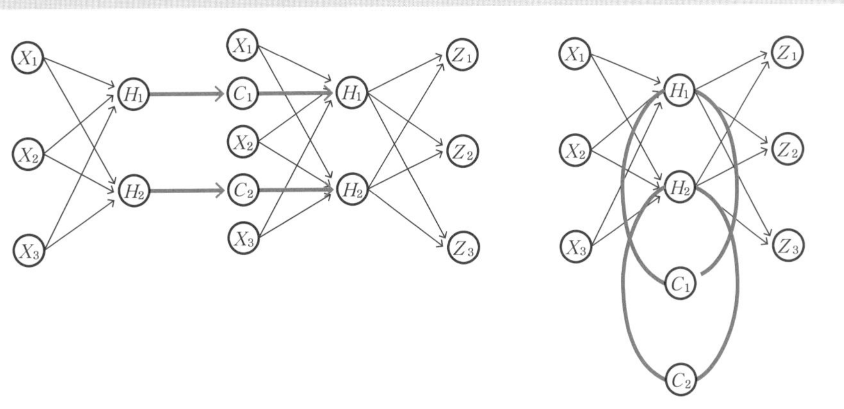

그러나 순환 신경망의 표현으로 이 오른쪽 그림을 왼쪽으로 90도 회전해 더욱 간소화한 다음의 왼쪽 그림도 자주 이용됩니다(오른쪽이 그 전개도).

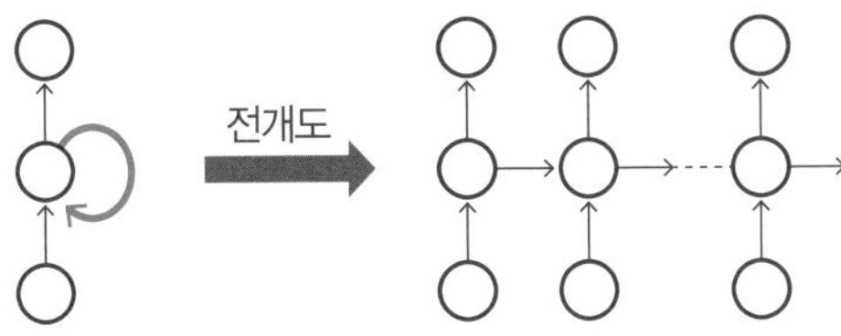

§

2 순환 신경망을 식으로 표현

앞 절에서 **과제 3**을 이용해 순환 신경망의 사고방식을 구체적으로 살펴봤습니다. 이 절에서는 그 구체적인 예를 식으로 표현해봅시다. 신경망의 경우와 마찬가지로 수식으로 정리해두면 일반화하기 쉽기 때문입니다.

주 수식이 번거롭다고 생각하는 독자들은 이 절은 가볍게 읽고 넘어가도 괜찮습니다. 다음 절에서 엑셀이 시각적으로 설명해줍니다.

▶ 구체적인 과제로 생각한다

앞 절(▶ §1)에서는 주어진(즉, 미리 결정한) 가중치와 임곗값을 이용해 이야기를 진행합니다. 실제로는 어떻게 그것들을 산출할 수 있을까요? 구조를 수식으로 표현해봅시다. 앞 절과 마찬가지로 **과제 3**을 이용해 구체적으로 살펴봅시다.

과제 3 세 문자 '사', '나', '이'를 대상으로 다음 표에 있는 '단어'의 마지막 문자가 '입력 문자'에서 예측되는 순환 신경망을 작성하시오.

단어	입력 문자	마지막 문자
사나이	'사', '나'	이
사이나	'사', '이'	나
나이사	'나', '이'	사
나사이	'나', '사'	이
이사나	'이', '사'	나
이나사	'이', '나'	사
나사	'나'	사
사이	'사'	이

▶ §1에서도 제시했지만, 이 과제의 목적은 다음 화면의 예로 제공하는 순환 신경망을 작성하는 것입니다.

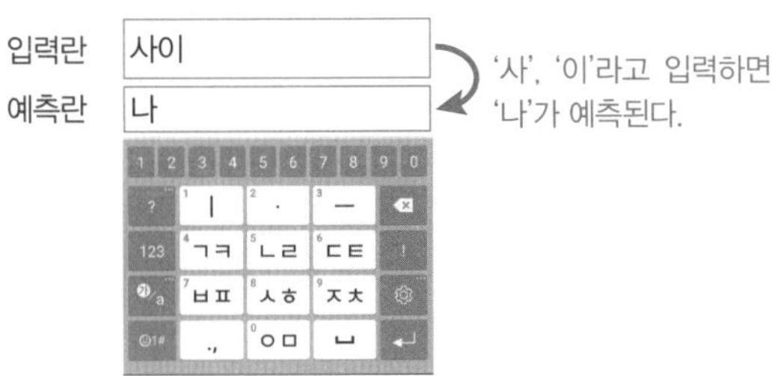

이 절에서도 앞 절(▶ §1)에서 생각한 것과 동일한 RNN(다음 그림)을 이용합니다. 각 부분의 역할을 확인하기 바랍니다.

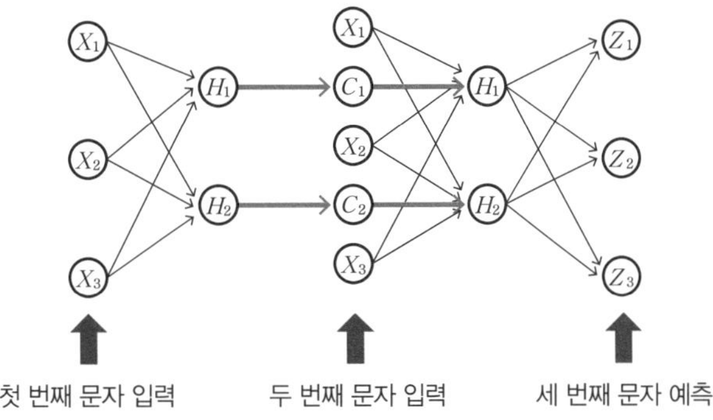

▶ 수식화 준비

이것도 앞 절(▶ §1)과 마찬가지로 입력층에 입력되는 문자 데이터 '사', '나', '이'는 다음 형식으로 입력되는 것으로 합니다.

사 = (1, 0, 0), 나 = (0, 1, 0), 이 = (0, 0, 1)

앞 절(▶ §1)에서 살펴본 것처럼 단순한 벡터를 데이터로 제공하는 방법을 **원 핫 인코딩**이라 합니다. 다음 그림과 같이 세로로 표기하는 방법이 지금의 경우에는 보기 쉬울 수도 있습니다.

$$사 = \begin{pmatrix}1\\0\\0\end{pmatrix},\ 나 = \begin{pmatrix}0\\1\\0\end{pmatrix},\ 이 = \begin{pmatrix}0\\0\\1\end{pmatrix}$$

뉴런명과 그 출력명은 다음 표와 같이 정의합니다.

〈뉴런과 뉴런 출력명〉

층	뉴런명	뉴런 출력
입력층	X_1, X_2, X_3	차례대로 x_1, x_2, x_3
은닉층	H_1, H_2	차례대로 h_1, h_2
상태층	C_1, C_2	차례대로 c_1, c_2
출력층	Z_1, Z_2, Z_3	차례대로 z_1, z_2, z_3

순환 신경망을 결정하는 파라미터(가중치와 임곗값)는 위치를 다음 그림과 같이 부여합니다.

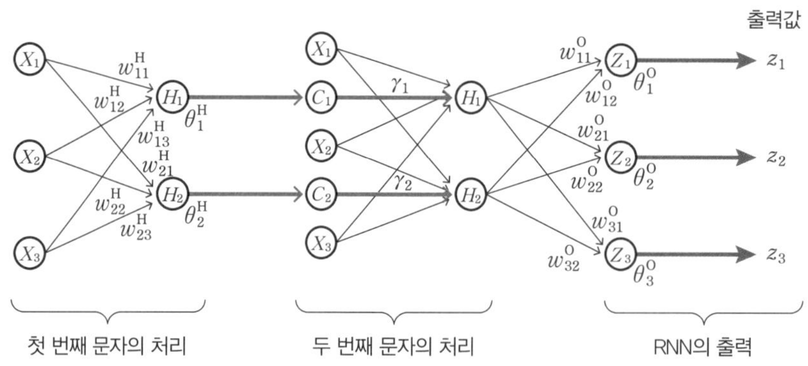

주 화살표의 머리에 있는 것이 가중치, 뉴런을 나타내는 원의 오른쪽 아래에 있는 것이 임곗값. '두 번째 문자의 처리' 부분의 가중치와 임곗값은 첫 번째 문자와 동일. 컨텍스트 노드 C_1, C_2에 H_1, H_2가 부여하는 가중치는 γ_1, γ_2라고 합니다.

이 순환 신경망이 그림 안에서 이용되는 기호의 의미를 표로 정리해봅시다. 기본적으로 ▶ 2장에서 살펴본 순환 신경망의 경우와 다른 점은 없지만, 컨텍스트 노드가 자리잡은 위치는 주의하기 바랍니다.

〈파라미터명〉

기호명	의미
w_{ji}^{H}	은닉층의 뉴런 H_j 가 입력층의 뉴런 X_i 에 부여하는 가중치($i=1,\ 2,\ 3,\ j=1,\ 2$)
w_{kj}^{O}	출력층의 뉴런 Z_k 가 은닉층의 뉴런 H_j 에 부여하는 가중치($j=1,\ 2,\ k=1,\ 2,\ 3$)
θ_j^{H}	은닉층의 뉴런 H_j 의 임곗값($j=1,\ 2$)
θ_k^{O}	출력층의 뉴런 Z_k 의 임곗값($k=1,\ 2,\ 3$)
s_j^{H}	은닉층의 뉴런 H_j 에 대한 입력의 선형합($j=1,\ 2$)
s_k^{O}	출력층의 뉴런 Z_k 에 대한 입력의 선형합($k=1,\ 2,\ 3$)
γ_j	은닉층의 뉴런 H_j 가 상태층의 노드 C_j 에 부여하는 가중치($j=1,\ 2$)

뉴런의 입출력을 수식으로 표현

앞 페이지(→ 114페이지) 그림의 순환 신경망 '두 번째 문자의 처리' 부분에 대한 입력층·은닉층에 관한 입출력 관계식을 작성해봅시다.

주 첫 번째 문자의 처리는 ▶ 2장에서 살펴본 신경망과 동일합니다.

이 두 번째 문자의 처리도, ▶ 2장 신경망의 경우와 동일합니다. ▶ 2장과 다른 컨텍스트 노드 C_1, C_2는 다음과 같은 규칙을 따릅니다.

> 이전 문자 처리에서 생긴 은닉층 H_j의 출력 h_j는 컨텍스트 노드 C_j에 그대로 입력된다. 그다음 문자 처리를 위한 은닉층 H_j는 그 C_j의 출력 h_j에 가중치 γ_j를 부여한다($j=1,\ 2$).

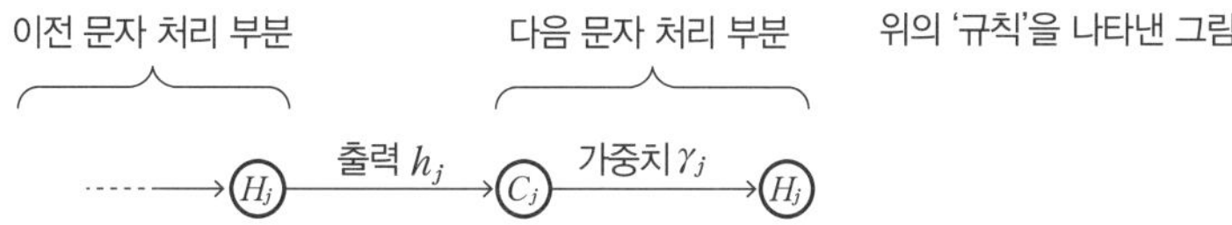

위의 '규칙'을 나타낸 그림

이것은 앞 절(▶ §1)에서도 구체적으로 살펴봤습니다. 기호가 많아 이해하기 어렵다고 생각한다면 이 위치를 참조하기 바랍니다.

약속한 기호대로 두 번째 문자를 위한 각 뉴런의 입출력 관계를 표현해봅시다.

주 a_1, a_2는 활성화 함수를 나타냅니다. 층마다 다른 형태가 허용됩니다. 다만, 이 절에서는 공통적으로 시그모이드 함수를 이용합니다.

〈입출력의 관계〉

층	입출력	입출력 설명
입력층	입력	$(x_1,\ x_2,\ x_3)$ $(x_1,\ x_2,\ x_3$ 중 하나가 1이면 1, 나머지는 0)
	출력	위의 입력과 동일
상태층	입력	C_j에 대한 입력 = 이전 문자의 은닉층 H_j의 출력 $h_j (j=1,\ 2)$
	출력	위의 입력과 동일. 즉, $c_j=$ 이전 문자 처리의 h_j
은닉층	입력	H_j에 대한 입력의 선형합 s_j^{H} $=(w_{j1}^{\mathrm{H}}x_1+w_{j2}^{\mathrm{H}}x_2+w_{j3}^{\mathrm{H}}x_3)+\gamma_j c_j-\theta_j^{\mathrm{H}}\ (j=1,\ 2)$ ··· 1
	출력	$h_j=a_1(s_j^{\mathrm{H}})\ (j=1,\ 2)$ ··· 2
출력층	입력	Z_k에 대한 입력의 선형합 s_k^{O} $=(w_{k1}^{\mathrm{O}}h_1+w_{k2}^{\mathrm{O}}h_2)-\theta_k^{\mathrm{O}}\ (k=1,\ 2,\ 3)$ ··· 3
	출력	Z_k의 출력 $z_k=a_2(s_k^{\mathrm{O}})\ (k=1,\ 2,\ 3)$ ··· 4

프로그래밍 언어로 신경망을 표현할 때는 이 표에 제시한 식이 중요한 지침이 됩니다. 그러나 엑셀로 작성할 때는 식보다 작성 방식을 이해하는 것이 중요합니다.

훈련 데이터 준비

순환 신경망의 파라미터(가중치와 임곗값)를 결정하기 위해서는 신경망에서 살펴본 것과 동일한 사고방식을 따라야 합니다. 이 과제 3 에서는 예측 자료와 정답 레이블이 다음과 같이 주어집니다.

주 예측 자료와 정답 레이블에 관해서는 ▶ 2장 §3을 참조하기 바랍니다.

예측 자료	정답 레이블	(참고) 단어
'사', '나'	이	사나이
'사', '이'	나	사이나
'나', '이'	사	나이사
'나', '사'	이	나사이
'이', '사'	나	이사나
'이', '나'	사	이나사
'나'	사	나사
'사'	이	사이

▶ 구체적인 식으로 나타내본다

훈련 데이터 중 하나의 문자열 '사이나'의 입력을 예로 들어 순환 신경망의 출력을 살펴봅시다. ▶ §1에서도 살펴봤지만, 여기에서는 기호를 이용해 좀 더 일반적으로 표현해보겠습니다.

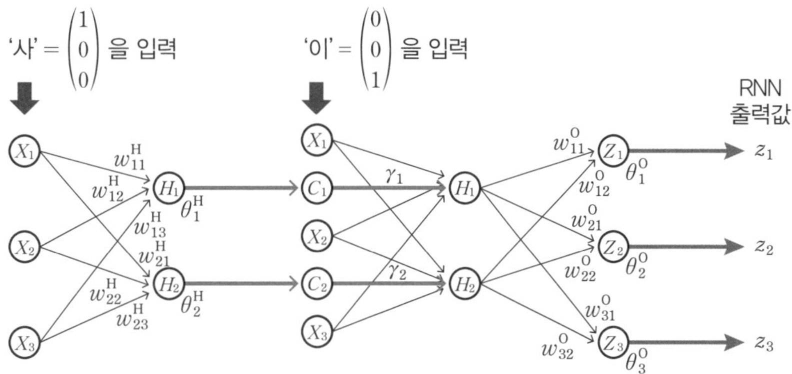

첫 번째 문자와 두 번째 문자의 처리에 동일한 기호를 사용해 혼란스럽습니다. 따라서 각 층의 입출력에 관한 첫 번째 문자 처리는 기호 뒤에 [1], 두 번째 문자 처리는 [2]를 붙이도록 합니다.

예1 $s_1^{H}[1]$은 첫 번째 처리를 위해 은닉층에 입력한 '입력의 선형합'을 나타냅니다.

예2 $c_1[2]$는 두 번째 문자의 컨텍스트 노드의 출력을 나타냅니다. 즉, $c_1[1]$은 첫 번째 문자의 컨텍스트 노드의 출력이지만, 존재하지 않기 때문에 0으로 합니다.

그렇다면 첫 번째 문자 '사'에 관해 살펴봅시다. 앞에 제시한 **〈입출력의 관계〉** 표에서 다음과 같이 처리됩니다.

〈첫 번째 문자 '사'의 처리〉

층	입출력	입출력 설명
입력층	입력	$(x_1[1],\ x_2[1],\ x_3[1]) = (1,\ 0,\ 0)$
	출력	위의 입력과 동일
상태층	입력	입력은 없음
	출력	(입력이 없기 때문에) $c_1[1] = 0$, $c_2[1] = 0$
은닉층	입력	$s_1^{H}[1] = (w_{11}^{H}\cdot 1 + w_{12}^{H}\cdot 0 + w_{13}^{H}\cdot 0) + \gamma_1\cdot 0 - \theta_1^{H}$ $= w_{11}^{H}\cdot 1 - \theta_1^{H}$ $s_2^{H}[1] = (w_{21}^{H}\cdot 1 + w_{22}^{H}\cdot 0 + w_{23}^{H}\cdot 0) + \gamma_2\cdot 0 - \theta_2^{H}$ $= w_{21}^{H}\cdot 1 - \theta_2^{H}$
	출력	$h_1[1] = a_1(s_1^{H}[1])$, $h_2[1] = a_1(s_2^{H}[1])$

이렇게 첫 번째 문자 '사'의 처리가 끝납니다. 첫 번째 문자의 처리에는 당연히 컨텍스트 노드의 영향이 미치지 않습니다.

이와 마찬가지로 두 번째 문자 '이'는 다음과 같이 처리됩니다.

〈두 번째 문자 '이'의 처리〉

층	입출력	입출력 설명
입력층	입력	$(x_1[2],\ x_2[2],\ x_3[2]) = (0,\ 0,\ 1)$
	출력	위의 입력과 동일
상태층	입력	$c_1[2] = h_1[1]$, $c_2[2] = h_2[1]$
	출력	위의 입력과 동일
은닉층	입력	$s_1^{H}[2] = (w_{11}^{H}\cdot 0 + w_{12}^{H}\cdot 0 + w_{13}^{H}\cdot 1) + \gamma_1\cdot c_1[2] - \theta_1^{H}$ $= w_{13}^{H} + \gamma_1\cdot c_1[2] - \theta_1^{H}$ $s_2^{H}[2] = (w_{21}^{H}\cdot 0 + w_{22}^{H}\cdot 0 + w_{23}^{H}\cdot 1) + \gamma_2\cdot c_2[2] - \theta_2^{H}$ $= w_{23}^{H} + \gamma_2\cdot c_2[2] - \theta_2^{H}$
	출력	$h_1[2] = a_1(s_1^{H}[2])$, $h_2[2] = a_1(s_2^{H}[2])$

두 번째 문자 은닉층까지의 계산이 끝났습니다. 여기에서 컨텍스트 노드의 출력 $c_1[2]$, $c_2[2]$가 어떻게 처리되는지 주목하세요.

이상에서 RNN의 출력은 다음과 같이 구해집니다.

〈두 번째 문자 '이'의 RNN 출력〉

층	입출력	입출력 설명
출력층	입력	$s_1^O = (w_{11}^O h_1[2] + w_{12}^O h_2[2]) - \theta_1^O$ $s_2^O = (w_{21}^O h_1[2] + w_{22}^O h_2[2]) - \theta_2^O$ $s_3^O = (w_{31}^O h_1[2] + w_{32}^O h_2[2]) - \theta_3^O$
	출력	$z_1 = a_2(s_1^O)$, $z_2 = a_2(s_2^O)$, $z_3 = a_2(s_3^O)$

▶ 최적화를 위한 목적 함수를 구한다

훈련 데이터 중의 한 문자열 '사이나'를 예로 들어 순환 신경망의 출력 z_1, z_2, z_3을 구했습니다. 그런데 이 출력과 정답과의 오차는 어떤 식으로 표현할까요?

이 '사이나'의 예에서 정답은 '나'로, 다음과 같이 표현됩니다.

'나' = (0, 1, 0)

출력층의 뉴런 Z_1, Z_2, Z_3은 차례대로 '사', '이', '나'를 검출하기 위한 것입니다. 따라서 앞 장(▶ 2장) 신경망의 경우와 마찬가지로 출력과 정답과의 제곱오차 e는 다음과 같이 표현할 수 있습니다.

오차 $e = (0 - z_1)^2 + (1 - z_2)^2 + (0 - z_3)^2$

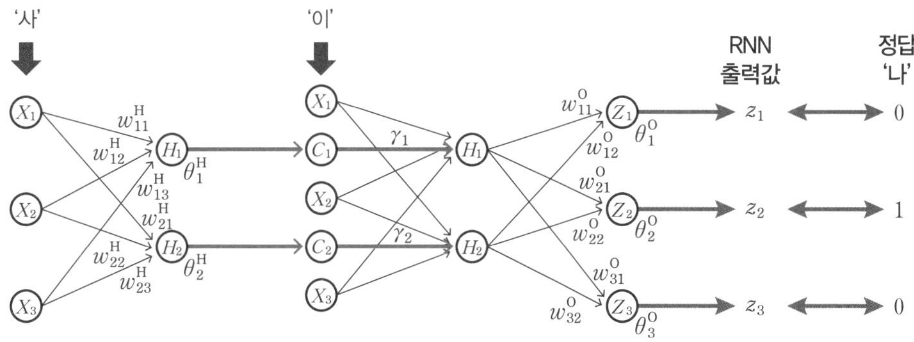

이 오차 e를 모든 훈련 데이터에 더하면, 목적 함수 E_T를 구할 수 있습니다.

목적 함수 E_T = 앞 e의 총합계 … 5

최적화는 목적 함수의 최소화

이렇게 목적 함수 5가 구해집니다. 이를 최소화하면 파라미터(가중치와 임곗값)가 얻어집니다. 이를 '최적화'라 부르는 것은 이미 살펴봤습니다(▶ 1장 §4, ▶ 2장 §3). 이 작업은 수학적으로 번거롭지만, 이 책은 이 부분을 엑셀에 맡깁니다.

MEMO 엘만(Elman)형과 조단(Jordan)형

3장에서 다루는 순환 신경망 외에도 몇 가지 형식이 있습니다. 3장에서 살펴본 형식을 엘만(Elman)형이라 부르는데, 이는 가장 고전적인 형식입니다. 또 하나의 고전적인 것으로 조단(Jordan)형이라 부르는 것도 있습니다.

엘만(Elman)형은 은닉층의 뉴런 출력을 재입력에 이용하고, 조단(Jordan) 형은 출력층의 뉴런 출력을 재입력에 이용합니다.

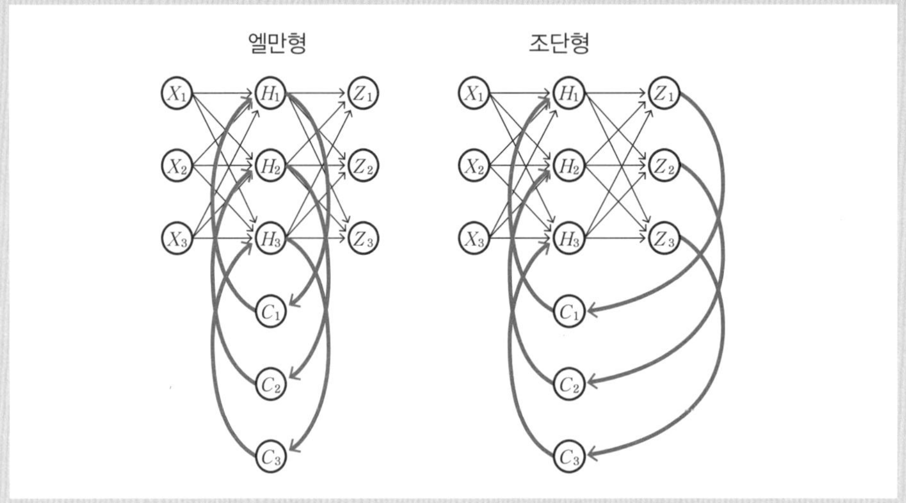

순환 신경망에는 이와 같은 단순한 형 외에도 다양하게 진화한 형식이 고려됩니다. 독자 여러분도 창의적이고 새로운 RNN의 작성에 도전해 보시기 바랍니다.

§ 3 엑셀로 배우는 순환 신경망

지금까지는 순환 신경망의 구조와 수식 표현을 살펴봤습니다. 이번에는 순환 신경망을 엑셀로 작성해봅시다.

구체적인 예로 생각한다

다음을 예측할 수 있는 순환 신경망의 예로, 지금까지 살펴본 다음의 과제를 생각해 보겠습니다. 이 과제의 의미는 이미 살펴봤습니다.

과제 3 세 문자 '사', '나', '이'를 대상으로 다음 표에 있는 '단어'의 마지막 문자가 '입력 문자'에서 예측되는 순환 신경망을 작성하시오.

단어	입력 문자	마지막 문자
사나이	'사', '나'	이
사이나	'사', '이'	나
나이사	'나', '이'	사
나사이	'나', '사'	이
이사나	'이', '사'	나
이나사	'이', '나'	사
나사	'나'	사
사이	'사'	이

주 이 예제의 워크시트는 **예제 1** ~ **예제 8** 에 관해 다운로드 사이트(→ 10페이지)의 샘플 파일 '3.xlsa'에 있는 '최적화 전' 탭에 수록돼 있습니다.

그렇다면 예제 형식으로 알아보겠습니다. 순환 신경망은 지금까지와 마찬가지로 다음 형식을 이용합니다.

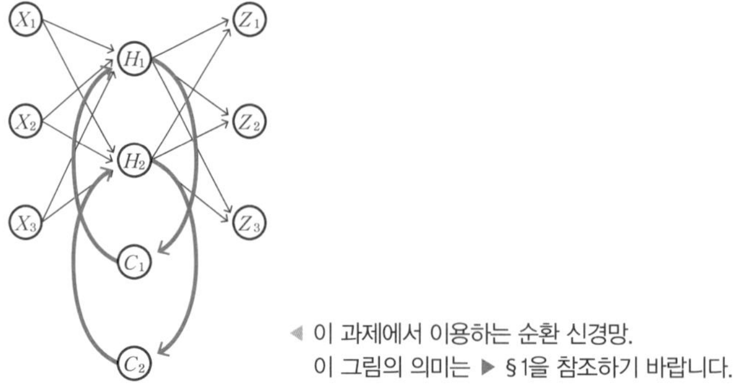

X1
X2
X3
H1
H2
Z1
Z2
Z3
C1
C2

◀ 이 과제에서 이용하는 순환 신경망.
이 그림의 의미는 ▶ §1을 참조하기 바랍니다.

먼저 '사이나'라는 문자열의 처리를 예로 들어 목록을 제시합니다. 이 그림에 첨부한 예제 에서 각 부분을 살펴봅니다.

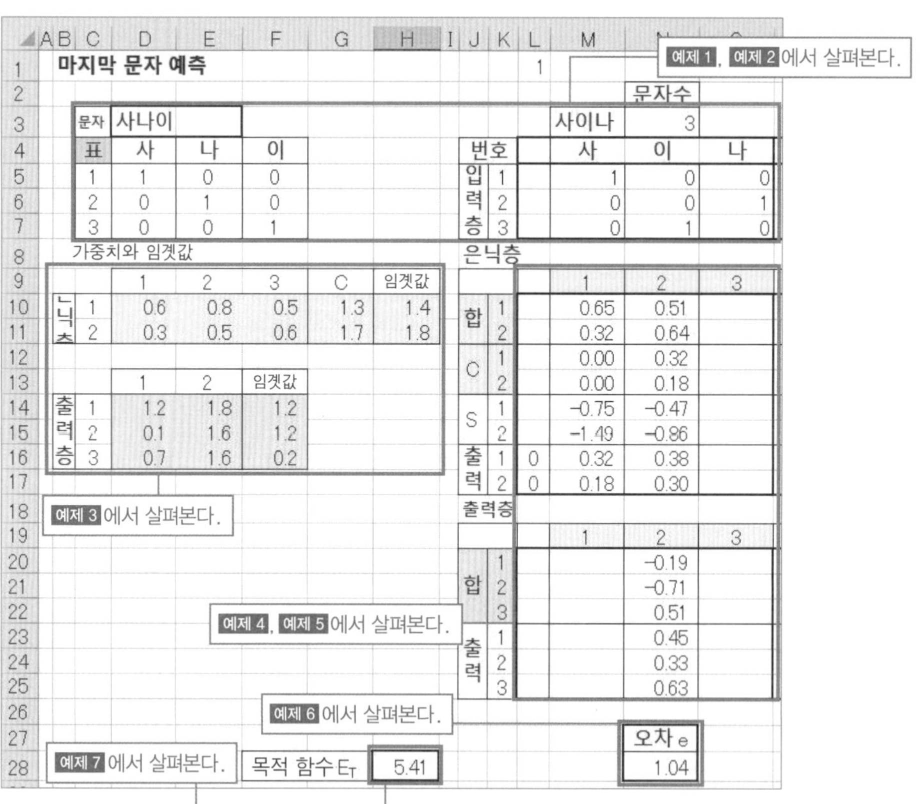

마지막 문자 예측

문자	사나이		
표	사	나	이
1	1	0	0
2	0	1	0
3	0	0	1

가중치와 임곗값

		1	2	3	C	임곗값
은닉층	1	0.6	0.8	0.5	1.3	1.4
	2	0.3	0.5	0.6	1.7	1.8

		1	2	임곗값
출력층	1	1.2	1.8	1.2
	2	0.1	1.6	1.2
	3	0.7	1.6	0.2

	문자수	
사이나	3	

번호		사	이	나
입력층	1	1	0	0
	2	0	0	1
	3	0	1	0

은닉층

			1	2	3
합	1		0.65	0.51	
	2		0.32	0.64	
C	1		0.00	0.32	
	2		0.00	0.18	
S	1		−0.75	−0.47	
	2		−1.49	−0.86	
출력	1	0	0.32	0.38	
	2	0	0.18	0.30	

출력층

		1	2	3
합	1		−0.19	
	2		−0.71	
	3		0.51	
출력	1		0.45	
	2		0.33	
	3		0.63	

오차 e
1.04

목적 함수 E_T	5.41

예제 1, 예제 2 에서 살펴본다.
예제 3 에서 살펴본다.
예제 4, 예제 5 에서 살펴본다.
예제 6 에서 살펴본다.
예제 7 에서 살펴본다.

문자 코드화와 단어의 분해

처음에 이용하는 문자를 코드화합시다.

예제 1 과제 3 에서 이용하는 세 문자 '사', '나', '이'를 수치 코드로 표현하시오.

풀이 세 문자를 다음 그림과 같이 표로 표현합시다(▶ §1).

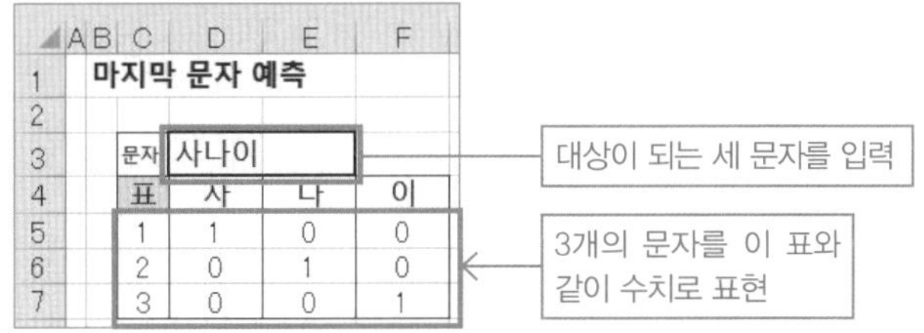

마지막 문자 예측
문자 사나이
표 사 나 이
1 1 0 0
2 0 1 0
3 0 0 1
대상이 되는 세 문자를 입력
3개의 문자를 이 표와 같이 수치로 표현

예제 2 과제 3 에서 주어진 단어를 문자로 분해하고 예제 1 에서 정의한 문자 코드로 표현하시오.

풀이 대상이 되는 단어(다음 그림의 예는 '사이나')를 설정하고 한 문자씩 분해해 코드로 표현합니다. 여기에서는 예제 1 에서 작성한 문자 코드가 활용됩니다.

▶ 파라미터의 초깃값 설정

신경망에서 살펴본 것처럼(▶ 2장 §5) 신경망이 이용하는 파라미터(가중치와 임곗값)에 초깃값을 제공할 필요가 있습니다.

예제 3 가중치와 임곗값의 초깃값을 설정하시오.

풀이 순환 신경망의 파라미터(가중치와 임곗값)의 초깃값을 설정합니다. 초깃값이 없으면 엑셀의 함수에 오류가 생기기 때문입니다. 이는 신경망의 경우와 마찬가지입니다.

	A	B	C	D	E	F	G	H
8		가중치와 임곗값						
9				1	2	3	C	임곗값
10		은닉	1	0.6	0.8	0.5	1.3	1.4
11		층	2	0.3	0.5	0.6	1.7	1.8
12								
13				1	2	임계값		
14		출	1	1.2	1.8	1.2		
15		력	2	0.1	1.6	1.2		
16		층	3	0.7	1.6	0.2		

숫자를 적당히 할당한다.
뒤의 계산 결과는 이 초깃값에
크게 의존한다.

최적화 결과는 이 초깃값에 크게 의존합니다. 여기에서 기대하는 값이 얻어지지 않을 때는 시스템에 다양한 초깃값을 설정해 몇 번이라도 다시 계산할 필요가 있습니다.

▶ 첫 번째 문자의 계산 확인

앞 절에서 살펴본 **〈입출력의 관계〉**(→ 116페이지)에 따라 계산을 진행합니다. **예제 2**에서 이용한 '사이나'를 예로 들어 이야기를 진행해보겠습니다.

예제 4 **예제 2**에서 단어를 문자로 분해한 첫 번째 문자에 관한 각 뉴런의 출력을 계산하시오.

풀이 ▶ §1에서 살펴본 아이디어와 ▶ §2에서 살펴본 관계식을 이용해 각 단어의 첫 번째 문자의 처리를 실행해봅시다. 여기에서 '사이나'라고 입력하는 경우를 고려해 우선 첫 번째 문자 '사'를 처리합니다.

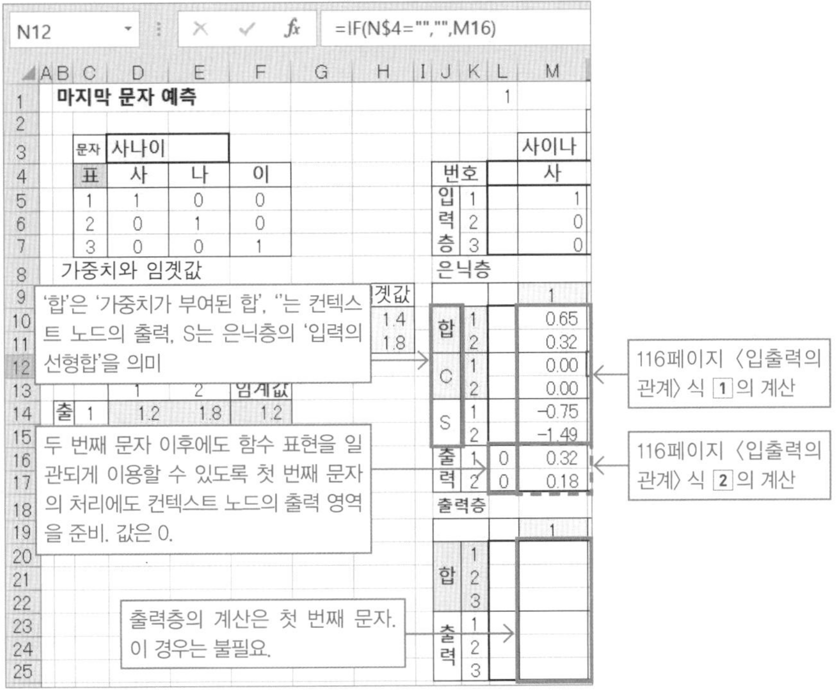

주 '가중치가 부여된 합'은 ▶ 2장 §1, §2를 참조하기 바랍니다. 또한 116페이지의 관계식은 컨텍스트 노드의 값을 0으로 하는 것으로, 첫 번째 문자에 그대로 적용할 수 있습니다.

▶ 두 번째 문자의 계산 확인

컨텍스트 노드를 매개로 첫 번째 문자 은닉층의 출력이 어떻게 두 번째 문자의 처리에 적용되는지 엑셀의 워크시트에서 확인해봅시다.

예제 5 예제 2에서 단어를 문자로 분해한 두 번째 문자에 관한 각 뉴런의 출력을 계산하시오.

주 예제 3에서 제시한 단어 '나사', '사이'의 경우, 두 문자이기 때문에 예제 4의 결과에서 순환 신경망의 출력을 구해 예제 6과 같이 오차를 산출합니다. 그 방법은 종래의 신경망(▶ 2장)과 동일합니다. 다운로드한 워크시트를 살펴보기 바랍니다.

풀이 예제 4에 이어서 여기에서도 '사이나'라고 입력하고 싶은 경우를 고려합니다. ▶ §1에서 살펴본 아이디어나 ▶ §2에서 살펴본 식을 이용해 다음과 같이 두 번째 문자 '이'를 처리합니다.

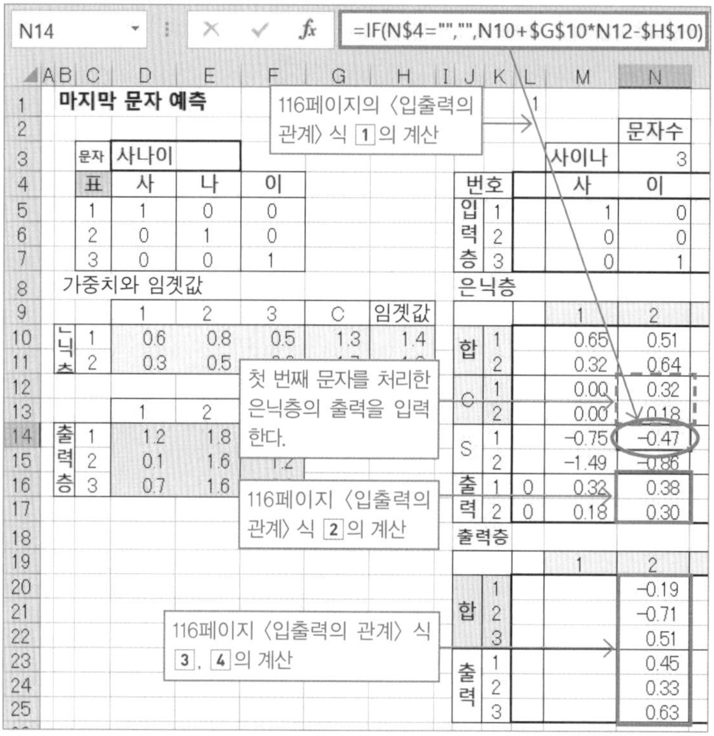

N14 =IF(N$4="","",N10+$G$10*N12-$H$10)

마지막 문자 예측

문자	사나이		
표	사	나	이
1	1	0	0
2	0	1	0
3	0	0	1

가중치와 임곗값

		1	2	3	C	임곗값
은닉층	1	0.6	0.8	0.5	1.3	1.4
	2	0.3	0.5			

		1	2	
출력층	1	1.2	1.8	
	2	0.1	1.6	1.2
	3	0.7	1.6	

				문자수
			사이나	3
번호			사	이
입력층	1		1	0
	2		0	0
	3		0	1

은닉층

			1	2
합	1		0.65	0.51
	2		0.32	0.64
C	1		0.00	0.32
	2		0.00	0.18
S	1		-0.75	-0.47
	2		-1.49	-0.86
출력	1	0	0.32	0.38
	2	0	0.18	0.30

출력층

			1	2
합	1			-0.19
	2			-0.71
	3			0.51
출력	1			0.45
	2			0.33
	3			0.63

116페이지의 〈입출력의 관계〉 식 1의 계산

첫 번째 문자를 처리한 은닉층의 출력을 입력한다.

116페이지 〈입출력의 관계〉 식 2의 계산

116페이지 〈입출력의 관계〉 식 3, 4의 계산

이 계산 결과에서, 순환 신경망의 출력 결과가 구해집니다.

Z_1의 출력 $= 0.45$, Z_2의 출력 $= 0.33$, Z_3의 출력 $= 0.63$

현재는 가상의 가중치와 임곗값이므로 이러한 값이 의미가 없지만, 도출 방법은 이해했으리라 생각합니다.

예제 6 출력층의 출력과 정답 레이블과의 제곱오차 e를 산출하시오.

풀이 순환 신경망의 출력은 이론적인 값입니다. 그 이론적인 값이 정답과 어느 정도 차이가 있는지 알아봅니다.

예제 4, **예제 5**에 이어 '사이나'라고 입력하고 싶은 경우를 고려합니다. 이때 '사이'에서 '나'를 예상하고 싶기 때문에 '나'가 정답이 됩니다. 따라서 순환 신경망이 출력한 출력과 정답 '나'와의 차의 제곱합을 제곱오차라고 생각합니다(▶ §1, ▶ §2).

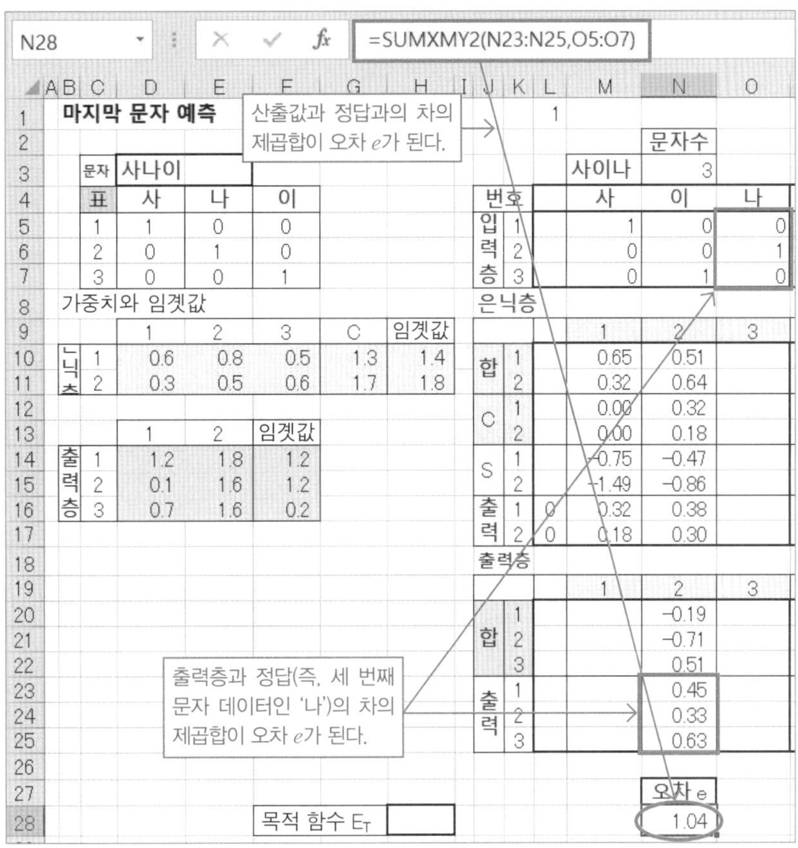

주 예제 5에서 주석으로 기록한 것처럼 두 문자 단어 '나사', '사이'에는 첫 번째 문자의 처리에서 오차를 산출합니다.

예제 7 목적 함수의 값을 구하시오.

풀이 예제 6에서 구한 제곱오차를 과제 3에서 나열한 모든 단어에서 구하고, 모두 더합니다. 이것이 목적 함수 E_T의 값이 됩니다. 아직 최적화 작업을 수행하지 않았기 때문에 얻은 값 자체는 의미가 없습니다.

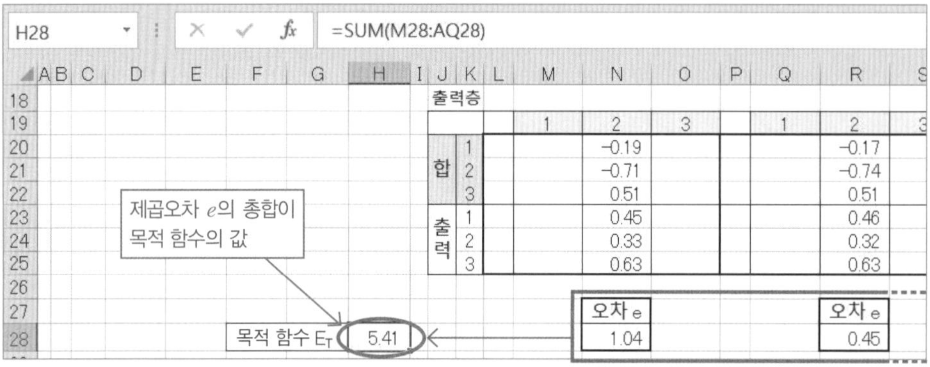

H28 =SUM(M28:AQ28)

출력층

		1	2	3	1	2
합	1		-0.19			-0.17
	2		-0.71			-0.74
	3		0.51			0.51
출력	1		0.45			0.46
	2		0.33			0.32
	3		0.63			0.63

오차 e	오차 e
1.04	0.45

목적 함수 E_T 5.41

제곱오차 e의 총합이 목적 함수의 값

예제 8 예제 7에서 얻은 목적 함수를 이용해 순환 신경망의 최적화를 실행하시오.

풀이 앞의 예제 7에서 구한 목적 함수의 셀을 대상으로, 해 찾기를 이용해 최적화를 실행합니다.

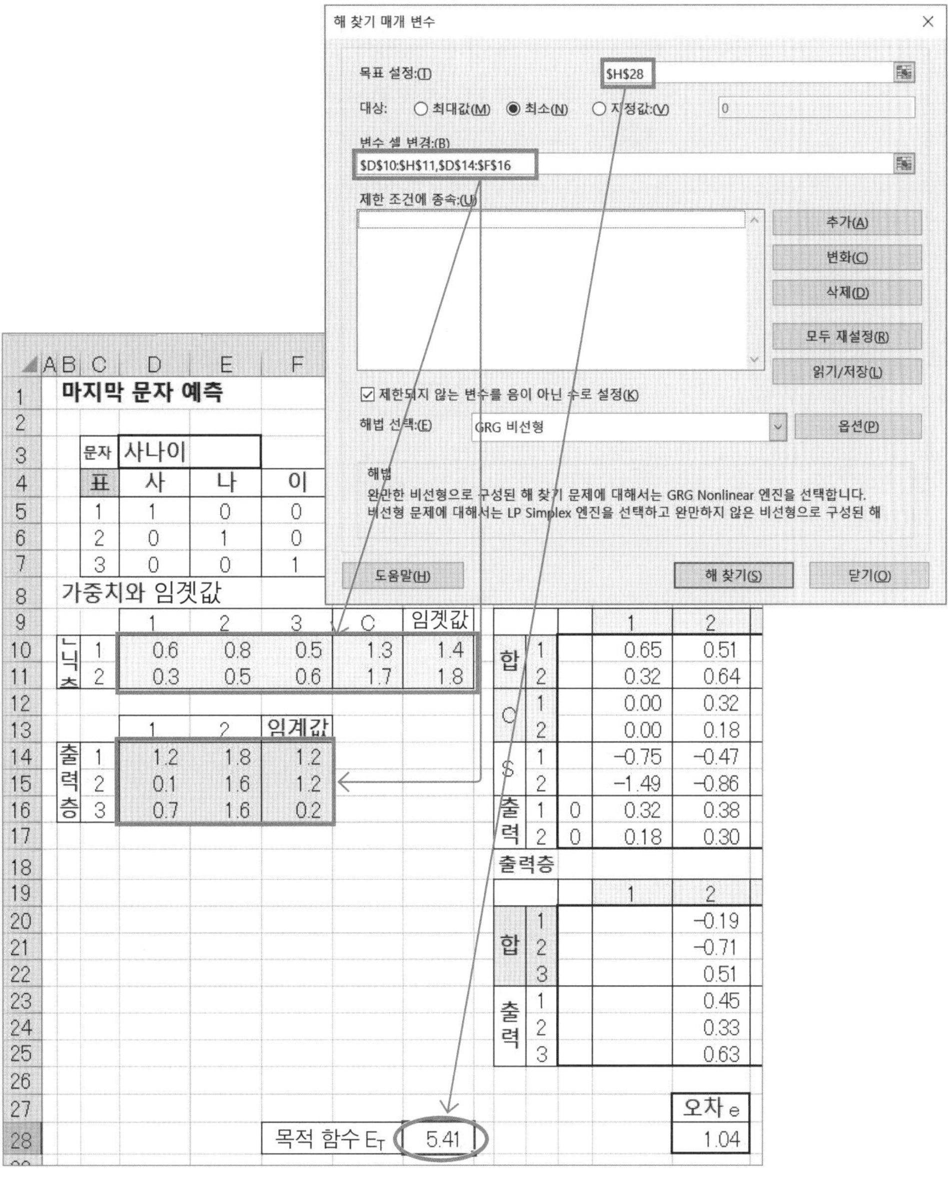

설정이 완료되면, 해 찾기를 실행해봅시다. 다음 그림(→ 130페이지)과 같은 결과가 얻어집니다.

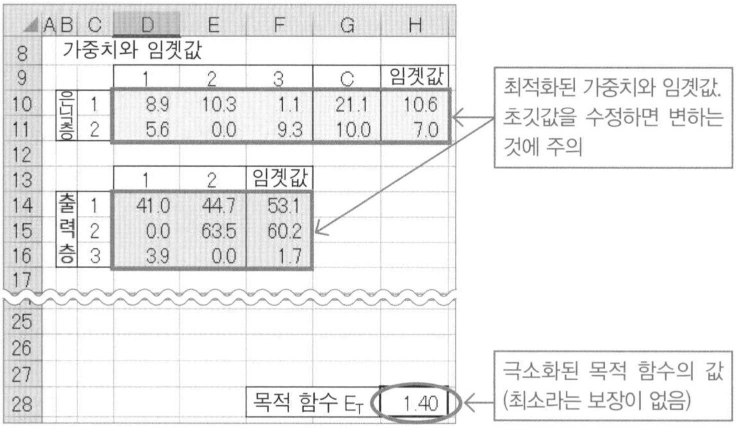

	A	B	C	D	E	F	G	H
8		가중치와 임곗값						
9				1	2	3	C	임곗값
10		은닉층	1	8.9	10.3	1.1	21.1	10.6
11			2	5.6	0.0	9.3	10.0	7.0
12								
13				1	2	임곗값		
14		출력층	1	41.0	44.7	53.1		
15			2	0.0	63.5	60.2		
16			3	3.9	0.0	1.7		
17								
25								
26								
27								
28						목적 함수 E_T		1.40

최적화된 가중치와 임곗값. 초깃값을 수정하면 변하는 것에 주의
극소화된 목적 함수의 값 (최소라는 보장이 없음)

주 이 예제의 워크시트는 다운로드 사이트(→ 10페이지)의 샘플 파일 '3.xlsx'에 있는 '최적화 전' 탭에 수록돼 있습니다.

완성된 순환 신경망을 나타내봅시다. 이것이 앞 절(▶ §1)에 제시한 파라미터의 값입니다.

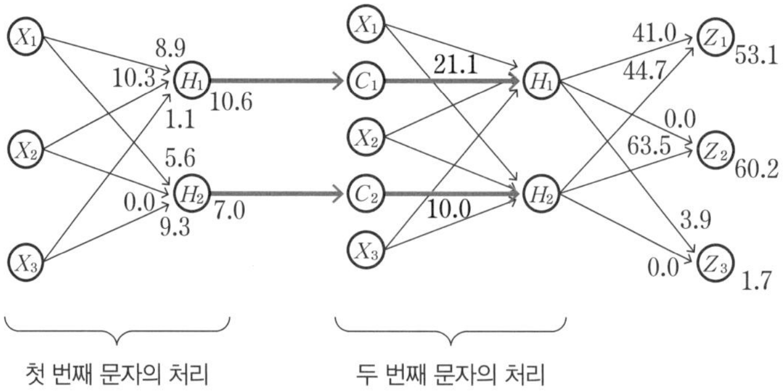

X_1
X_2
X_3
8.9
10.3
1.1
5.6
0.0
9.3
H_1
H_2
10.6
7.0
C_1
C_2
21.1
10.0
41.0
44.7
0.0
63.5
3.9
0.0
Z_1
Z_2
Z_3
53.1
60.2
1.7
첫 번째 문자의 처리
두 번째 문자의 처리

주 화살표의 머리에 있는 것이 가중치, 뉴런의 원 오른쪽에 있는 것이 임곗값. '두 번째 문자의 처리' 부분의 입력층・은닉층의 가중치와 임곗값은 첫 번째 문자와 동일

이 그림에서 알 수 있듯이 컨텍스트 노드에 대한 값은 매우 큽니다. 컨텍스트 노드는 첫 번째 문자의 기억을 세 번째 문자로 확실하게 전달하고 있는 것입니다.

예제 9 최적화가 끝난 순환 신경망을 이용해 이것이 바르게 동작하는지를 확인하시오.

주 이 예제의 워크시트는 다운로드 사이트(→ 10페이지)의 샘플 파일 '3.xlsx'에 있는 '테스트' 탭에 수록돼 있습니다.

풀이 **예제 8**에서 산출한 가중치와 임곗값으로 정해진 RNN을 이용해 단어의 제일 마지막 문자를 예측해봅시다.

다음 그림은 '사이나'라고 입력할 예정으로, '사이'라고 입력한 그림입니다. '나'를 탐지하는 출력층 두 번째 뉴런의 출력이 최대가 됐습니다. '나'를 올바르게 예측하고 있습니다.

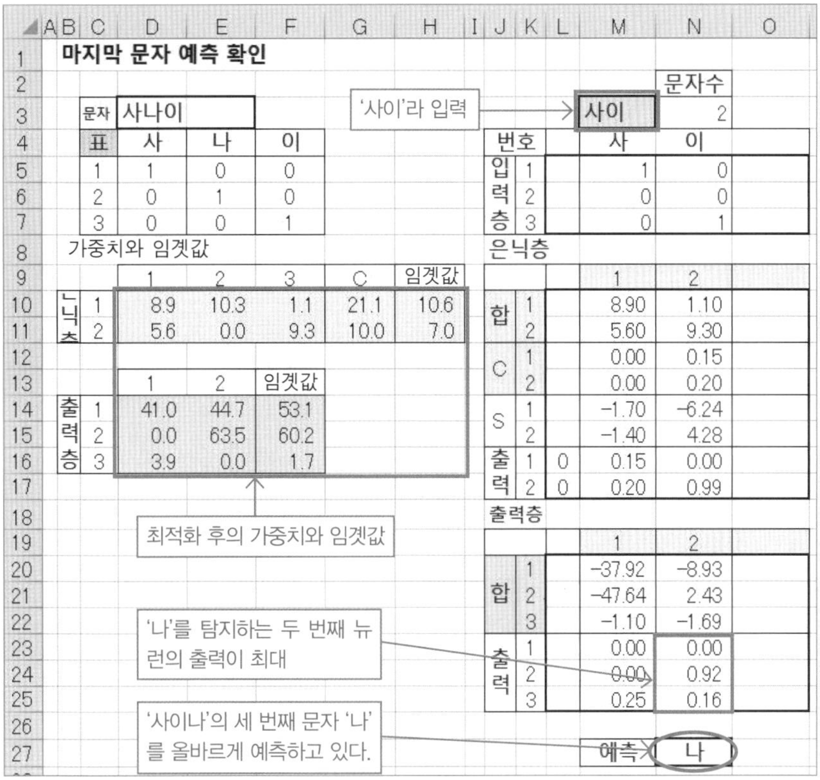

마지막 문자 예측 확인

문자	사나이		
표	사	나	이
1	1	0	0
2	0	1	0
3	0	0	1

가중치와 임곗값

		1	2	3	C	임곗값
은닉층	1	8.9	10.3	1.1	21.1	10.6
	2	5.6	0.0	9.3	10.0	7.0

		1	2	임곗값
출력층	1	41.0	44.7	53.1
	2	0.0	63.5	60.2
	3	3.9	0.0	1.7

최적화 후의 가중치와 임곗값

'사이'라 입력 → 사이 (문자수 2)

번호			사	이
입력층	1		1	0
	2		0	0
	3		0	1

은닉층

			1	2
합	1		8.90	1.10
	2		5.60	9.30
C	1		0.00	0.15
	2		0.00	0.20
S	1		−1.70	−6.24
	2		−1.40	4.28
출력	1	0	0.15	0.00
	2	0	0.20	0.99

출력층

		1	2
합	1	−37.92	−8.93
	2	−47.64	2.43
	3	−1.10	−1.69
출력	1	0.00	0.00
	2	0.00	0.92
	3	0.25	0.16

예측: 나

'나'를 탐지하는 두 번째 뉴런의 출력이 최대

'사이나'의 세 번째 문자 '나'를 올바르게 예측하고 있다.

동일한 내용을 다른 예로 확인해봅시다. 다음 그림은 '사나이'라 입력할 예정으로, '사나'라 입력한 그림입니다. '이'를 탐지하는 출력층 세 번째 뉴런의 출력이 최대가 됐습니다. '이'를 올바르게 예측하고 있습니다.

마지막 문자 예측 확인

문자	사나이		
표	사	나	이
1	1	0	0
2	0	1	0
3	0	0	1

가중치와 임곗값

		1	2	3	C	임곗값
은닉층	1	8.9	10.3	1.1	21.1	10.6
	2	5.6	0.0	9.3	10.0	7.0

		1	2	임곗값
출력층	1	41.0	44.7	53.1
	2	0.0	63.5	60.2
	3	3.9	0.0	1.7

학습 후의 가중치와 임곗값

'사나'라 입력 → 사나 (문자수 2)

번호			사	나
입력층	1		1	0
	2		0	1
	3		0	0

은닉층

			1	2
합	1		8.90	10.30
	2		5.60	0.00
C	1		0.00	0.15
	2		0.00	0.20
S	1		-1.70	2.96
	2		-1.40	-5.02
출력	1	0	0.15	0.95
	2	0	0.20	0.01

출력층

		1	2
합	1	-37.92	-13.83
	2	-47.64	-59.78
	3	-1.10	2.01
출력	1	0.00	0.00
	2	0.00	0.00
	3	0.25	0.88

예측 이

출력층에서 최대인 값은 '이'를 탐지하는 세 번째 뉴런이 구현

'사나이'의 세 번째 문자 '이'를 올바르게 예측하고 있다.

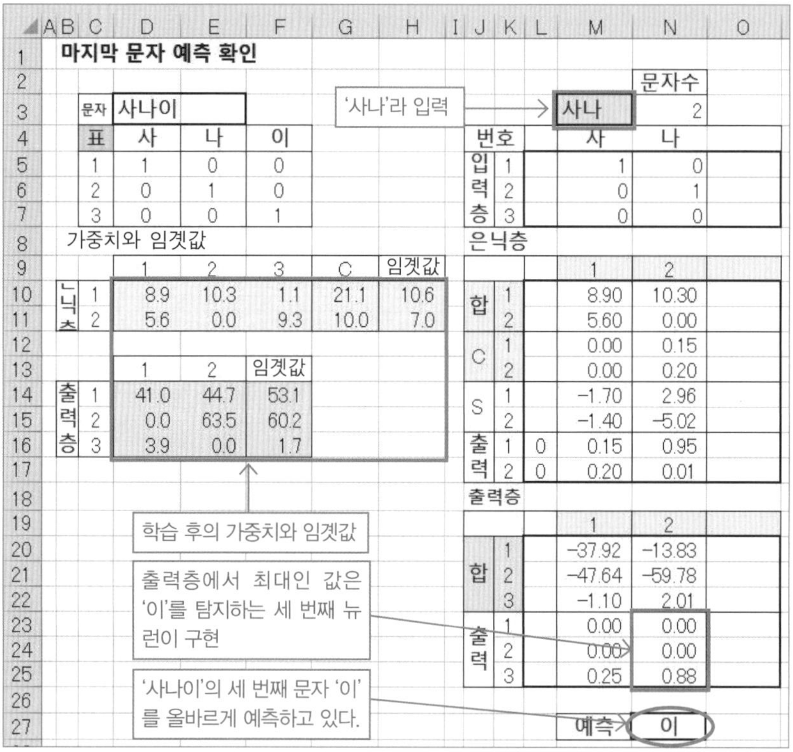

MEMO **기울기 소실**

'오차 역전법'이라 부르는 기법을 이용해 다층 RNN 모델을 계산하면, 오래된 정보가 발산돼 버리는 문제가 발생합니다. 이를 '기울기 소실'이라 부릅니다. 이 현상을 회피하기 위한 다양한 아이디어가 있는데, 이 중에서 LSTM이라 부르는 모델이 가장 유명합니다.

이번에는 두 문자의 예로 확인해봅시다. 다음 그림은 '사이'라 입력할 예정으로, '사'라고 입력한 그림입니다. '이'를 탐지하는 출력층 세 번째 뉴런의 출력이 최대가 됐습니다. '이'를 올바르게 예측하고 있습니다.

마지막 문자 예측 확인

문자	사나이

표	사	나	이
1	1	0	0
2	0	1	0
3	0	0	1

가중치와 임곗값

은닉층	1	2	3	C	임곗값
1	8.9	10.3	1.1	21.1	10.6
2	5.6	0.0	9.3	10.0	7.0

출력층	1	2	임곗값
1	41.0	44.7	53.1
2	0.0	63.5	60.2
3	3.9	0.0	1.7

학습 후의 가중치와 임곗값

'사'라고 입력

문자	문자수
사	1

번호		사
입력층	1	1
	2	0
	3	0

은닉층

			1	2
합	1		8.90	
	2		5.60	
C	1		0.00	
	2		0.00	
S	1		-1.70	
	2		-1.40	
출력	1	0	0.15	
	2	0	0.20	

출력층

		1	2
합	1	-37.92	
	2	-47.64	
	3	-1.10	
출력	1	0.00	
	2	0.00	
	3	0.25	

출력층에서 최대인 값은 '이'를 탐지하는 세 번째 뉴런이 구현

'사이'의 두 번째 문자 '이'를 올바르게 예측하고 있다.

예측	이

이 '사이'의 처리는 종래의 신경망과 동일합니다. 순환 신경망은 고전적인 신경망을 포함하고 있다는 것을 확인할 수 있습니다.

▶ 가중치에 음의 값 허용

지금까지 언급하지는 않았지만, 순환 신경망의 파라미터(가중치와 임곗값)로서 양수인 조건이 부여됐습니다. 예제 8 의 해 찾기를 이용하는 곳에서 '제한되지 않는 변수를 음이 아닌 수로 설정'에 ✓를 입력한 것은 바로 이 때문입니다.

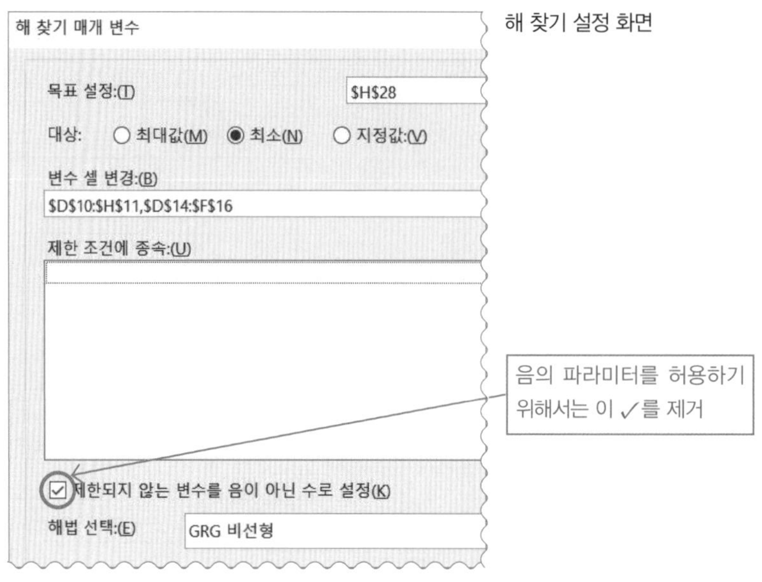

해 찾기 설정 화면

파라미터에 음수가 아닌 조건을 부여한 이유는, 컨텍스트 노드의 가중치 크기를 알아보고 싶기 때문입니다. 음수의 세계를 섞으면 가중치가 '크다', '작다'의 판단을 할 수 없습니다. 일상적인 개념으로는 '가중치'에 음수가 없기 때문입니다.

그러나 이와 같은 조건을 부여함으로써 **예제 8**의 해 찾기 실행 결과로 목적 함수의 값이 '1.40'이 됐습니다. 8개의 단어 데이터와 비교해보면 작은 값이라 할 수 없습니다.

주 목적 함수의 값이 1.40이라도 **과제 3**의 모든 단어에 대해 순환 신경망은 예측값을 올바르게 제공하고 있습니다.

혹시 모델과 데이터와의 적합성만을 고려한다면 이 '음수가 아닌 조건을 부여한다.'는 불리합니다. 목적 함수를 최소로 하는 것만이라면, 엑셀의 해 찾기에서 '제한되지 않는 변수를 음이 아닌 수로 설정'의 ✓를 제거해야 할 것입니다. 다음 예제에서는 해 찾기의 이 조건을 제거한 경우의 실행 결과를 나타내고 있습니다.

예제 10 **예제 8**에서 파라미터가 음수가 되는 것을 허용해 최적화를 실행하시오.

주 이 예제의 워크시트는 다운로드 사이트(→ 10페이지)의 샘플 파일 '3.xlsx'에 있는 '최적화 후(음수 허용)' 탭에 수록돼 있습니다.

풀이 해 찾기 설정에서 '제한되지 않는 변수를 음이 아닌 수로 설정'의 ✓를 제거합니다. 이 외에 예제 8 의 워크시트를 변경할 필요는 없습니다. 다음 그림은 해 찾기의 실행 결과를 나타냅니다. 이 그림 속에 목적 함수의 값이 0이 된 것에 유의하기 바랍니다. 파라미터의 세계를 확장해, 수치가 자유롭게 움직이는 만큼 최적화하기 쉬워졌기 때문입니다.

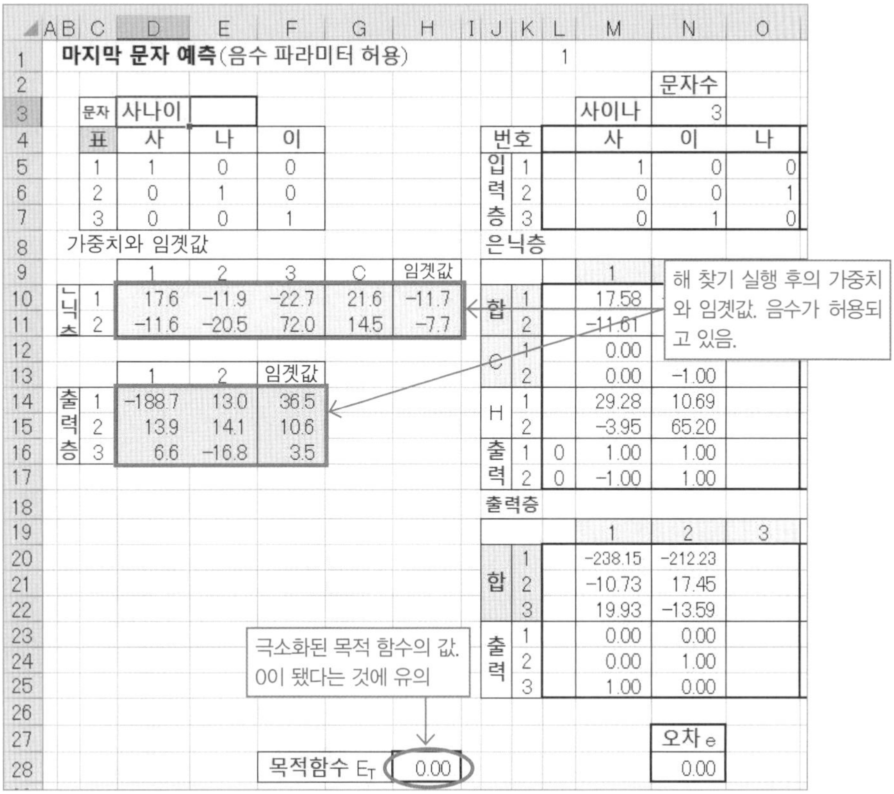

마지막 문자 예측(음수 파라미터 허용)

문자	사나이		
표	사	나	이
1	1	0	0
2	0	1	0
3	0	0	1

가중치와 임곗값

		1	2	3	C	임곗값
은닉층	1	17.6	-11.9	-22.7	21.6	-11.7
	2	-11.6	-20.5	72.0	14.5	-7.7

		1	2	임곗값
출력층	1	-188.7	13.0	36.5
	2	13.9	14.1	10.6
	3	6.6	-16.8	3.5

해 찾기 실행 후의 가중치와 임곗값. 음수가 허용되고 있음.

			문자수
		사이나	3

번호			사	이	나
입력층	1		1	0	0
	2		0	0	1
	3		0	1	0

은닉층

			1	2
합	1		17.58	
	2		-11.61	
C	1		0.00	
	2		0.00	-1.00
H	1		29.28	10.69
	2		-3.95	65.20
출력	1	0	1.00	1.00
	2	0	-1.00	1.00

출력층

			1	2	3
합	1		-238.15	-212.23	
	2		-10.73	17.45	
	3		19.93	-13.59	
출력	1		0.00	0.00	
	2		0.00	1.00	
	3		1.00	0.00	

극소화된 목적 함수의 값. 0이 됐다는 것에 유의

목적함수 E_T	0.00

오차 e
0.00

주 은닉층의 활성화 함수에는 tanh 함수를 이용하고 있습니다(▶ 1장 §2).

이상이 예제 10 의 정답입니다.

최적화의 실행 결과를 신경망에 표시합시다. 음수를 허용하면 언뜻 보는 것만으로는 뉴런 사이의 관계를 논하는 것이 불가능하게 됩니다.

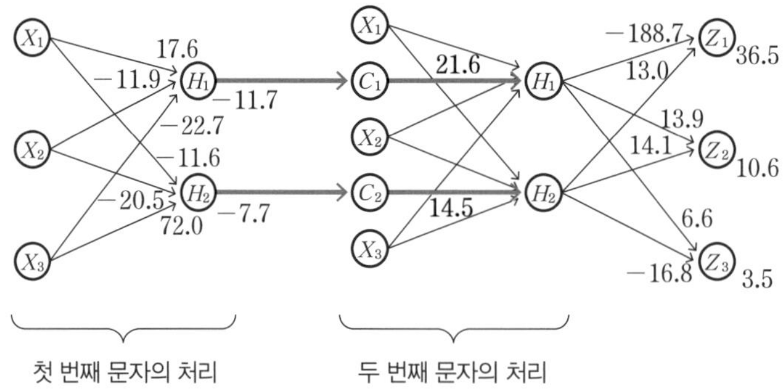

주 화살표의 머리에 있는 것이 가중치, 뉴런의 원 오른쪽에 있는 것이 임곗값. '두 번째 문자의 처리' 부분의 입력층·은닉층의 가중치와 임곗값은 왼쪽과 동일

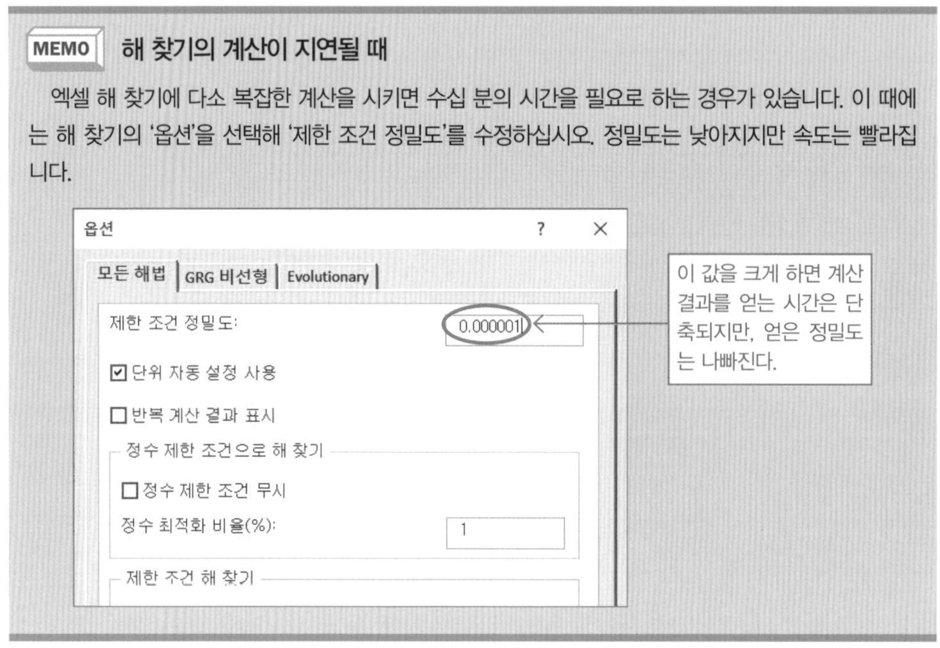

MEMO **해 찾기의 계산이 지연될 때**

엑셀 해 찾기에 다소 복잡한 계산을 시키면 수십 분의 시간을 필요로 하는 경우가 있습니다. 이 때에는 해 찾기의 '옵션'을 선택해 '제한 조건 정밀도'를 수정하십시오. 정밀도는 낮아지지만 속도는 빨라집니다.

이 예제 10 에서는 목적 함수의 값이 0이 됐기 때문에 과제 3 이 요구하는 문자 예측은 완전할 것입니다. 실제로 예제 9 와 동일한 실험을 하면 올바른 답이 얻어집니다.

마지막 문자 예측 확인

문자	사나이

표	사	나	이
1	1	0	0
2	0	1	0
3	0	0	1

'사나'라고 입력

사나	문자수
	2

가중치와 임겟값

		1	2	3	C	임겟값
은닉층	1	17.6	-11.9	-22.7	21.6	-11.7
	2	-11.6	-20.5	72.0	14.5	-7.7

		1	2	임겟값
출력층	1	-188.7	13.0	36.5
	2	13.9	14.1	10.6
	3	6.6	-16.8	3.5

학습 후의 가중치와 임겟값

번호			사	나
입력층	1		1	0
	2		0	1
	3		0	0

은닉층

			1	2
합	1		17.58	-11.86
	2		-11.61	-20.46
C	1		0.00	1.00
	2		0.00	-1.00
S	1		29.28	21.48
	2		-3.95	-27.30
출력	1	0	1.00	1.00
	2	0	-1.00	-1.00

출력층

		1	2
합	1	-238.15	-238.16
	2	-10.73	-10.74
	3	19.93	19.94
출력	1	0.00	0.00
	2	0.00	0.00
	3	1.00	1.00

예측	이

출력층에서 최댓값은 '이'를 탐지하는 세 번째 뉴런이 구현

'사나이'의 세 번째 문자 '이'를 올바르게 예측하고 있다.

▶ 단어 수를 늘려 확인

과제 3 에서는 고작 8개 단어의 유효성을 확인했습니다. 그렇다면 단어 수가 적다고 걱정할 수도 있습니다. 따라서 **부록 C**에서는 단어 수를 좀 더 늘린 경우를 알아봅니다. 이 경우에도, 여기에서 이용한 RNN 기술의 유효성을 확인할 수 있습니다.

'순환' 은 정보의 피드백

순환 신경망의 순환(recurrent)의 의미를 알아봅시다. 'recurrent'는 '반복되는', '재발하는' 등의 의미를 나타내는 형용사입니다. 여기에서는 **'출력을 다시 입력으로 사용한다.'**라는 의미이기 때문에 순환이라는 이름을 부여했습니다.

그런데 출력이 입력으로 재투입되는 현상은 자연이나 사회 속에서 자주 관찰할 수 있습니다. 가까운 예로는 마이크를 스피커 방향으로 향할 때 일어나는 '하울링'을 들 수 있습니다.

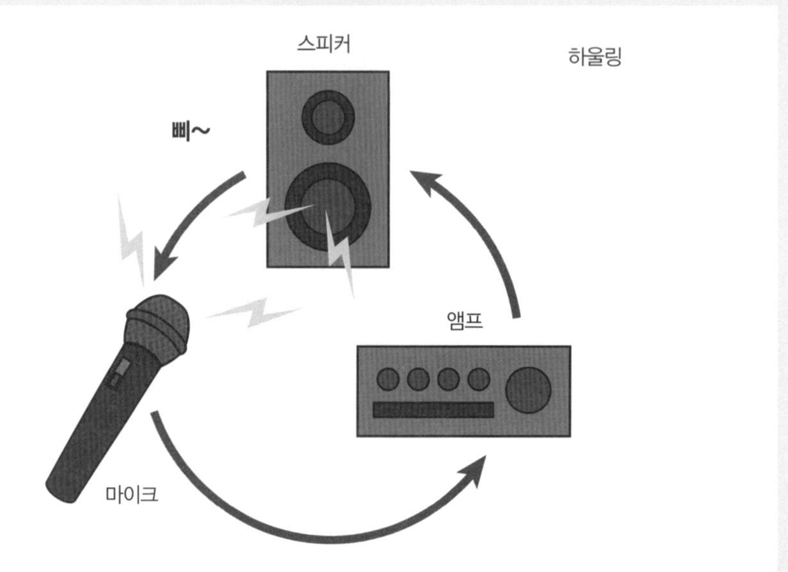

마이크에서 흡수된 소리가 확대돼 스피커로부터 출력되고 그 출력음이 다시 마이크에 흡수되고 확대돼 다시 스피커에서출력됩니다. 이 반복이 '삐'라는 불쾌한 소리를 발생시킵니다. 이것이 바로 '하울링'입니다.

하울링을 발생시키는 고주파음은 불쾌하지만, 응용을 하면 도움이 됩니다. 저주파수의 파동에서 고주파수의 파동을 간단하게 생성할 수 있기 때문입니다.

순환 신경망은 이 '하울링'과 비슷합니다. 되돌아온 입력된 정보에 새로운 정보를 담고, 다시 출력으로 발신하는 방식이라 생각할 수 있기 때문입니다. 다만, 출력된 것은 불쾌한 소리가 아니라, 도움이 되는 정보입니다. 이는 가중치와 임곗값을 잘 제어하는 것으로, 이전의 기억을 부활시켜주는 것입니다.

4장

엑셀로 배우는 Q학습

DQN(심층 Q-네트워크)은 **Q학습**과 신경망을 결합한 것입니다. 따라서 Q학습을 알아야 DQN을 이해할 수 있습니다. 4장은 Q학습의 기본 지식을 제공합니다.

§ 1 Q학습의 사고방식

DQN(심층 Q-네트워크)의 Q는 **'Q학습'**의 Q입니다. Q학습이란, '강화학습'에 포함된 기계학습 기법입니다. 이 책의 주제인 DQN의 해설을 준비하기 위해 4장은 이 Q학습에 관해 알아보겠습니다. 개미의 행동을 구체적인 예로 이용하면서 Q학습의 사고방식을 알아봅니다.

강화학습

AI를 구현하는 기법 중의 하나로 강화학습이 있습니다. 이 강화학습의 사고방식을 이해하기 위해 '자전거 타기 학습'을 생각해봅시다.

자전거를 타는 방식을 배울 때 매뉴얼로 이해하려는 사람은 없겠지요. 실제 훈련에 의해 능력을 키워나가는 것입니다. 자신의 '행동'에서 '상태'를 파악하고, 오래 잘 타게 되면 즐겁다는 **'보상'**을 얻습니다. 이 과정의 반복을 통해 자전거를 타게 되는 것입니다.

강화학습은 이와 동일한 학습법을 컴퓨터로 구현하는 것입니다. 행동과 보상을 조합해 기계 스스로 배워나가는 것입니다.

이 강화학습에는 다양한 방법이 고안되고 있습니다. 앞에서 기술한 것처럼, 이 중 가장 유명한 것이 **Q학습**입니다. 비록 고전적이긴 하지만, 다양한 AI 학습의 기본으로 각 방면에서 이용되고 있고, 유효성도 확인되고 있습니다.

▶ Q학습을 개미를 이용해 이해

Q학습은 매우 이해하기 쉬운 학습 모델입니다. 이 절에서는 Q학습을 '개미가 최단 경로를 찾는다.'라는 구체적인 예를 이용해 살펴봅니다. 이 구조를 이해하면 일반화하기 쉬워집니다.

주 실제의 개미 행동은 복잡합니다. 다음의 논의는 개미의 행동을 간략화한 모델이라 이해하기 바랍니다.

현재 먹이를 찾으러 개미집에서 나온 개미가 우연히 커다란 케이크에 도달했다고 가정합시다. 이때 개미는 케이크를 나르기 위해 몇 번이고 개미집을 왕복합니다(개미는 한 마리뿐이라 가정합시다). 개미는 왕복 도중 최단 경로를 발견했지만, 이 개미의 입장을 고려해봅시다.

처음에 유의해야 할 점은 개미는 기어가면서 '길잡이 페로몬'이라 부르는 냄새를 길에 뿌린다는 것입니다. 개미가 길을 잃지 않는 이유는 바로 이 때문입니다.

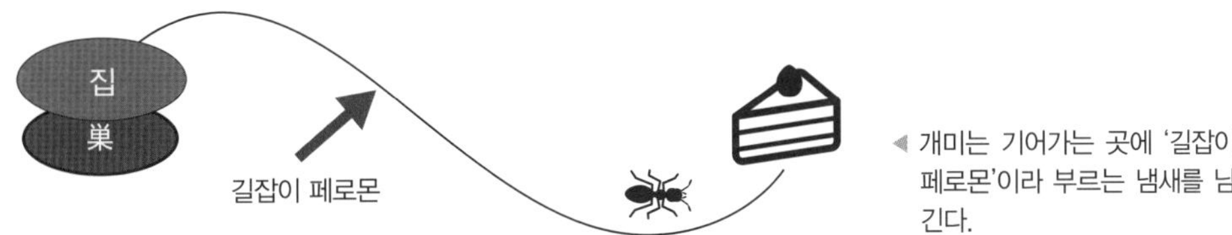

◀ 개미는 기어가는 곳에 '길잡이 페로몬'이라 부르는 냄새를 남긴다.

처음에 온 길의 냄새를 따라 왕복하면, 개미는 케이크를 집으로 나를 수 있습니다. 그러나 개미도 좀 더 짧은 경로를 찾고 싶을 것입니다. 처음 경로가 가장 짧은 경우는 거의 없습니다. 따라서 개미는 처음의 경로에서 조금 벗어난 모험 경로를 찾으려고 합니다. 이 모험심 덕분에 왕복을 반복하는 사이에 최단 경로의 근처에서 '길잡이 페로몬'의 냄새가 점점 진해집니다. 결과적으로 강한 냄새가 나는 방향으로 진행하면 개미는 최단 경로에 도달하게 됩니다.

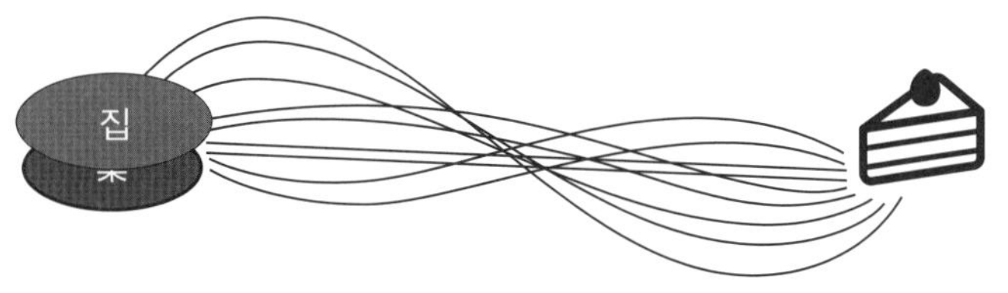

◀ 개미집과 케이크를 왕복하는 사이에 개미에게 나는 냄새가 최단 경로에서 가장 강해진다.

이와 같이 '모험심을 가지면서 강한 냄새의 방향으로 진행하고, 진행하면서 냄새를 진하게 바꾸어간다'라고 가정하면, 왕복을 반복하는 사이에 개미는 냄새의 정보로부터 최단 경로를 밟게 됩니다. 이 개미의 최단 경로 탐색 구조를 이상화한 것이 **Q학습**입니다.

좀 더 상세히 알아보자

개미의 동작을 더욱 한정해 단순화합시다. 지금 정사각형의 벽 안에 다음 그림과 같이 구분된 9개의 방이 있다고 가정합시다. 방과 방의 경계에는 구멍이 있고, 개미는 자유롭게 출입할 수 있다고 가정합시다(벽 밖으로는 출입할 수 없습니다). 따라서 각 방에는 다음 그림과 같이 이름이 정해졌다고 가정합시다.

◀ 행 열에 있는 방을 '방(i, j)'라 표현한다.

개미집은 왼쪽 위의 방(1, 1)에 있고, 목표가 되는 케이크는 오른쪽 아래의 방(3, 3)에 있습니다.

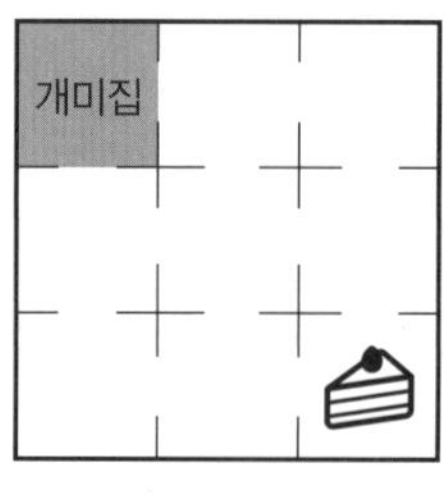

◀ 개미집은 왼쪽 위의 방(1, 1), 목표 지점인 방은 (3, 3)으로 잡는다.

여기에서 조금 복잡한 문제가 발생합니다. 개미집 방과 목적지 방 외에도 개미가 좋아하는 쿠키 조각이 떨어져 있다고 가정합시다. 이 쿠키도 케이크과 마찬가지로 개미가 좋아하는 것으로, 특유의 냄새를 발생시키고 있다고 가정합니다. 그러나 케이크만큼의 강한 냄새는 아니라고 가정합시다. 그렇지 않으면 목표가 정해지지 않기 때문입니다.

주 지금부터 설명하는 '길잡이 페로몬'과 마찬가지로, 이것들의 냄새는 방 바깥으로 유출되지 않습니다.

◀ 개미가 목적지 방으로 가는 도중 다른 방에 작은 쿠키 조각이 떨어져 있다. 이 쿠키도 개미가 좋아한다. 하지만 케이크만큼 좋아하지만 않는다고 가정.

▶ '냄새가 강한 방향으로'가 개미의 기본 행동

개미는 지나가는 곳에 '길잡이 페로몬'이라 부르는 냄새를 남기지만, 그 장소는 각 방의 출구라고 가정합니다. 여기에서 '방의 출구'란, 다음 그림과 같은 출구 지점입니다. 더욱이 이 냄새는 방 밖으로는 유출되지 않는다고 가정합니다.

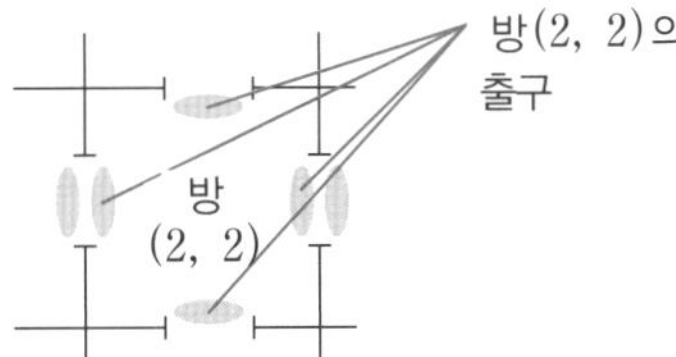

◀ 방(2, 2)의 출구라는 의미. 이 예의 경우, 네 곳이 출구다. 페로몬 냄새는 옆방으로 유출되지 않는 것으로 가정한다.

개미는 이 '길잡이 페로몬' 냄새의 강도를 기준으로, 이것에서 진행하는 곳의 방향을 결정합니다. 냄새가 강한 방향으로 유혹돼 진행하는 것을 원칙으로 합니다.

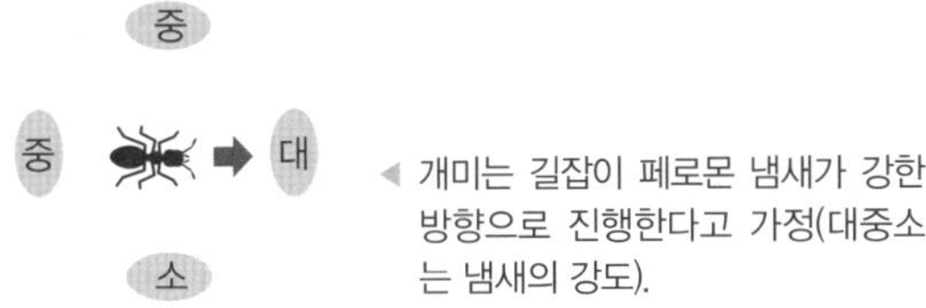

◀ 개미는 길잡이 페로몬 냄새가 강한 방향으로 진행한다고 가정(대중소는 냄새의 강도).

구체적인 예를 살펴봅시다. 다음 그림(→ 144페이지)의 왼쪽처럼 방의 출구에 냄새가 난다고 가정합시다. 그러면 오른쪽 그림처럼, 냄새가 강한 방향을 더듬어가면서 진행하게 됩니다.

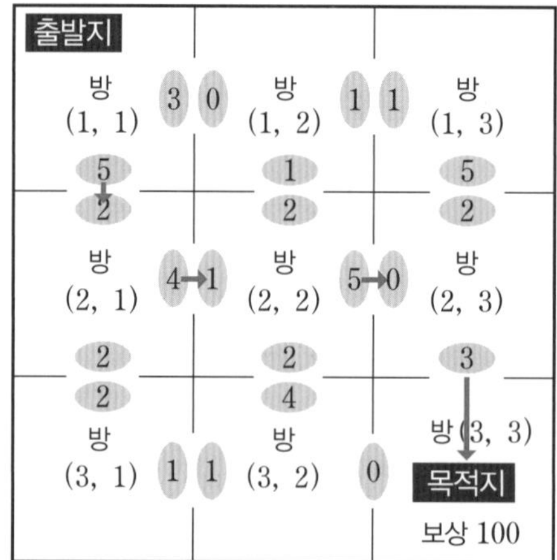

개미의 기본 행동 패턴은 냄새가 강한 출구에서 옆 방으로 진행. 숫자는 냄새의 강도

ε-greedy법으로 개미의 모험심을 표현

페로몬 냄새의 강도에만 의지해 행동하면, 개미는 영원히 목적지에 도착할 수 없습니다. 예를 들어, 다음 그림을 생각해봅시다. 왼쪽 그림처럼 냄새가 난다고 가정할 때 개미는 오른쪽 그림처럼 무한 루프의 덫에 빠져버립니다.

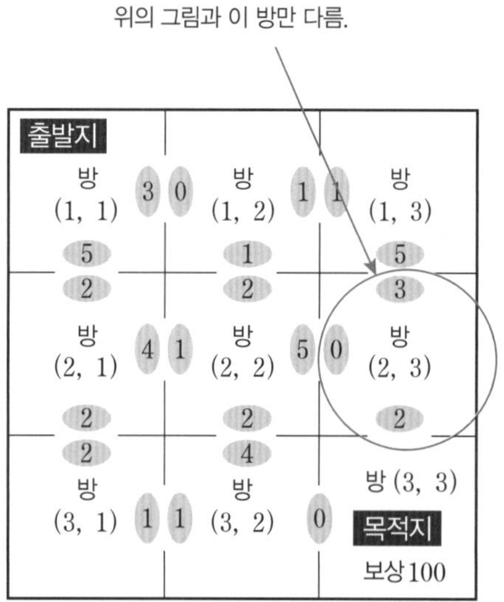

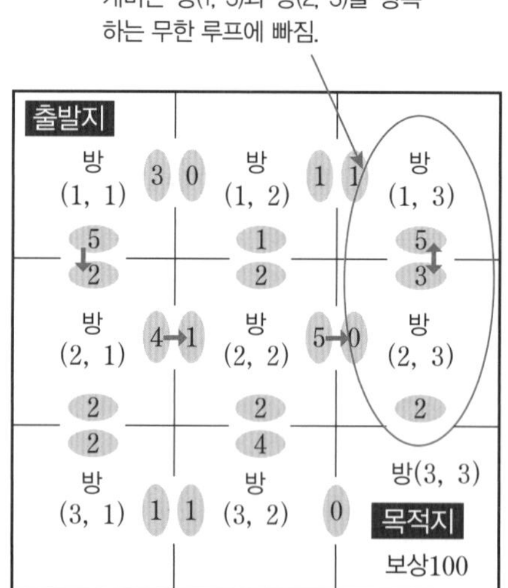

이 예가 나타내는 것처럼 개미가 단순히 페로몬의 냄새의 강약에만 의지해 진행하면 무한 지옥에 빠집니다. 따라서 이를 회피해 목적지에 도달하려면 냄새 정보에만 의존하지 않고 신항로를 탐색하는 모험심이 필요합니다. 이 모험심을 이용하는 방법 중에서 가장 유명한 것이 **ε-greedy법**입니다.

ε-greedy법도 개미는 방의 출구에 배여 있는 냄새가 가장 강한 방향으로 진행하는 것을 기본으로 합니다. 이는 지금까지의 설명과 동일합니다. 지금까지와의 차이점은 때로는 모험적이므로 냄새의 강도에 관계없이 다른 방향의 방으로 진행하는 것도 허용됩니다.

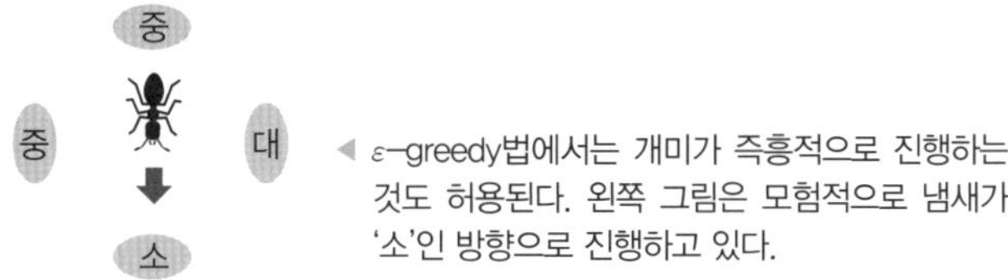

◀ ε-greedy법에서는 개미가 즉흥적으로 진행하는 것도 허용된다. 왼쪽 그림은 모험적으로 냄새가 '소'인 방향으로 진행하고 있다.

이 즉흥적인 것을 허용하면, 무한 루프에서 탈출할 수 있는 기회가 생깁니다. 이 모험 확률을 ε(입실론)으로 나타냅니다. 확률 ε의 비율로 제멋대로 하는 행동을 허용할 것입니다(0〈ε〈1).

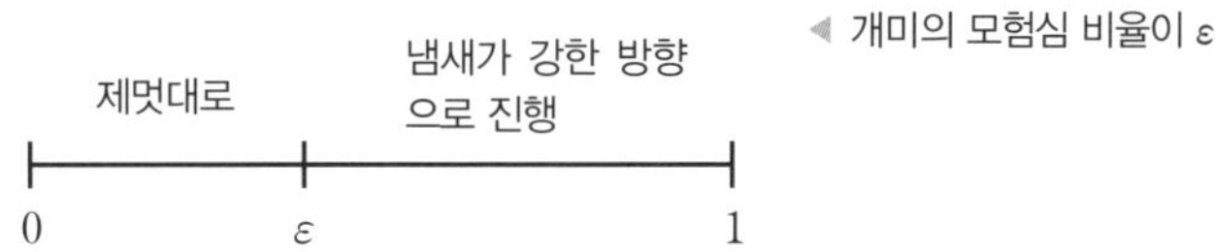

◀ 개미의 모험심 비율이 ε

Q학습에서는 냄새에만 의존해 행동하는 것을 영어로 **exploit**(이용하다), 탐구심을 갖고 모험적인 행동을 취하는 것을 **explore**(탐구하다)라고 표현합니다.

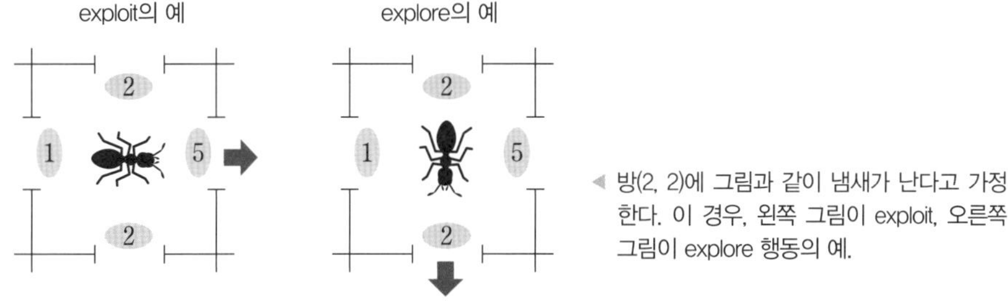

◀ 방(2, 2)에 그림과 같이 냄새가 난다고 가정한다. 이 경우, 왼쪽 그림이 exploit, 오른쪽 그림이 explore 행동의 예.

즉, exploit적인 행동을 '**그리디**(greedy, 탐욕스러운)'라고 표현합니다.

출구 정보의 갱신

개미는 방을 나올 때 그 방의 출구의 길잡이인 페로몬의 냄새 강도를 갱신할 필요가 있습니다. 냄새 정보를 갱신해 이후에 다시 방문할 때 가장 짧은 길을 찾기 쉽도록 하기 위함입니다.

주 다음부터 '길잡이 페로몬 냄새'를 '냄새'라고 줄여 표현합니다.

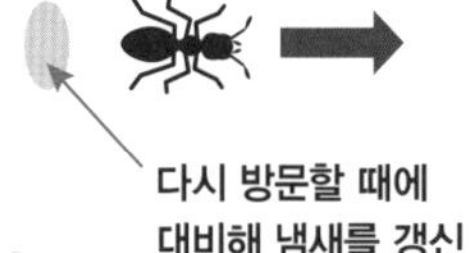
다시 방문할 때에
대비해 냄새를 갱신

◀ 개미의 미션 중 하나는 방의 출구 냄새 정보를 갱신하는 것

그러나 어떤 식으로 갱신해야 할까요? 지금 개미가 '이전 방' X에서 '다음 방' Y로 진행한다고 가정합시다. 이때 '다음 방' Y로 진행하는 출구에 남겨야 하는 정보는 '다음 방' Y로 진행할 때 얻은 매력도(즉, 개미를 유혹하는 냄새의 강도)입니다. 방 X를 방문했을 때, 방 Y에 관한 적절한 판단 정보가 얻을 수 있기 때문입니다. 이렇게 하면 방 X에서 다음 어느 방으로 진행하면 좋은지에 대한 판단을 재촉당했을 때, 개미는 Y로 진행하는 출구 정보를 보는 것만으로도 방 Y로 가는 매력도를 알 수 있습니다.

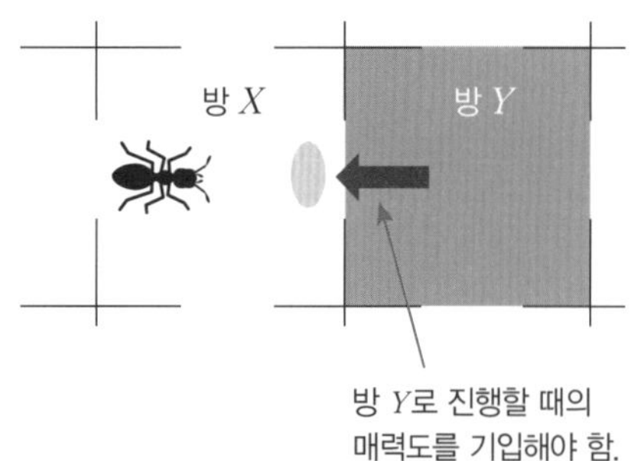
방 X
방 Y
방 Y로 진행할 때의
매력도를 기입해야 함.

◀ 방 X에서 방 Y로 진행할 때, 방 Y의 출구에 남겨야 하는 정보는 방 Y의 매력도(즉, 냄새의 강도)임.

좀 더 구체적으로 살펴봅시다.

개미가 있는 '이전 방' X의 출구 냄새 강도를 x라고 가정합시다. 이 x는 '이전 방'의 출구에 기록된 정보입니다(다음 그림). 또한 지급부터 진행하는 '다음 방' Y의 출구 냄새의 강도를 a, b, c, d라고 가정합시다('다음 방' Y에 4개의 출구가 있다고 가정합시다. 4개의 출구가 없는 경우에는 적절하게 생략하기 바랍니다).

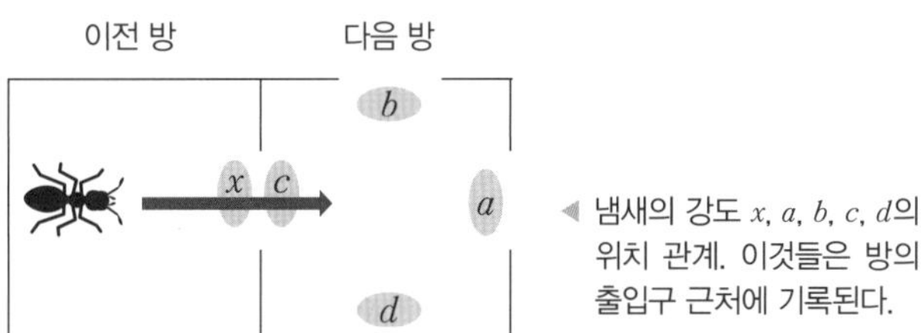

◀ 냄새의 강도 x, a, b, c, d의 위치 관계. 이것들은 방의 출입구 근처에 기록된다.

개미의 입장에서 보면 지금부터 진행하는 '다음 방'에서 나가는 매력도는 냄새의 강도 a, b, c, d의 최댓값으로 정해질 것입니다. 매력도를 나타내는 냄새의 강도로 행동하는 것이 기본이기 때문입니다. 최댓값(maximum)을 나타내는 기호 max를 이용하면 다음과 같이 표현할 수 있습니다.

'다음 방'에서 나가는 매력도 = $\max(a,\ b,\ c,\ d)$

그러나 이 매력도(즉, 냄새)를 그대로 받아들이는 것은 위험합니다. 예를 들면, 냄새는 시간이 지남에 따라 감소될 수 있습니다. 뒤에 올 때는 변화할 가능성이 있는 것입니다. 따라서 정보로서는 할인된 값을 남겨야 합니다. 이 **할인율**을 γ라 하면, '다음 방'에서 나가는 매력도는 실제로 다음과 같은 값이 될 것입니다.

'다음 방'에서 나가는 매력도 = $\gamma \max(a,\ b,\ c,\ d)$ $(0 < \gamma < 1)$ … 1

주 γ는 그리스 문자로 '감마'라고 읽습니다.

그런데 지금부터 진행하는 방에 개미가 좋아하는 쿠키가 놓여 있는 경우도 있습니다. 이 쿠키의 냄새도 매력도에 기여합니다. 그 쿠키의 매력도를 r라 하면 '다음 방'에서 나가는 매력도는 다음과 같은 식이 됩니다.

'다음 방'에서 나가는 매력도 = $r + \gamma \max(a,\ b,\ c,\ d)$ … 2

여기에서 쿠키에 관한 r는 보상 reward의 머리글자입니다.

주 γ(감마)와 r(알)은 구별하기 어렵지만, 많은 문헌에서 사용하고 있기 때문에 이 책에서도 통례를 따릅니다.

이 식 [2]가 일반적으로 다음 방을 선택할 때의 매력도(즉, 개미를 유혹하는 냄새의 강도)가 됩니다.

특히, 할인율 γ가 0이면, 눈앞의 쿠키만 그 방의 매력도가 됩니다.

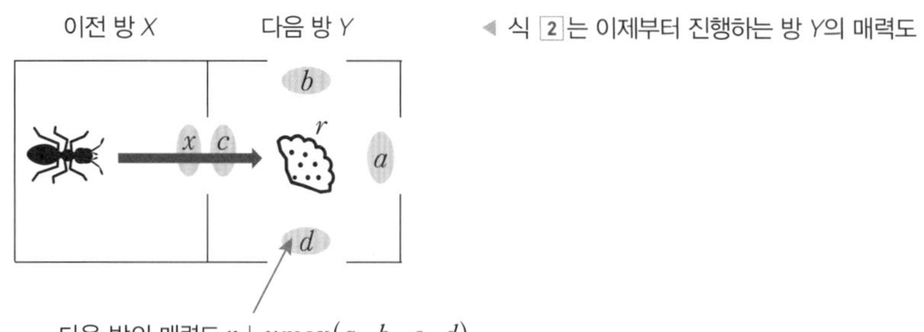

◀ 식 [2]는 이제부터 진행하는 방 Y의 매력도

예1 방(2, 2)의 4개 출구에는 차례대로 5, 2, 1, 2라는 냄새의 강도가 부여돼 있다고 가정합시다(다음 그림). 또한 쿠키 조각이 4라는 강도의 매력도를 갖고 있다고 가정합시다. 방(2, 1)에 있는 개미가 방(2, 2)를 고를 때, 개미가 취할 수 있는 행동(즉, 선택)의 매력도는 다음과 같습니다.

'다음 방'에서 나가는 매력도 $= 4 + \gamma \times \max(5, 2, 1, 2) = 4 + 5\gamma$

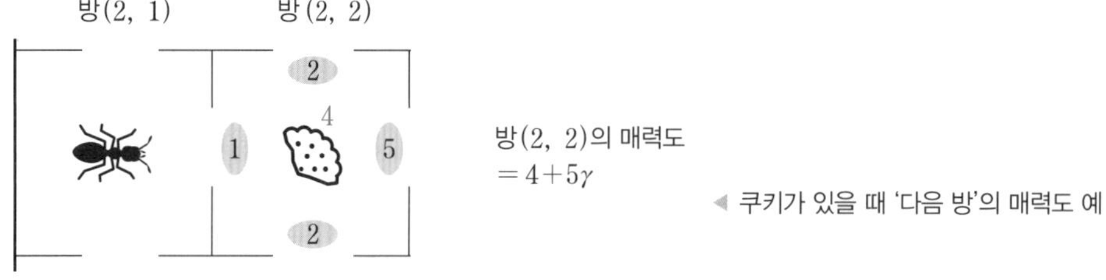

◀ 쿠키가 있을 때 '다음 방'의 매력도 예

위의 쿠키는 눈앞의 매력도이므로 **즉시보상**(immediate reward)이라고 부릅니다. 개미는 즉시보상에만 눈길을 빼앗기면 케이크가 있는 방에 도착할 수 없습니다. 즉, 맛있는 쿠키에 눈길을 빼앗기면 목적을 달성할 수 없습니다.

▶ 학습률

개미가 취하는 행동의 매력도는 냄새입니다. 지금까지 '매력도'라고 표현한 것은 다시 '냄새'로 치환합니다. 즉, 앞의 식 2는 다음과 같이 표현할 수 있습니다.

'다음 방'의 냄새 강도 $= r + \gamma \max(a,\ b,\ c,\ d)$ … 3

주 이 책에서는 이 식 3의 값을 '기대보상'이라 부릅니다. 그 방에 들어가면 손에 넣을 수 있다고 생각되는 매력도이기 때문입니다.

그런데 이 식 3의 '냄새의 강도'를 '이전 방'이 출구 정보 x의 갱신 정보로 이용해도 될까요? 답은 아닙니다. '다음 방' Y에 올바른 냄새 정보가 기록돼 있다는 보장이 없기 때문입니다. 몇 번을 왕복해도 개미의 학습이 완료되지 않으면, 이 식 3의 값을 100% 신뢰할 수 없습니다. 따라서 이전 정보 x로 바로 치환하는 것은 위험합니다.

따라서 학습 진행 상태로 **학습률** α를 도입합시다($0 < \alpha < 1$). 그리고 이전 정보 x와 새로 구해진 값 3을 다음과 같이 결합해 갱신값 x라고 가정합시다.

$x \leftarrow (1-\alpha)x + \alpha\{r + \gamma \max(a,\ b,\ c,\ d)\}$ … 4

여기에서 좌변의 x는 갱신값, 우변의 x는 갱신 전 값입니다.

주 α는 모델 설계자가 제공합니다.

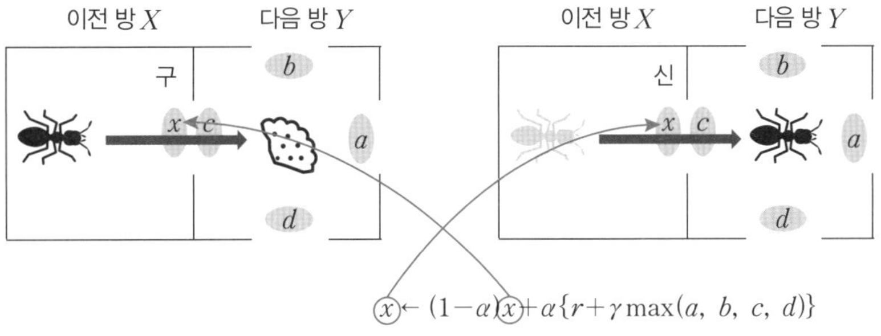

수학에서는 식 4는 '내분 공식'으로 유명합니다. 그림으로 나타내면 다음(→ 150 페이지)과 같습니다.

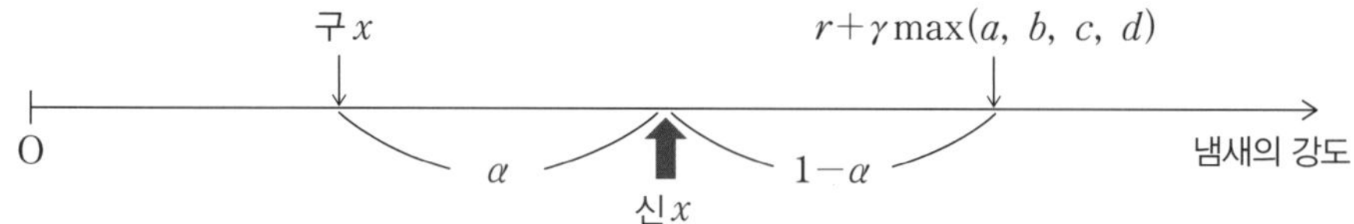

이 그림이 나타내는 것처럼 식 4는 이전 방의 구정보 x와 지금부터 진행하는 다음 방의 신정보 $r+\gamma\max(a, b, c, d)$를 저울질하고 있습니다.

예2 앞의 예1 에서 방(2, 2)를 지나가는 방(2, 1)의 출구에는 냄새 강도가 3으로 기록돼 있다고 가정합시다. 이 때 개미가 옆 방(2, 2)로 진행하면, 이전 방(2, 1)의 냄새 강도 3은 식 4에서 다음과 같이 갱신됩니다.

갱신 후의 값 $= (1-\alpha)\times 3+\alpha(4+5\gamma)$ ··· 5

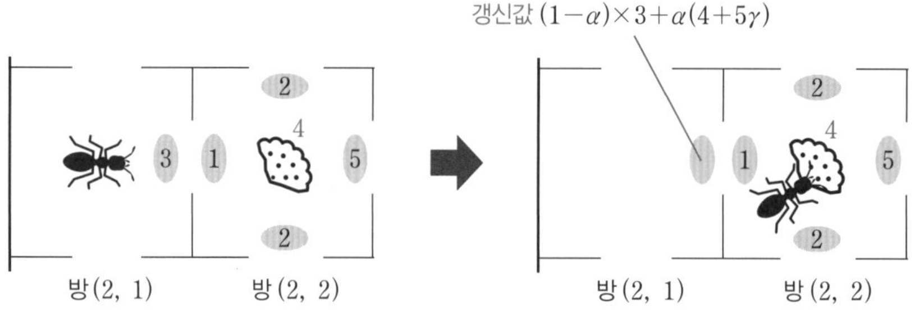

이 예2 에서 갱신된 값 5는 다시 방문할 때 관측할 수 있는 값입니다. 이 의미로 **지연보상**이라고 부릅니다. 이 지연보상을 계산하는 것이 Q학습의 목적입니다.

그런데 식 4는 많은 문헌에서 다음과 같이 표현되고 있습니다.

$$x \leftarrow x+\alpha\{r+\gamma\max(a, b, c, d)-x\}$$

단순히 식 4를 전개해 정리한 것뿐이지만, 학습의 진행 상태를 알기 쉬운 형태가 됐습니다. 중괄호({ }) 안의 식이 갱신 전후의 차이가 됐기 때문입니다. 이것이 작으면 학습이 진행되고 있다는 것을 나타냅니다.

개미의 행동 요약

지금까지 살펴본 것처럼 개미는 다음 행동 규약을 따르는 것으로 개미집과 목적지 사이의 최단 경로를 효율적으로 찾을 수 있습니다.

《ⅰ》 냄새가 강한 방향으로 진행하는 것을 원칙으로 한다.

《ⅱ》 모험심을 가진다.

《ⅲ》 식 4로 지금 나온 방의 출구 정보를 갱신한다.

일단 목표를 달성하면, 목표 케이크의 냄새는 《ⅲ》에서 방으로 전달돼 출발점인 개미집까지 전달됩니다. 목적지에서 맡은 쿠키의 냄새는 집까지 도달됩니다.

예를 들어 《ⅱ》에서 개미가 미궁에 빠지더라도 그곳에서 탈출할 수 있습니다. 길을 잃을 걱정이 없어지고 새롭고 효율적인 경로를 발견할 확률도 높아집니다.

따라서 가장 기본이 되는 규약이지만, 《ⅰ》에 따라 방의 출입구에 기록된 학습 결과를 찾아 개미는 최단경로로 목적지에 도착할 수 있게 됩니다.

이와 같이 개미의 최단 경로 탐색 구조를 이상화한 것이 **Q학습**입니다. 개미에게 '무엇을 해야 하는지'를 포상 케이크(즉, 보상)라는 형태로 지시하면, 개미는 자동으로 목적을 달성할 수(최단 경로를 탐색할 수) 있습니다.

§ 2

Q학습을 식으로 표현

앞 절(▶ §1)에서는 개미의 가상적인 행동을 이용 Q학습의 의미를 알아봤습니다. 이 절에서는 이 '개미'의 움직임을 식으로 따라가보겠습니다. 식으로 표현하면 일반화하기 쉽기 때문입니다.

주 수식을 번거롭다고 생각하는 독자는 이 절을 가볍게 지나가도 괜찮습니다. 다음 절에서 엑셀이 시각적으로 설명해줍니다.

▶ §1에서 다룬 문제를 다음과 같이 과제로 정리해봅시다.

과제 4 정사각형의 벽 안에 구분된 9개의 방이 오른쪽 그림과 같습니다. 방과 방 사이의 벽에는 구멍이 있고, 개미는 자유롭게 빠져나갈 수 있다고 가정합시다. 왼쪽 위의 방에 개미집이 있고, 오른쪽 아래에 보상이 되는 케이크가 있습니다. 개미가 집에서 케이크까지 가는 최단 경로 탐색의 학습에 Q학습을 적용하시오.

개미를 이용해 배우는 Q학습 용어

우선 Q학습에서 사용하는 용어를 알아봅시다.

지금까지 살펴본 개미는 일반적으로 **에이전트**(Agent)라 부릅니다. 따라서 개미가 활동하는 벽으로 구분된 세계를 일반적으로 **환경**이라 부릅니다. 또한 개미는 하나의 방에서 옆의 다른 방으로 움직이지만, 이 움직이는 동작을 **액션**(action, **행동**), 목적지에 있는 케이크에 주어진 수치를 **보상**(reward)이라 부릅니다(이 절에서는 보상을 100이라 가정합니다)

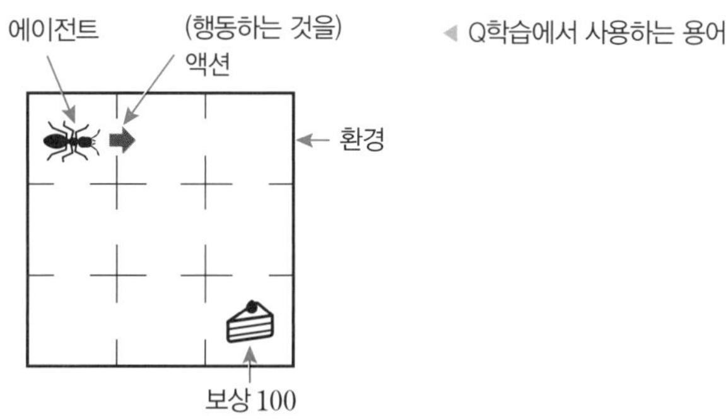

◀ Q학습에서 사용하는 용어

과제 4 에서는 이 환경 아래, 다른 모양이 9개 있습니다. 이 다른 아홉 가지 모양을 일반적으로 **상태**(state)라 부릅니다. 이하에서는 상태의 이름을 다음과 같이 정의합시다. **상태 1**은 개미가 집에 있는 상태, **상태 9**는 개미가 목적지에 도착한 상태입니다.

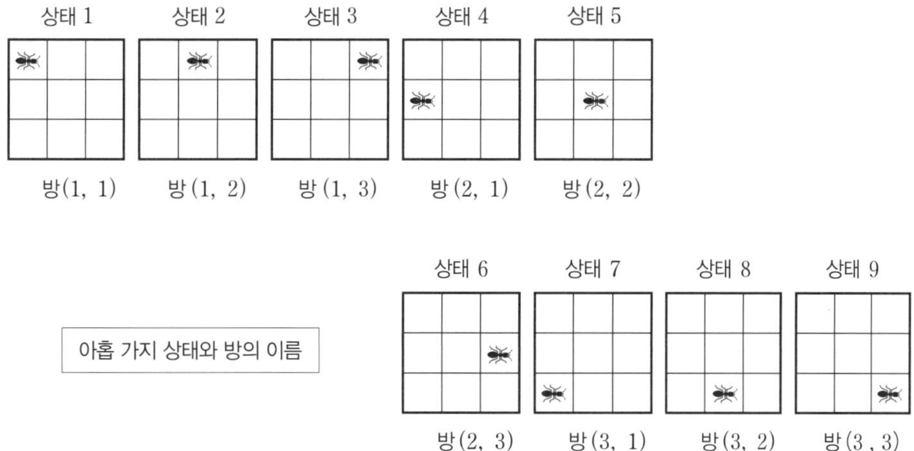

아홉 가지 상태와 방의 이름

주 ▶ §1과 마찬가지로 i행 j열에 있는 방을 '방$(i,\ j)$'라 부르기로 합니다.

그리고 개미는 왼쪽 위의 집이 있는 방(1, 1)에서 케이크가 있는 방(3, 3)을 (최단 경로로) 찾아가는 것으로 가정합니다. 그 첫 번째 방(1, 1)에 있는 상태를 최초 **스텝**(즉, 첫 번째 스텝)이라 부르기로 합니다. 따라서 방을 이동할 때마다 스텝 번호를 갱신합니다.

예1 다음 그림은 상태 1부터 4개의 연속하는 액션(오른쪽, 아래, 오른쪽, 아래)으로 최종 목표 상태 9에 도달하는 경우를 나타냅니다. 스텝 번호는 상태를 바꿀 때마다 갱신됩니다.

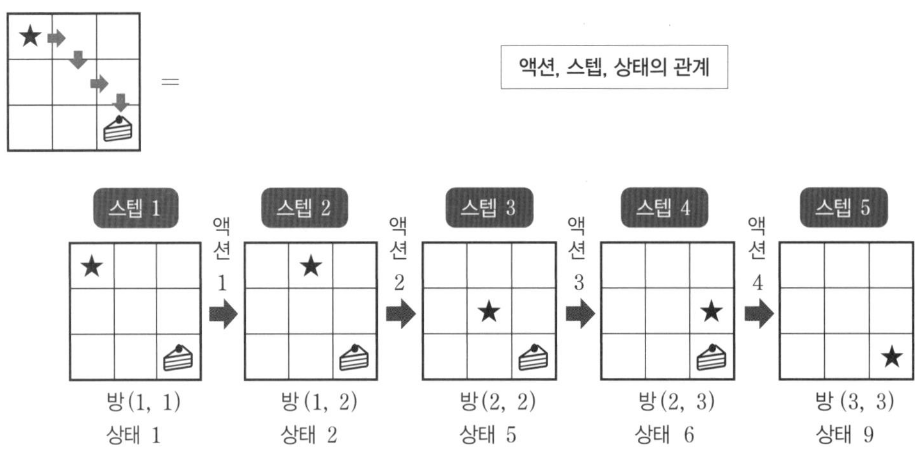

이 책에서는 스텝 번호를 변수 't'로 나타냅니다.

주 t는 time의 머리글자. 단계(step)를 시계열로 인식하고 있습니다.

이 예1 에서는 개미는 집인 방(1, 1)부터 목표인 방(3, 3)으로 4번의 액션(5개의 스텝)으로 도착할 수 있습니다. 그러나 때로는 정해진 횟수로 도착할 수 없는 경우도 있습니다. 이와 같이 도착의 성패는 별도로 하고, 한 묶음의 학습을 **에피소드**라 합니다. 예1 은 하나의 에피소드를 나타냅니다.

▶ Q값은 표의 이미지

Q학습을 식으로 표현할 때 필수적인 것이 **Q값**입니다. 여기서 Q값이란, 상태 s와 액션 a에 따라 결정되는 값입니다. 즉, 수학적으로 다음과 같은 다변수함수의 형태를 띠고 있습니다. 여기에서 변수 s는 state(상태), a는 action(액션)의 머리글자입니다.

Q값 : $Q(s, a)$

다변수 함수의 이미지는 표(즉, 테이블)입니다. 이때 행은 상태, 열은 행동을 나타냅니다.

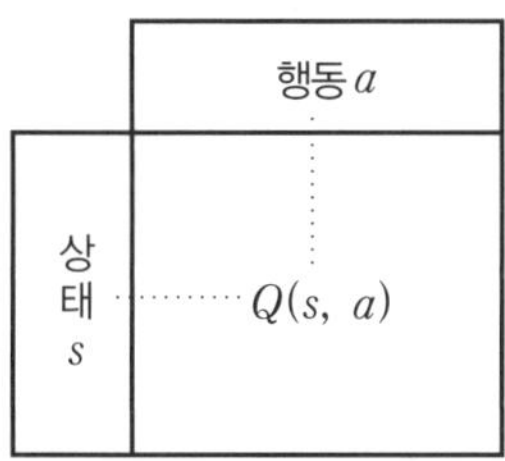

◀ s, a가 연속이 아닐 때(즉, 이산), 다변수 함수는 표(즉, 테이블)로 표현할 수 있다.

이와 같이 Q값을 표(즉, 테이블)의 이미지로 이해하는 것은 Q학습을 이해하는 데 중요합니다.

▶ Q값의 의미

그런데 Q값이란 무엇일까요? 과제 4 로 말하면, Q값은 개미를 유혹하는 냄새 그 자체입니다. ▶ §1에서 살펴본 것처럼, 개미는 냄새를 기준으로, 목표로 향하는 길을 찾습니다. 강한 냄새가 나는 방향으로 인도되는 것입니다. 이것이 Q값의 본질입니다.

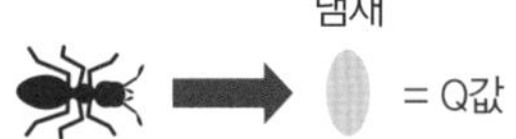

◀ 개미에게 Q값은 냄새 그 자체. 개미는 이 냄새를 단서로 길을 찾고, 이전 출구의 냄새를 갱신한다.

일반적으로 Q값은 **'행동의 가치'**라고 표현됩니다. '가치'는 어려운 용어지만, 간단히 말하면, 그 상태에서 해당 액션을 선택할 때 얻을 수 있다고 기대되는 '보상'입니다. ▶ §1에서 살펴본 개미의 언어로 말하면, 해당 액션의 매력도(즉, 냄새)로 표현할 수 있습니다. 학습이 끝나는 경우, 개미는 원칙적으로 Q값이 큰 액션을 선택합니다.

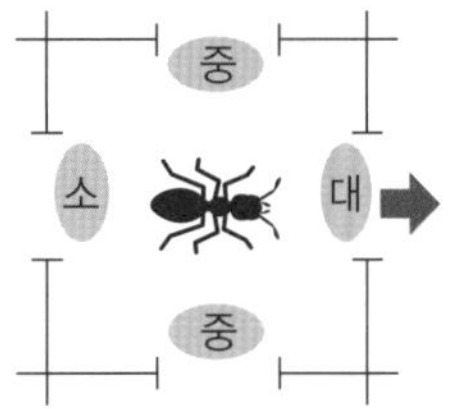

◀ 학습이 끝날 때 개미는 Q값이 큰 액션을 선택한다.

주 과제 4 에서는 상태와 개미가 있는 방이 일대일로 대응합니다. 따라서 위 그림과 같이 Q값을 장소로 표현할 수 있습니다. 그러나 일반적으로 Q값은 상태의 함수이지 장소의 함수는 아닙니다. 과제 4 의 개미 냄새를 일반화할 때에는 주의가 필요합니다.

Q값의 표와 개미와의 대응

Q값은 상태 s와 액션 a에 의해 결정되지만, 이미 살펴본 것처럼 표 형식(즉, 테이블)으로 표현할 수 있습니다. 실제로 ▶ §1의 개미 예에서 말했듯이 Q값은 다음과 같은 표 형식으로 표현할 수 있습니다.

		액션			
		오른쪽	위쪽	왼쪽	아래쪽
상태 s	1	34.00	닫힘	닫힘	34.30
	2	24.43	닫힘	16.95	48.96
	3	닫힘	닫힘	21.76	51.57
	4	49.00	22.92	닫힘	48.85
	5	70.00	23.63	28.52	63.04

◀ 과제 4 의 Q값을 표 형식으로 표현. 수치의 산출법은 뒤에 기술함.

과제 4 에서 이 표 형식의 Q값의 의미와 개미의 행동을 알아봅시다. 개미는 상태 $s=2$(즉, 방(1, 2))에 있는 경우를 고려합니다. 이때 위에 기술한 Q값의 테이블에 있는 각 칸의 수치 관계를 확인합시다.

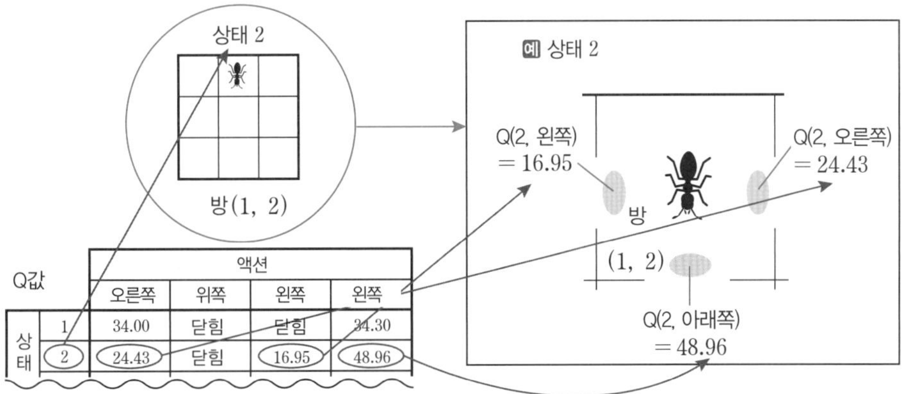

▲ 앞의 표에서 개미가 방(1, 2)에 있는 상태(상태 번호 2)일 때의 Q값과 앞 페이지(→ 156페이지)의 주도 참조합시다.

Q학습의 수식에서 이용되는 기호의 의미

이후의 식을 이해하기 위해 Q학습에서 이용되는 기호의 의미를 좀 더 상세하게 알아봅시다. Q학습에서 혼란을 초래하는 것은 변수와 그 첨자의 의미입니다.

여기에서 표로 정리해둡니다.

변수명	의미	§1 개미의 예
t	스텝 번호를 나타내는 변수	스텝 3일 때, $t = 3$
s_t	스텝 t에서 상태를 나타내는 변수	스텝 3의 상태가 5일 때, $s_3 = 5$
a_t	스텝 t에서 선택한 액션을 나타내는 변수	스텝 3에서 선택한 행동이 '오른쪽'일 때, $a_3 =$ '오른쪽'
r_t	스텝 t에서 그 경우에 받는 보상	스텝 3에서 그 경우에 받는 즉시보상이 10일 때, $r_3 = 10$

또한 Q값은 상태 s와 액션 a에 따라 $Q(s, a)$라는 함수 기호로 표현됩니다. 이 액션 a를 '위쪽', '아래쪽', '왼쪽', '오른쪽'으로 표기해도 문제는 없지만, 번거로운 경우가 있습니다. 이때에는 다음과 같이 코드화합니다.

액션	오른쪽	위쪽	왼쪽	아래쪽
코드	1	2	3	4

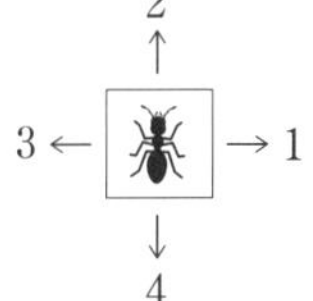

예2 $Q(5,$ 위쪽$)$은 $Q(5, 2)$라고 표현합니다.

예3 앞의 예1 에서 살펴본 모양을 여기에서 정의한 기호로 표현하시오.

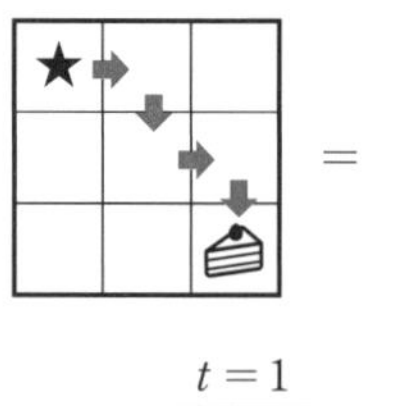

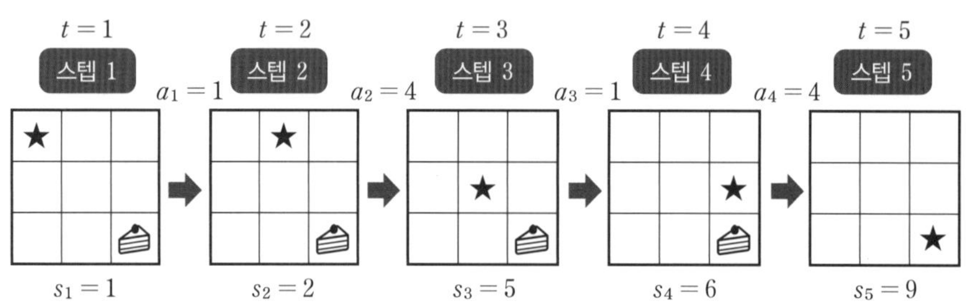

▶ 개미의 동작을 기호로 정리하면

기호의 준비가 끝나면 Q학습을 수식으로 표현해봅시다. ▶ §1에서는 냄새를 이용해 설명한 개미의 동작을 Q값의 관계로 표현하는 것입니다. 다음 설명에서 $Q(s_t, a_t)$의 이미지가 이해되지 않을 때는 ▶ §1에서 살펴본 것처럼 개미의 진행 방향을 결정하는 냄새로 바꿔 읽어보기 바랍니다.

이제 어떤 에피소드의 스텝 t에서 개미는 상태 s_t에 있고, 액션 a_t로 새로운 상태 s_{t+1}의 방으로 이동한다고 가정합시다. 개미의 Q학습은 다음과 같이 정리할 수 있습니다.

주 액션을 나타내는 변수 a_t, a_{t+1}은 '위쪽', '아래쪽', '왼쪽', '오른쪽'의 네 가지 값을 취하지만, 방에 따라서는 일부가 제한됩니다.

《 i 》 개미는 상태 s_t인 방의 출구에 기록된 $Q(s_t, a_t)$를 읽고, 가장 큰 값의 방향으로 진행하는 것을 기본으로 합니다(이를 영어로 exploit라 합니다. 지금은 $a_t = 1$(오른쪽 이동)일 때의 값 $Q(s_t, 1)$이 최댓값이라 가정합니다.).

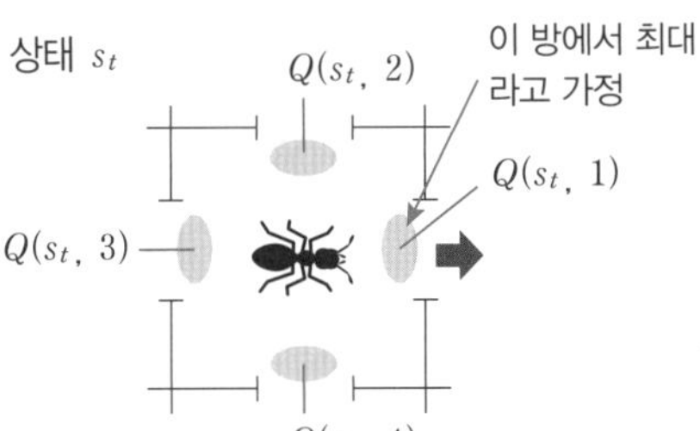

◀ §1에서 '냄새'라고 부르는 것이 Q값. 개미 행동의 기본은 가장 큰 Q값의 방향으로 진행하는 것. 여기에서 최댓값은 $Q(s_t, 1)$로 한다.

《 ii 》 개미는 임의의 방향으로 진행하는 것을 허용합니다(이를 영어로 explore(탐색)라고 합니다).

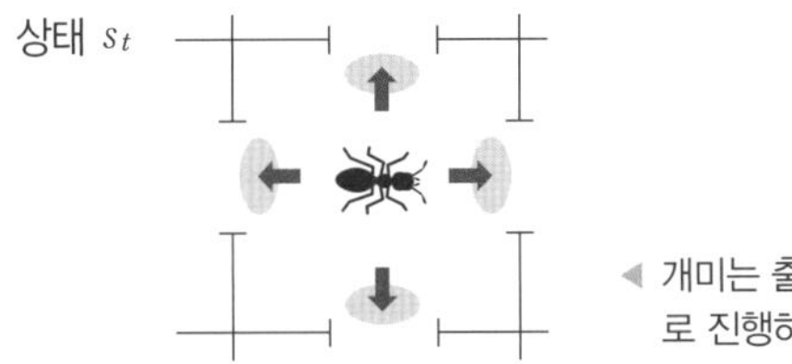

◀ 개미는 출구에 기록된 Q값을 무시하고 제멋대로 진행하는 것을 허용한다.

《 iii 》 다음 상태 s_{t+1}로 이동할 때, $Q(s_t, a_t)$를 다음과 같이 고쳐씁니다.

(가) 다음 상태 s_{t+1}에서 방 '출구'의 값 $Q(s_{t+1}, a_{t+1})$ 중 가장 큰 값$\left(= \max_{a_{t+1} \in A(s_{t+1})} Q(s_{t+1}, a_{t+1})\right)$을 관측합니다. 그 최댓값에 γ를 곱해 할인된 값을 메모해둡니다($0 < \gamma < 1$).

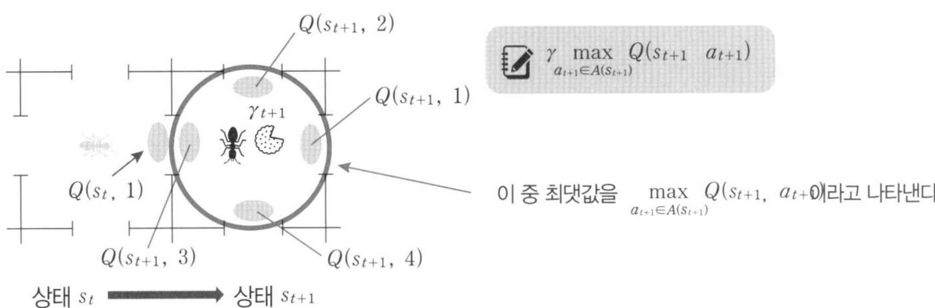

지금부터 진행하는 방의 출구에 기록된 Q값의 최댓값이 가장 큰 관심사인 것에 주의하기 바랍니다. 이를 관측하고, 할인율 γ를 곱해 메모지에 기록합니다. 이 식은 ▶ §1의 식 [1]에 대응합니다.

(나) 다음 상태 s_{t+1}에서 받은 보상 r_{t+1}(즉시보상)을 관측해 메모해둡니다.

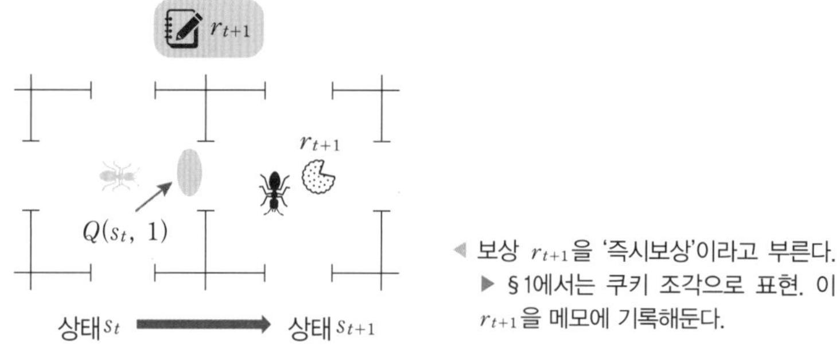

◀ 보상 r_{t+1}을 '즉시보상'이라고 부른다. ▶ §1에서는 쿠키 조각으로 표현. 이 r_{t+1}을 메모에 기록해둔다.

주 과제 4 에서는 s_{t+1}이 최종 지점이 아닐 때, 즉시보상 r_{t+1}은 0입니다.

(다) (가), (나)에서 메모해둔 두 값의 합을 구합니다.

$$r_{t+1} + \gamma \max_{a_{t+1} \in A(s_{t+1})} Q(s_{t+1}, a_{t+1}) \qquad \gamma\text{는 '할인율'}, 0 < \gamma < 1 \quad \cdots \boxed{1}$$

주 이 식은 §1의 식 [2], [3]에 대응합니다. 이 책에서 '기대보상'이라 부르는 값입니다. 해당 방에 들어가면 손에 넣을 수 있다고 기대되는 보상이기 때문입니다.

(라) 이전 상태 s_t에서 개미가 있던 방의 출구에 기록된 $Q(s_t, a_t)$와 (다)에서 구한 값을 일정 비율(**학습률** α)로 혼합한 것을 새로운 Q값으로 하고, 이전 방 출구의 갱신된 값으로 합니다.

$$Q(s_t, a_t) \leftarrow (1-\alpha)Q(s_t, a_t) + \alpha\left(r_{t+1} + \gamma \max_{a_{t+1} \in A(s_{t+1})} Q(s_{t+1}, a_{t+1})\right) \cdots \boxed{2}$$

주 이 식은 ▶ §1의 식 [4]에 대응합니다.

《 i 》~《iii》과 같이 Q값을 고쳐쓰는 것이 **Q학습**입니다.

MEMO 준지도 학습(Semi-Supervised Learning)

Q학습은 신경망과 같이 '정답'이 주어져 있는 것은 아니지만, '케이크 냄새'라는 형식으로 '정답 같은' 정보(즉, 보상)가 주어집니다. 따라서 Q학습은 **준지도 학습(Semi-Supervised Learning)**이라 부르는 기계학습의 형식으로 분류되는 경우가 있습니다.

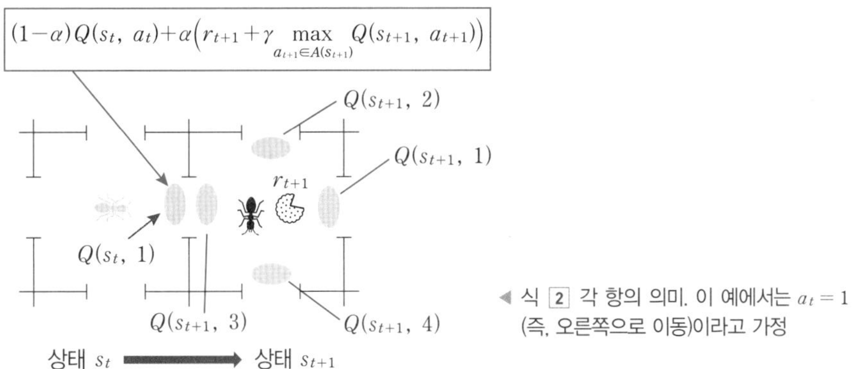

◀ 식 2 각 항의 의미. 이 예에서는 $a_t = 1$ (즉, 오른쪽으로 이동)이라고 가정

오히려 계산상으로는 식 2를 변형한 다음 식이 편리합니다. 그 이유는 수렴 상태를 보기가 쉽기 때문입니다. 이 책에서는 이 형식을 **표준 갱신식**으로 합니다.

$$Q(s_t, a_t) \leftarrow Q(s_t, a_t)+\alpha\left(r_{t+1}+\gamma \max_{a_{t+1}\in A(s_{t+1})} Q(s_{t+1}, a_{t+1})-Q(s_t, a_t)\right) \cdots \boxed{3}$$

예 4 개미가 스텝 6에서 상태 4에 있다고 가정합시다. 액션 1(즉, 오른쪽 이동)을 선택한 후, 스텝 7에서 상태 5로 이동합니다(→ 162페이지 그림). 그러면 $Q(4, 1)$은 식 3에서 다음과 같이 새로운 $Q(4, 1)$로 갱신됩니다.

$$Q(4, 1) \leftarrow Q(4, 1)+\alpha\left(r_7+\gamma \max_{a\in A(5)} Q(5, a)-Q(4, 1)\right) \cdots \boxed{4}$$

주 과제 4에서 이 즉시보상 r_7은 0입니다. 또한 $\max_{a\in A(5)} Q(5, a)$는 상태 5에서 선택할 수 있는 $Q(5, 1)$, $Q(5, 2)$, $Q(5, 3)$, $Q(5, 4)$ 중 최대인 값을 의미합니다.

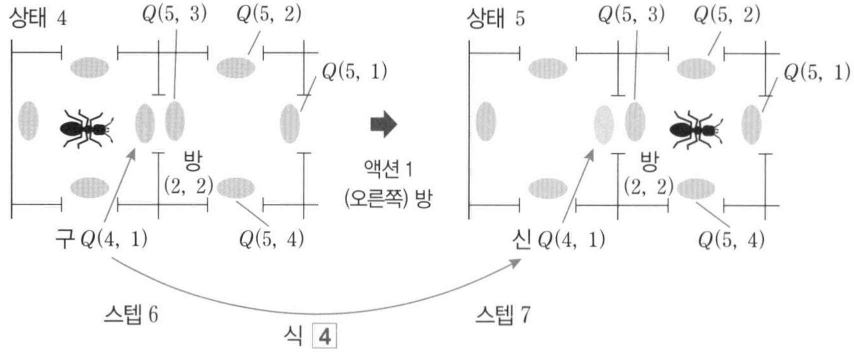

▶ 할인율 γ, 학습률 α의 의미

할인율 γ와 학습률 α의 의미를 확인해봅시다. ▶ §1에서도 살펴봤지만, 다소 수학적인 관점이 들어갑니다.

우선 할인율 γ를 알아봅시다.

갱신식 2에서 알 수 있듯이 Q값은 과거에 소급한 보상의 총합을 의미합니다. 그러나 실제의 Q학습 상황에서의 환경은 확률적으로 변화하는 경우가 있습니다. 이때, 과거에 고려했던 Q값이 변하는 경우도 생각할 수 있습니다. ▶ §1에서는 '페로몬 냄새가 휘발하는 경우도 있다.'라고 표현했지만, 이와 같이 학습된 Q값이 확률적으로 변경되는 경우도 있습니다. 이러한 불확실성을 할인율 γ로 표현하는 것입니다.

더욱이 수학적으로 할인율 $\gamma(0 < \gamma < 1)$는 보상 값의 합이 수렴하는 것을 요구하기 위한 조건입니다. 식 2, 3에서 알 수 있듯이 Q값은 과거에 소급한 보상의 총합입니다. 몇 번이고 학습을 반복하면 값이 발산할 가능성이 있습니다. 따라서 그 발산을 억제하는 것이 할인율입니다. 고교수학의 '무한등비급수의 공식'(→ 163페이지)을 떠올리면 이해하기 쉬울 수도 있습니다.

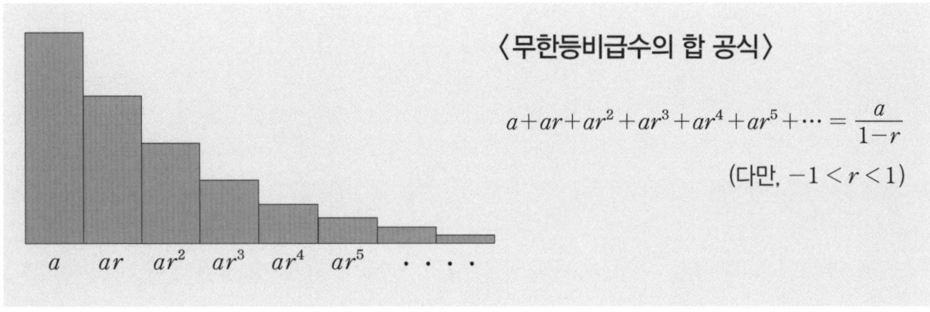

〈무한등비급수의 합 공식〉

$$a+ar+ar^2+ar^3+ar^4+ar^5+\cdots=\frac{a}{1-r}$$

(다만, $-1<r<1$)

다음으로 학습률 $\alpha(0<\alpha<1)$에 관해 알아봅시다. 여기에서도 고교수학의 공식이 도움이 됩니다. 식 2는 바로 '**내분 공식**'의 형태를 띠고 있습니다.

〈내분 공식〉

두 점 A(a), B(b)를 $t:1-t$의 비율로 내분하는 점 p의 좌표 p는 다음과 같이 표현할 수 있다.

$$p=(1-t)a+tb$$

O A $(1-t)a+tb$ B x

a t P $1-t$ b

◀ 두 점 A(a), B(b)를 $t:1-t$의 비율로 내분하는 점 p의 좌표 p는$(1-t)a+tb$

이 공식에서 알 수 있듯이 학습률 α가 크면 한 번의 학습이 Q값의 갱신에 크게 기여하게 됩니다. 이와 반대로 학습률 α가 작으면 한 번의 학습은 Q값의 갱신에 별로 기여하지 않게 됩니다.

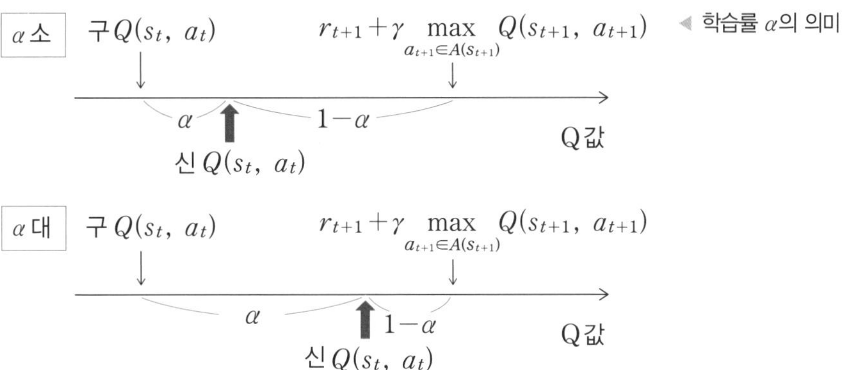

◀ 학습률 α의 의미

이와 같이, 학습률 α는 그 이름처럼 어느 정도 학습의 효율이 좋은지를 나타내는 것입니다.

수정 ε-greedy법

ε-greedy법은 개미가 때로는 모험심을 갖고 냄새의 강도에 상관없이 다른 방향에 있는 방으로 진행하는 것을 허용합니다(▶ 4장 §1). 이 모험심의 정도가 확률 ε(입실론)입니다.

그런데 ε-greedy법에서는 이 ε이 고정돼 있습니다. 목적을 달성한 에피소드의 횟수가 증가할 때마다 이 ε이 작아지면 학습 속도가 향상되는 것으로 알려져 있습니다. 이 아이디어를 도입한 것이 **수정 ε-greedy법**입니다.

이 사고방식은 일상의 경험과 일치합니다. 뭔가를 배울 때, 처음에는 무작정 노력하지만 학습이 진행됨에 따라 요령을 알고, 차츰 정형적인 학습이 됩니다. 이 아이디어를 도입한 것입니다.

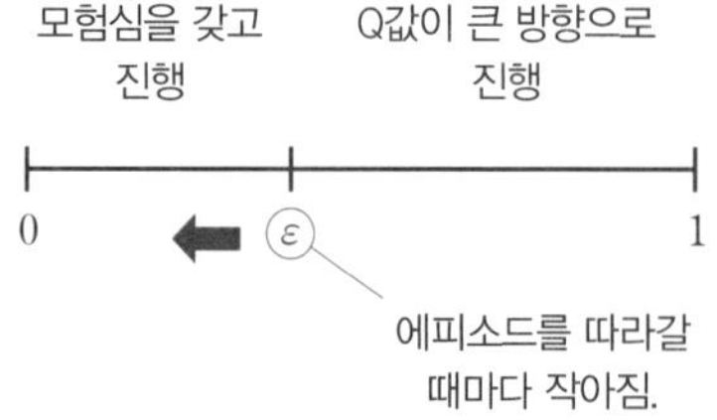

◀ 개미의 모험심의 비율은 ε. 목적지에 도달한 에피소드를 거듭할 때마다, 즉 학습이 진행될 때마다 이 ε의 값이 차츰 작아지는 것이 수정 ε-greedy법

일반적으로 Q값의 초깃값은 분명하지 않으므로 학습의 초기에는 적당한 값을 할당해 두는 것이 일반적입니다. 따라서 Q학습의 초기에는 ε을 1로 설정해두는 것이 좋습니다.

학습이 진행됨에 따라 모험적인 액션을 할 필요가 적어지면 ε은 0에 가까워집니다.

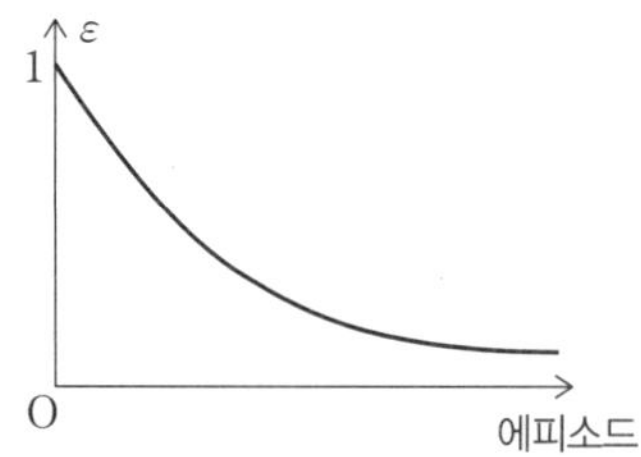

◀ ε의 설정. 목적에 도달한 에피소드를 거듭할 때마다 작아지는 것이 보통

▶ 학습의 종료 조건

학습이 종료됐다고 판단되는 조건은 Q값이 학습에 따라 일정한 값에 수렴하는 것입니다. 이는 사람의 학습과 동일합니다. 어느 정도 학습이 거듭돼도 성적이 변하지 않으면 해당 학습을 중단하게 될 것입니다.

Q값이 수렴한다는 것은 Q값이 학습에 따라 변하지 않게 되는 것을 의미합니다. 식 3 에서 이것을 보면, 다음과 같이 표현할 수 있습니다.

$$r_{t+1} + \gamma \max_{a_{t+1} \in A(s_{t+1})} Q(s_{t+1},\ a_{t+1}) - Q(s_t,\ a_t) \to 0$$

즉,

$$r_{t+1} + \gamma \max_{a_{t+1} \in A(s_{t+1})} Q(s_{t+1},\ a_{t+1}) \to Q(s_t,\ a_t) \cdots \boxed{5}$$

이 식 5 는 ▶ 5장에서 살펴본 DQN에서 중요한 역할을 담당합니다.

또한 학습이 종료됐다고 판단된 경우, explore의 액션은 불필요합니다. 따라서 'Q값이 큰 액션을 선택한다.'라는 원칙만 따르면 될 것입니다. exploit의 액션(즉, 중요한 처리)을 잘하면 좋은 것입니다.

§ 3 엑셀로 배우는 Q학습

앞 절(▶ §1, ▶ §2)에서 살펴본 구조를 이용해, Q학습을 엑셀의 워크시트로 구현해봅시다. 이야기를 구체적으로 진행하기 위해 지금까지 이용한 다음의 과제를 적용합니다. 이 과제는 Q학습으로 풀기도 쉽지만, 구조를 이해하기에 최적입니다.

과제 4 정사각형 벽 안에 구분된 9개의 방이 있습니다. 방과 방 사이의 벽에는 구멍이 있고, 개미는 자유롭게 빠져나갈 수 있다고 가정합시다. 왼쪽 위의 방에 개미집이 있고, 오른쪽 아래에 보상이 되는 케이크가 있습니다. 개미가 집에서 케이크로 가는 최단 경로 탐색의 학습에 Q학습을 적용하시오.

주 이 과제의 워크시트는 다운로드 사이트(→ 10페이지)의 샘플 파일 '4.xlsx'의 'Q학습' 탭에 수록돼 있습니다.

▶ 과제 확인

보상에 관해 확인해봅시다. 목적지 방에 도착할 때, 그 보상값을 100이라 가정합시다(많은 문헌에는 최종 목표값의 보상을 1로 하지만, 이런 경우 워크시트 위에서 값을 보기 어려워집니다.).

또한 과제에서 나타내듯이(목적지 이외에서) 즉시보상은 0으로 합니다.

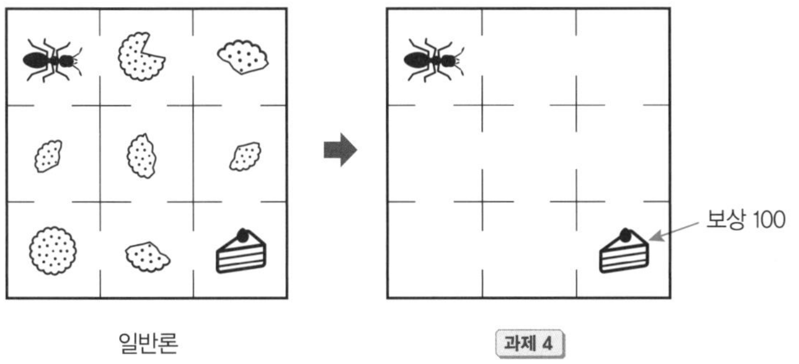

▲ 앞 절(▶ §1, ▶ §2)에서는 즉시 보상을 고려하지만, 이 절의 과제에서는 (목적지를 제외하고) 0. ▶ §1로 말하면, 도중에 쿠키가 없다는 것을 의미한다.

그러면, ▶ §2의 식 3에서 살펴본 갱신식은 즉시보상 r_{t+1}이 0(목적지에 도착할 때를 제외하고)이 되기 때문에 다음과 같이 나타냅니다.

$$Q(s_t,\ a_t) \leftarrow Q(s_t,\ a_t) + \alpha\left(\gamma \max_{a_{t+1} \in A(s_{t+1})} Q(s_{t+1},\ a_{t+1}) - Q(s_t,\ a_t)\right)$$

($t+1$ 번째 스텝에서 목적지에 도착하지 않은 경우) … 1

$$Q(s_t,\ a_t) \leftarrow Q(s_t,\ a_t) + \alpha(r_{t+1} - Q(s_t,\ a_t))\ (\text{다만},\ r_{t+1} = 100)$$

($t+1$ 번째 스텝에서 목적지에 도착한 경우) … 2

식 1, 2가 어려운 느낌이 들어도 걱정할 필요는 없습니다. 엑셀로 구현할 때에는 ▶ §1에서 살펴본 개미의 동작 이미지만 있으면 충분하기 때문입니다.

워크시트 작성상의 유의점

워크시트에 구현할 때의 주의할 점을 알아봅니다.

■ ❶ 개미와 케이크의 표현

종이 위의 그림에서는 개미의 형태를 이용하지만, 엑셀에서 개미의 그림 폰트를 이용하면 행 너비가 커져 쓸데없이 길어지게 됩니다. 따라서 개미를 표현하기 위해서는 '★'을 이용해야 합니다.

이와 마찬가지 이유로 목적지에 있는 케이크를 '끝'이라 표기합니다.

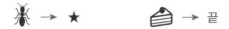

■ ❷ 액션 코드

액션에는 진행 방향을 위쪽, 아래쪽, 왼쪽, 오른쪽이라 표기해도 되지만, 수치화해두면 편리할 때도 있습니다. ▶ §2에서도 이용했지만, '액션 코드'로 다음과 같이 약속해둡니다.

이동	오른쪽	위쪽	왼쪽	아래쪽
액션 코드	1	2	3	4

액션 코드

2 ↑

3 ← ★ → 1

↓ 4

주 코드는 왼쪽으로 회전하는 순으로 부여됩니다. 이렇게 하면 프로그래밍하기가 쉬워집니다.

■ ❸ 상태 번호와 방의 이름

앞 절(▶ §1, ▶ §2)에서 살펴본 것처럼, Q학습(일반적으로는 강화학습)에서는 '상태'(state)라는 용어가 특별한 의미로 사용됩니다. 이 절에서는 상태 번호를 다음 그림과 같이 정의합니다. ▶ §2에서도 살펴봤지만, 방의 이름과 함께 그림에서 확인하기 바랍니다.

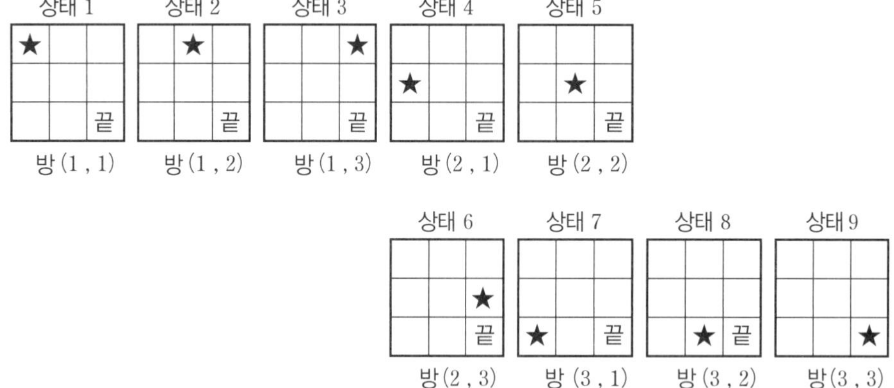

즉, 그림에서 알 수 있듯이, 개미가 있는 방(i, j)과 상태 번호 s와는 다음 관계식(→ 169페이지)으로 연결됩니다.

상태 번호 $s = 3(i-1)+j$ … 3

■ ❹ 최대 스텝 수 · 최대 에피소드 수

간단한 예이므로 하나의 에피소드 중 스텝 수는 최대 10으로 합니다. 그리고 10번의 스텝을 반복해 목적지(케이크가 있는 방(3, 3))에 도착하지 않는 경우에는 해당 에피소드를 무시하기로 합니다.

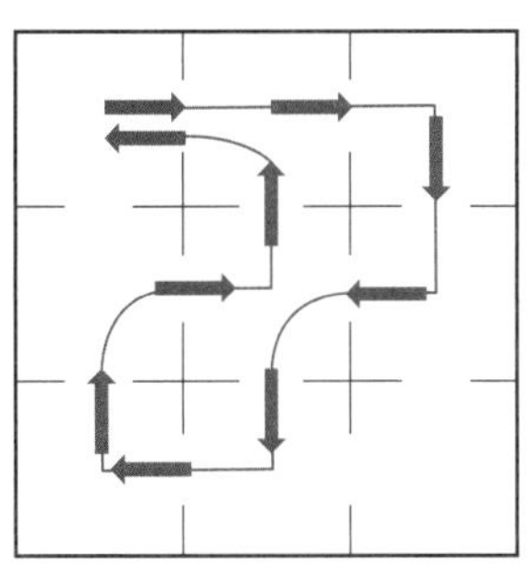

◀ 10번의 스텝을 처리해도 목적지에 도착하지 않는 예. 이와 같이 10번의 스텝을 실행해도 목적지에 도착하지 않는 경우 해당 에피소드는 무시

또한 실험하는 에피소드 수는 50회로 합니다. 단순한 예제이므로 50회나 학습을 반복하면 충분한 학습이 진행되는 것이 기대되기 때문입니다.

■ ❺ 수정 ε-greedy법의 ε 값

이 책에서는 수정 ε-greedy법을 이용하기로 합니다(→ ▶ §1, ▶ §2). 이 과제에서는 ε을 다음과 같이 변경해 처리합니다.

$$\varepsilon = 1 - \frac{\text{도착 에피소드 수}}{50} \cdots \boxed{4}$$

분모의 50은 위에 기술한 에피소드 수 50입니다. 간단한 문제이므로 ε의 설정도 간단하게 합니다.

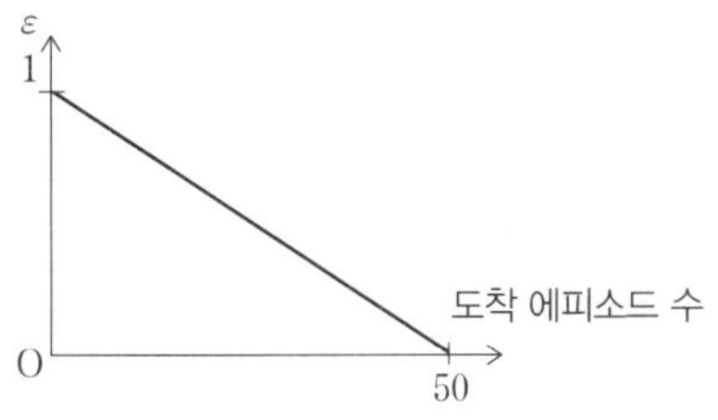

◀ 식 4 의 그래프. 처음 에피소드에서는 전체 스텝이 explore의 액션이 된다. 마지막 에피소드에서는 대부분 exploit의 액션이 된다.

■ ❻ 할인율과 학습률의 설정

할인율 γ는 0.7, 학습률 α는 0.5로 했습니다. 보통 할인율 γ는 0.9 이상, 학습률 α는 0.1 정도로 설정하지만, 이 과제는 단순하고 수렴을 빠르게 하기 위해 이 값을 이용합니다.

▶ 워크시트로 Q학습

이상으로 준비가 끝났습니다. 워크시트로 Q학습을 실행해봅시다. 다음 페이지(→171페이지)에 1스텝의 처리 전체를 제시했습니다. 이 워크시트를 각 스텝, 각 에피소드에(해설을 따라 조금씩 나열하면서) 복사하면, Q학습이 실행됩니다. 그러면 워크시트에 제시한 예제를 따라가면서 차례대로 처리를 살펴봅시다.

주 지금부터 설명을 간략화하기 위해 에이전트를 Agent, 액션을 Action이라 표기합니다.

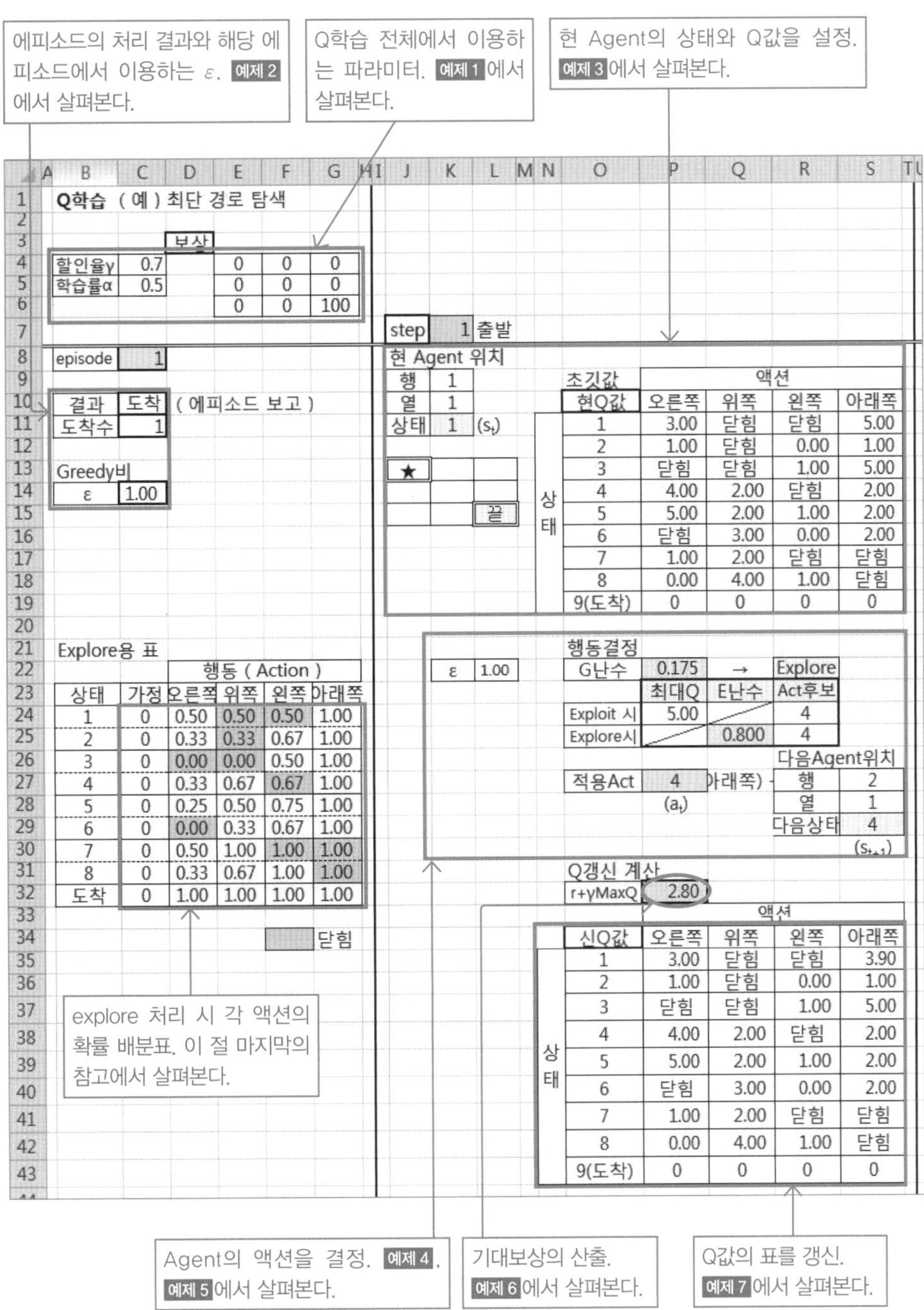
에피소드의 처리 결과와 해당 에피소드에서 이용하는 ε. 예제 2에서 살펴본다.
Q학습 전체에서 이용하는 파라미터. 예제 1에서 살펴본다.
현 Agent의 상태와 Q값을 설정. 예제 3에서 살펴본다.
Q학습 (예) 최단 경로 탐색
보상
할인율γ 0.7
학습률α 0.5
step 1 출발
episode 1
현 Agent 위치
결과 도착 (에피소드 보고)
도착수 1
Greedy비
ε 1.00
초깃값
현Q값
액션
오른쪽 위쪽 왼쪽 아래쪽
상태
끝
Explore용 표
행동 (Action)
상태 가정 오른쪽 위쪽 왼쪽 아래쪽
닫힘
행동결정
G난수 0.175 → Explore
최대Q E난수 Act후보
Exploit 시 5.00 4
Explore시 0.800 4
적용Act 4 (아래쪽)
다음Agent위치
다음상태 4
Q갱신 계산
r+γMaxQ 2.80
신Q값
explore 처리 시 각 액션의 확률 배분표. 이 절 마지막의 참고에서 살펴본다.
Agent의 액션을 결정. 예제 4, 예제 5에서 살펴본다.
기대보상의 산출. 예제 6에서 살펴본다.
Q값의 표를 갱신. 예제 7에서 살펴본다.

예제 1 Q학습을 위해 전체 파라미터를 설정하시오.

풀이 ▶ §1, ▶ §2에서 살펴본 '할인율', '학습률'을 설정합니다. 이러한 값은 설계자가 적당히 결정합니다. 또한 개미가 목표하는 방에 도착할 때 보상은 100으로 합니다. 이 워크시트를 수정하기 쉽도록 즉시보상을 정의할 수 있는 칸도 준비돼 있습니다.

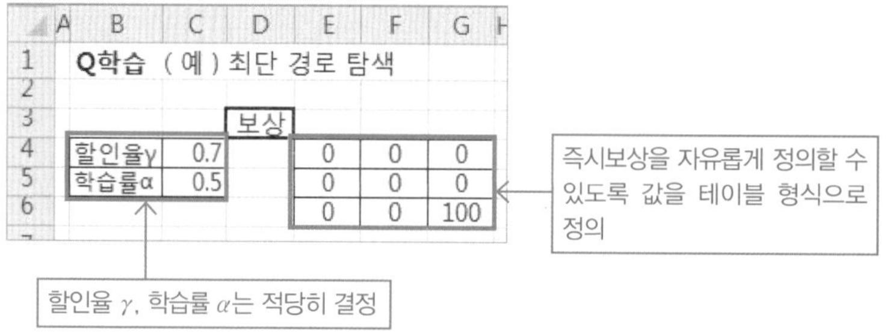

예제 2 뒤에서 보기 쉽도록 에피소드의 처리 결과를 정리하시오. 또한 그 에피소드에서 이용하는 수정 ε-greedy법의 ε을 결정하시오.

풀이 Q학습의 큰 단위는 에피소드입니다. 워크시트는 에피소드 단위로 작성합니다. 이때, 수정 ε-greedy법에서 이용하는 확률 ε의 값을 정의해둡니다(식 4). 또한 이 절에서는 목표에 도착하는 에피소드만 고려하는 것이 아니라 실제로는 도착하지 않는 경우도 고려합니다. 이를 더해 결과 보고 칸을 준비합니다.

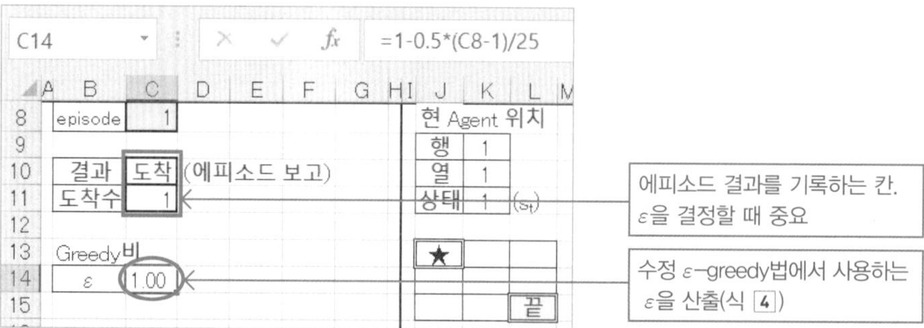

예제 3 해당 스텝에서 개미(Agent)의 위치와 그 상태 및 갱신 전의 Q값('현Q값'이라 부릅니다)을 표로 설정하시오.

풀이 해당 스텝의 Agent 위치와 상태를 확인해둡니다.

에피소드의 최초 스텝에서 개미는 방(1, 1)에 있습니다. 또한 최초 에피소드의 최초 스텝에서는 Q값을 임의로 제공합니다.

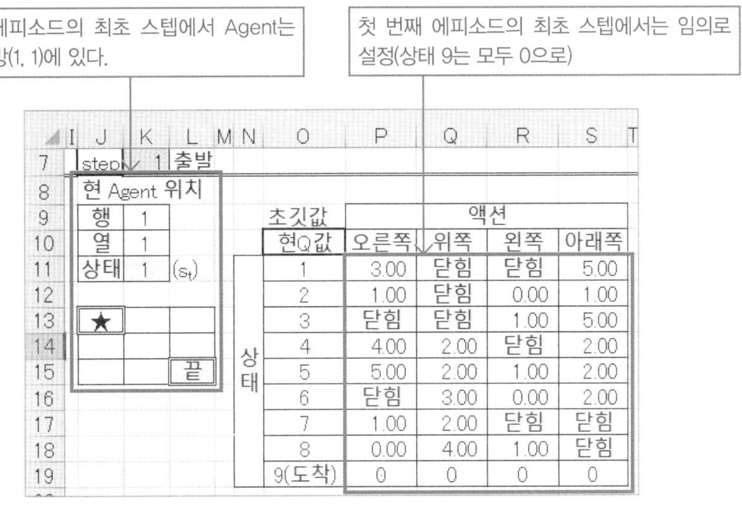
에피소드의 최초 스텝에서 Agent는 방(1, 1)에 있다.
첫 번째 에피소드의 최초 스텝에서는 임의로 설정(상태 9는 모두 0으로)
step 1 출발
현 Agent 위치
행 1
열 1
상태 1 (s_t)
★
끝

상태 (초깃값 현Q값)	오른쪽	위쪽	왼쪽	아래쪽
1	3.00	닫힘	닫힘	5.00
2	1.00	닫힘	0.00	1.00
3	닫힘	닫힘	1.00	5.00
4	4.00	2.00	닫힘	2.00
5	5.00	2.00	1.00	2.00
6	닫힘	3.00	0.00	2.00
7	1.00	2.00	닫힘	닫힘
8	0.00	4.00	1.00	닫힘
9(도착)	0	0	0	0

MEMO **값의 복사에도 배열 수식이 편리**

Q학습에서는 에피소드를 거듭할 때마다 이전 에피소드 Q값의 표를 다음 에피소드 Q값의 표에 복사할 필요가 있습니다. 이때 편리한 것이 **배열 수식**의 방법입니다(▶ 1장 §2). 다음 페이지(→ 174페이지)에서 제시하는 워크시트의 수식 바에서 함수를 중괄호({ })로 묶는 것에 유의하기 바랍니다.

AB11 | {=P35:S42}

셀의 복사에도 배열 수식이 편리

step 2

해당 에피소드의 두 번째 이후의 새로운 스텝에서는 이전 스텝에서 구한 Agent의 위치와 상태를 설정합니다. 또한 이전 스텝에서 갱신한 신Q값의 표를 다음 스텝의 현Q값에 복사합니다.

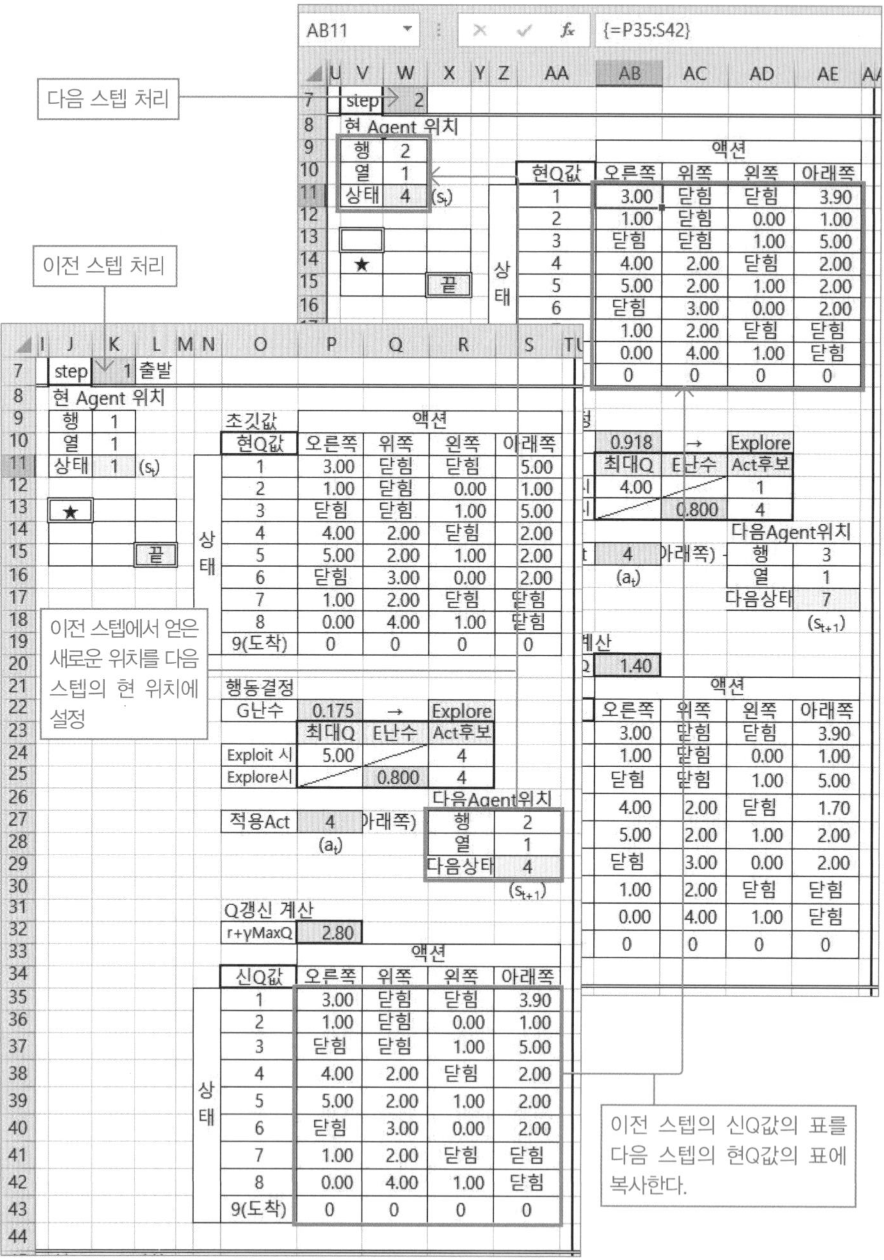

두 번째 이후 에피소드의 최초 스텝의 현Q값의 표에는 이전 에피소드의 최후 스텝에서 구한 신Q값의 표를 적용합니다.

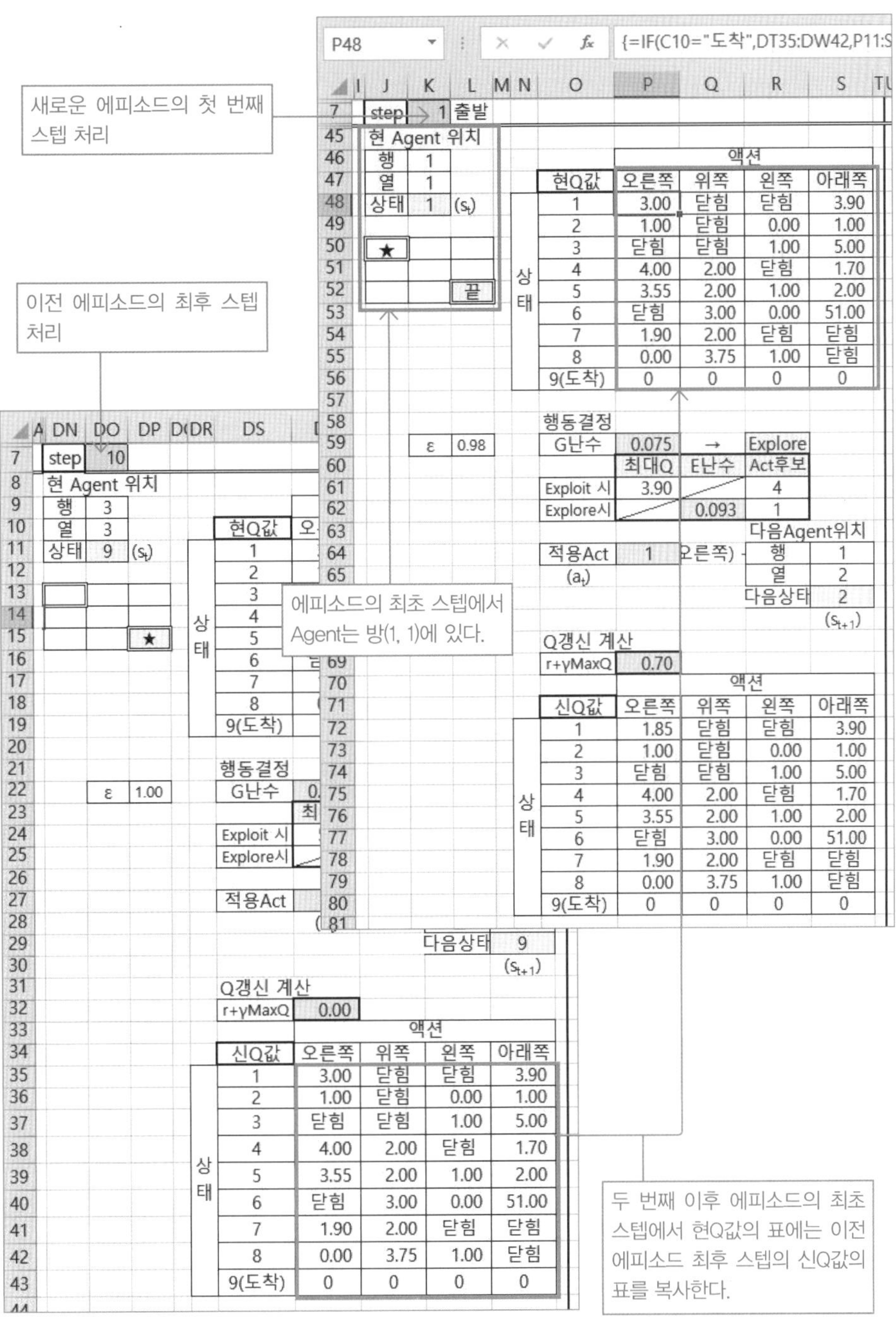

현Q값	오른쪽	위쪽	왼쪽	아래쪽
1	3.00	닫힘	닫힘	3.90
2	1.00	닫힘	0.00	1.00
3	닫힘	닫힘	1.00	5.00
4	4.00	2.00	닫힘	1.70
5	3.55	2.00	1.00	2.00
6	닫힘	3.00	0.00	51.00
7	1.90	2.00	닫힘	닫힘
8	0.00	3.75	1.00	닫힘
9(도착)	0	0	0	0

신Q값	오른쪽	위쪽	왼쪽	아래쪽
1	1.85	닫힘	닫힘	3.90
2	1.00	닫힘	0.00	1.00
3	닫힘	닫힘	1.00	5.00
4	4.00	2.00	닫힘	1.70
5	3.55	2.00	1.00	2.00
6	닫힘	3.00	0.00	51.00
7	1.90	2.00	닫힘	닫힘
8	0.00	3.75	1.00	닫힘
9(도착)	0	0	0	0

신Q값	오른쪽	위쪽	왼쪽	아래쪽
1	3.00	닫힘	닫힘	3.90
2	1.00	닫힘	0.00	1.00
3	닫힘	닫힘	1.00	5.00
4	4.00	2.00	닫힘	1.70
5	3.55	2.00	1.00	2.00
6	닫힘	3.00	0.00	51.00
7	1.90	2.00	닫힘	닫힘
8	0.00	3.75	1.00	닫힘
9(도착)	0	0	0	0

예제 4 적용하는 액션이 exploit인지, explore인지 판단하시오. 또한 이때의 액션(즉, 상하좌우의 이동)을 구하시오.

풀이 ε-greedy법에서는 모험적인 행동(explore)이 허용됩니다. 그 행동을 취할 것인지, 거부할 것인지는 0~1의 난수 ε으로 판단합니다(식 [4]).

모험적인 행동을 취하지 않을 때, 즉 exploit한 액션을 적용할 때는 현Q값 표의 해당 Agent의 상태로 최대 Q값을 가진 액션(상하좌우의 이동)을 적용합니다.

모험적인 행동(explore)일 때는 다시 난수를 발생시키고, 그 난수의 크기에 따라 다음 액션(상하좌우의 이동)을 선택합니다.

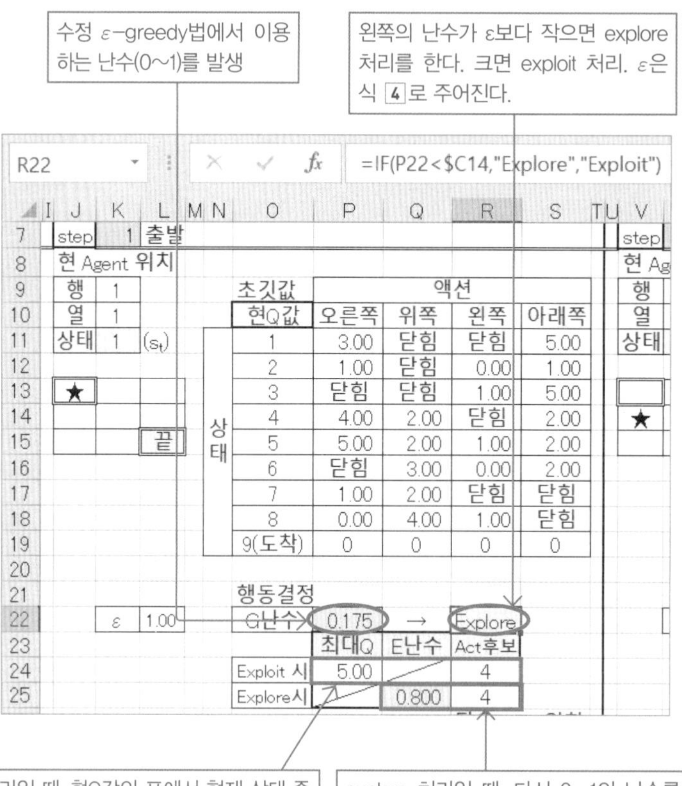

예제 5 예제 4에서 얻은 액션에서, Agent의 다음 위치와 상태를 구하시오.

풀이 예제 4에서 얻은 액션(상하좌우로 이동)에서 Agent의 다음 위치가 결정됩니다. 이를 산출해둡니다.

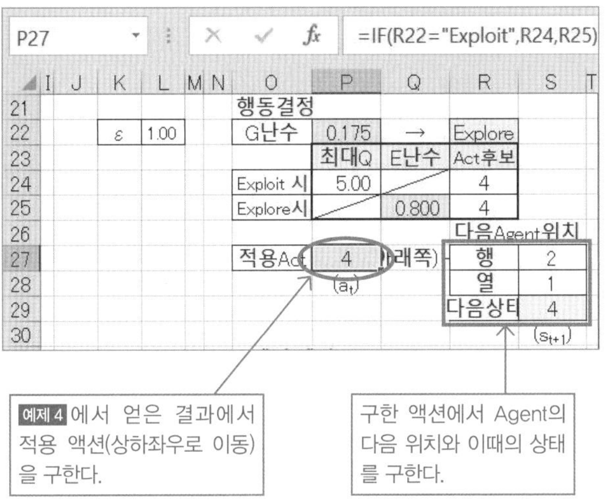

예제 6 예제 5에서 구한 다음 상태에서 Agent가 획득하는 기대보상 값을 산출하시오.

풀이 Agent가 진행하는 곳의 상태에서 최대 Q값을 관측해 '기대보상'의 값을 산출합니다. 이는 다음과 같이 정의된 값입니다.

$$r_{t+1} + \gamma \max_{a_{t+1} \in A(s_{t+1})} Q(s_{t+1},\ a_{t+1}) \qquad \gamma\text{는 '할인률'},\ 0 < \gamma < 1 \quad \cdots \text{ §2식 } \boxed{1}$$

그러나 지금 살펴보고 있는 과제 4에서 즉시보상의 값 r_{t+1}은 0입니다($t+1$번째 스텝에서 목적지에 도착하지 않는 경우).

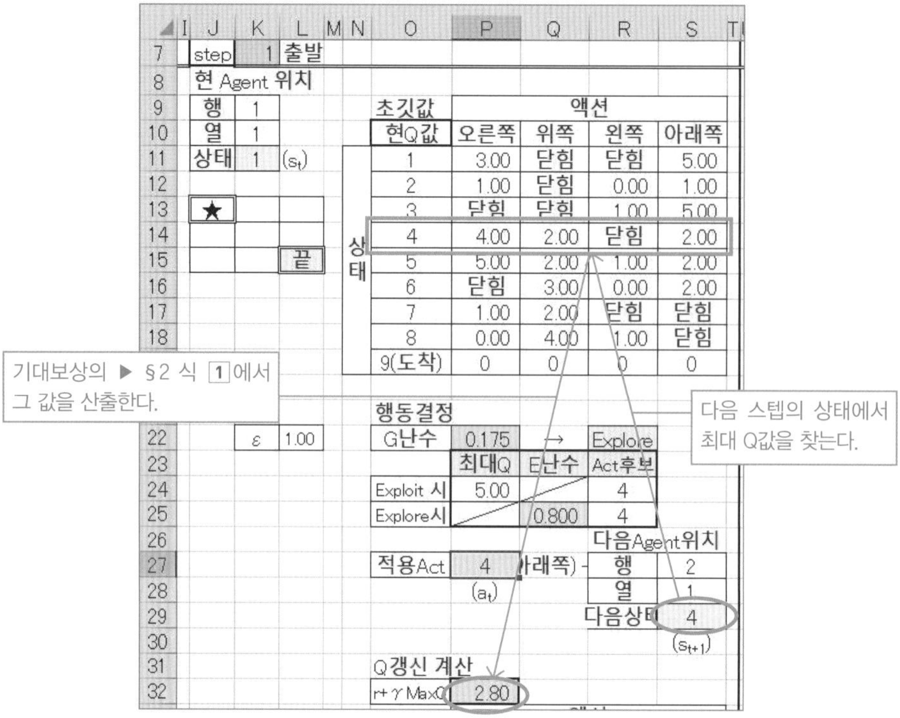

step 1 출발

현 Agent 위치

행	1
열	1
상태	1 (s_t)

★ … 끝

초깃값	액션			
현Q값	오른쪽	위쪽	왼쪽	아래쪽
1	3.00	닫힘	닫힘	5.00
2	1.00	닫힘	0.00	1.00
3	닫힘	닫힘	1.00	5.00
4	4.00	2.00	닫힘	2.00
5	5.00	2.00	1.00	2.00
6	닫힘	3.00	0.00	2.00
7	1.00	2.00	닫힘	닫힘
8	0.00	4.00	1.00	닫힘
9(도착)	0	0	0	0

(상태)

기대보상의 ▶ §2 식 1에서 그 값을 산출한다.

다음 스텝의 상태에서 최대 Q값을 찾는다.

행동결정

ε 1.00	G난수	0.175	→	Explore
		최대Q	E난수	Act후보
	Exploit 시	5.00		4
	Explore시		0.800	4

다음Agent위치

적용Act	4 (a_t)	(아래쪽)	행 2
			열 1
		다음상태	4 (s_{t+1})

Q갱신 계산

r+γ MaxQ 2.80

주 기대보상은 워크시트상에서 '$r+\gamma$MaxQ'라고 간략하게 표기합니다.

MEMO Q학습의 종료와 벨만(Bellman) 최적방정식

입실론그리디(ε-greedy)법에서는 모험도를 나타내는 입실론(ε)이 0이 되지 않는 한 학습이 영원히 진행됩니다. 그러나 몇 가지 가정을 도입하면 Q학습에서 얻은 Q값이 수렴하는 것으로 알려져 있습니다. 이렇게 수렴한 값은 **벨만(Bellman) 최적방정식**이라 부르는 방정식을 만족하는 것으로 알려져 있습니다.

또한 이 책에서 이용하고 있는 수정 입실론그리디(ε-greedy)법에서는 모험도를 나타내는 입실론(ε)을 변경시켜 차츰 0에 가까워집니다. 최종적으로 0이 되면, 그곳에서 학습이 종료됩니다.

학습이 수렴 또는 종료됐을 때 Agent가 Q값의 크기에만 의지해 행동하면 목적이 달성됩니다.

예제 7 예제 6 에서 얻은 기대보상의 값을 이용해 갱신식 1, 2 에서 Q값을 갱신하시오.

풀이 예제 6 에서 구한 '기대보상'에서 지금 Agent가 있는 상태의 해당 Q값을 갱신합니다. 여기에는 갱신식 1 또는 2 를 이용합니다.

	J	K	L	M	N	O	P	Q	R	S
7	step	1	출발							
8	현 Agent 위치									
9	행	1				초깃값	액션			
10	열	1				현Q값	오른쪽	위쪽	왼쪽	아래쪽
11	상태	1	(s_t)			1	3.00	닫힘	닫힘	5.00
12						2	1.00	닫힘	0.00	1.00
13	★					3	닫힘	닫힘	1.00	5.00
14					상태	4	4.00	2.00	닫힘	2.00
15			끝			5	5.00	2.00	1.00	2.00
16						6	닫힘	3.00	0.00	2.00
17						7	1.00	2.00	닫힘	닫힘
18						8	0.00	4.00	1.00	닫힘
19						9(도착)	0	0	0	0
21						행동결정				
22		ε	1.00			G난수	0.175	→	Explore	
23							최대Q	E난수	Act후보	
24						Exploit 시	5.00		4	
25						Explore시		0.800	4	
26									다음Agent위치	
27						적용Act	4	(아래쪽)	행	2
28							(a_t)		열	1
29									다음상태	4
30										(s_{t+1})
31						Q갱신 계산				
32						r+γMaxQ	2.80			
33							액션			
34						신Q값	오른쪽	위쪽	왼쪽	아래쪽
35						1	3.00	닫힘	닫힘	3.90
36						2	1.00	닫힘	0.00	1.00
37						3	닫힘	닫힘	1.00	5.00
38						4	4.00	2.00	닫힘	2.00
39					상태	5	5.00	2.00	1.00	2.00
40						6	닫힘	3.00	0.00	2.00
41						7	1.00	2.00	닫힘	닫힘
42						8	0.00	4.00	1.00	닫힘
43						9(도착)	0	0	0	0

현 상태에서, 적용한 액션에 대응하는 Q값을 갱신한다.

갱신식 1 또는 2 를 이용

이것으로 Q학습의 워크시트가 완성됐습니다. 이상의 한 스텝분 내용을 전체 에피소드의 전체 스텝에 복사하면 Q학습이 실행됩니다.

예제 8 학습으로 얻은 Q값을 이용해 학습한 개미가 어떤 행동을 할 것인지를 알아보시오.

풀이 지금까지의 예제에서 얻은 워크시트를 50 에피소드에 복사하면 과제 4의 워크시트가 완성됩니다. 이렇게 얻은 최종 Q값의 표를 살펴봅시다.

		액션			
	테이블	오른쪽	위쪽	왼쪽	아래쪽
상태	1	34.00	닫힘	닫힘	34.30
	2	24.43	닫힘	16.95	48.96
	3	닫힘	닫힘	21.76	51.57
	4	49.00	22.92	닫힘	48.85
	5	70.00	23.63	28.52	63.04
	6	닫힘	13.25	44.69	100.0
	7	69.97	19.19	닫힘	닫힘
	8	100.00	43.85	36.59	닫힘
	9 (도착)	0	0	0	0

주 상태 9는 도착 상태로 아무것도 하지 않으므로 Q값은 0이 됩니다.

방(1, 1)에서 나온 개미(즉, Agent)에게 이 Q값의 표에 따라 행동하도록 합니다. 즉, '상태'가 주어졌을 때 이 표의 행에 기록된 최대 Q값에 대응하는 액션을 선택하면서 행동하는 것입니다. 이것이 바로 다음 그림입니다.

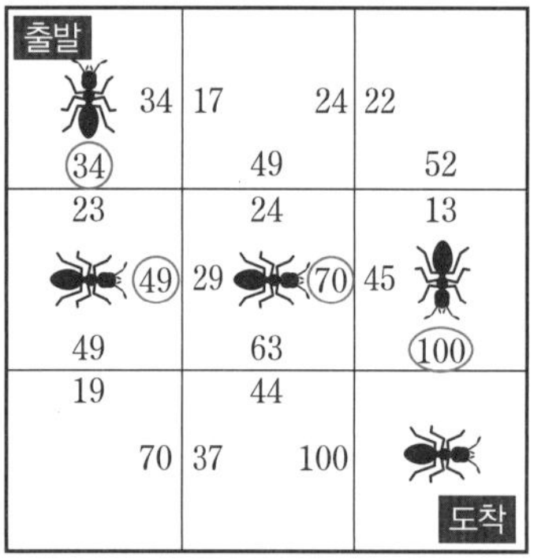

주 위에 기록된 Q값에 관해 소수부를 반올림했기 때문에 일부 소수가 분명하지 않은 방이 있습니다.

Q학습이 효과가 있어서 목적지에 최단 경로로 도착합니다.

MEMO explore 액션에 확률을 할당하는 방법

'explore' 행동을 선택하면, 액션을 확률적으로 선택하게 됩니다. 이때 미로 또는 경로 문제에서는 선택에 조건이 부여됩니다. 이 절의 예로 말하면, 예를 들어 방에서는 오른쪽으로 갈 수 없고, 어느 방에서는 아래로 갈 수 없습니다. 이때 확률을 액션에 간단하게 할당하려면 다음 그림과 같이 확률표를 준비하면 됩니다. 이 표와 MATCH 함수를 조합하면 explore 처리 액션을 선택할 수 있습니다. MATCH 함수는 ▶ 1장 §2를 참조하기 바랍니다.

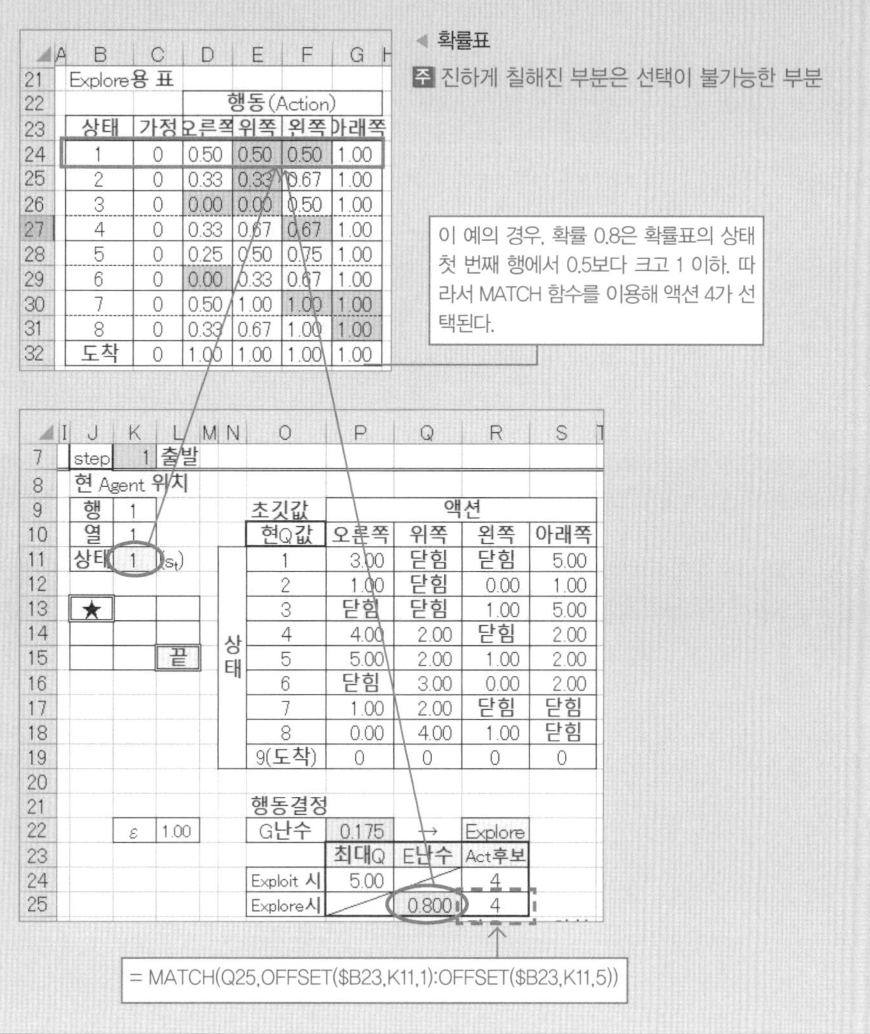

Explore용 표

상태	가정	오른쪽	위쪽	왼쪽	아래쪽
1	0	0.50	0.50	0.50	1.00
2	0	0.33	0.33	0.67	1.00
3	0	0.00	0.00	0.50	1.00
4	0	0.33	0.67	0.67	1.00
5	0	0.25	0.50	0.75	1.00
6	0	0.00	0.33	0.67	1.00
7	0	0.50	1.00	1.00	1.00
8	0	0.33	0.67	1.00	1.00
도착	0	1.00	1.00	1.00	1.00

현Q값	오른쪽	위쪽	왼쪽	아래쪽
1	3.00	닫힘	닫힘	5.00
2	1.00	닫힘	0.00	1.00
3	닫힘	닫힘	1.00	5.00
4	4.00	2.00	닫힘	2.00
5	5.00	2.00	1.00	2.00
6	닫힘	3.00	0.00	2.00
7	1.00	2.00	닫힘	닫힘
8	0.00	4.00	1.00	닫힘
9(도착)	0	0	0	0

◀ 확률표

주 진하게 칠해진 부분은 선택이 불가능한 부분

이 예의 경우, 확률 0.8은 확률표의 상태 첫 번째 행에서 0.5보다 크고 1 이하. 따라서 MATCH 함수를 이용해 액션 4가 선택된다.

참고 기계학습과 강화학습

기계학습(머신러닝)은 AI(인공지능)를 구현하는 기법 중 하나입니다. 기계라고 해도 기본적으로는 내장된 컴퓨터가 주인공입니다.

그런데 기계학습이란 무엇일까요? 다양한 정의가 있지만 현재 가장 널리 이용되고 있는 의미로는 다음과 같이 정의됩니다.

주어진 데이터를 학습하고, 자율적으로 법칙이나 규칙을 찾아내는 컴퓨터 프로그램

20세기까지의 AI는 미리 사람이 모든 동작을 결정했습니다. 이에 비해, 기계학습은 컴퓨터가 스스로 학습합니다. 이를 그림으로 나타내면 다음과 같습니다.

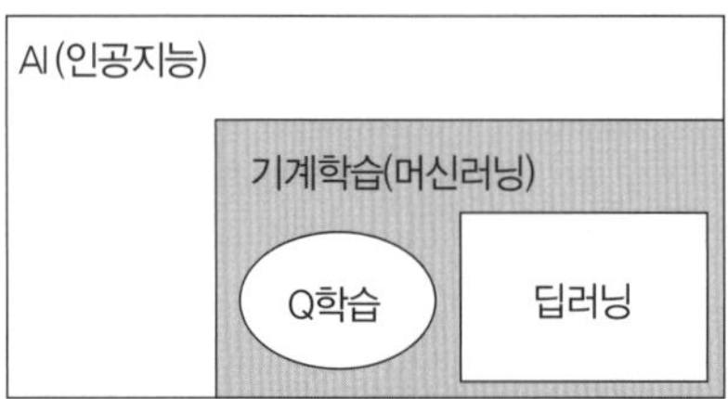

그림에서는 기계학습 속에 딥러닝이 들어 있습니다. 이미 살펴본 것처럼, 딥러닝은 신경망을 여러 층으로 중첩시킨 것, 즉 층을 깊게(deep) 한 것입니다. 이 책에서는 신경망이라는 용어로 한꺼번에 묶었습니다. 그리고 주지하듯이 이 딥러닝이 현재의 기계학습의 발전에 불을 붙인 역할을 했습니다.

그러나 Q학습은 어디에 위치할까요? Q학습은 위 그림처럼 기계학습에 포함되지만 딥러닝과는 다릅니다. 따라서 이것들을 합치는 아이디어가 탄생했습니다. 이것이 다음 5장에서 살펴보는 DQN입니다.

5장

엑셀로 배우는 DQN

Q학습에서 이용되는 Q값을 신경망으로 표현하려는 기법이 DQN입니다. 신경망에는 복잡한 함수나 표를 정리해주는 성질이 있는데, 이를 Q학습의 결과 표현에 응용하는 것입니다.

§ 1

DQN의 사고방식

AI(인공지능)를 구현하는 한 가지 기법이 '기계학습'입니다. 이 기계학습의 대표적인 것 중 하나로 **강화학습**이 있습니다. 앞 장(▶ 4장)에서 살펴본 **Q학습**은 강화학습 중 가장 유명합니다. 5장에서는 Q학습에 신경망을 응용해봅시다.

주 이 책에서는 신경망이라는 용어를 합성곱 신경망 등을 포함하는 넓은 의미로 사용하고 있습니다.

DQN의 구조

신경망은 입력 정보에서 '특징 추출'을 하고 이를 정리해 필요한 정보를 출력하는 성질이 있습니다(▶ 2장). 이미지 데이터에서 '고양이'를 판별할 수 있는 것도 신경망이 가진 특징 추출과 정리 능력 덕분입니다. 이 능력을 Q학습에 활용하는 것이 **DQN**입니다. **DQN**은 **'Deep Q-Network'**의 약어입니다.

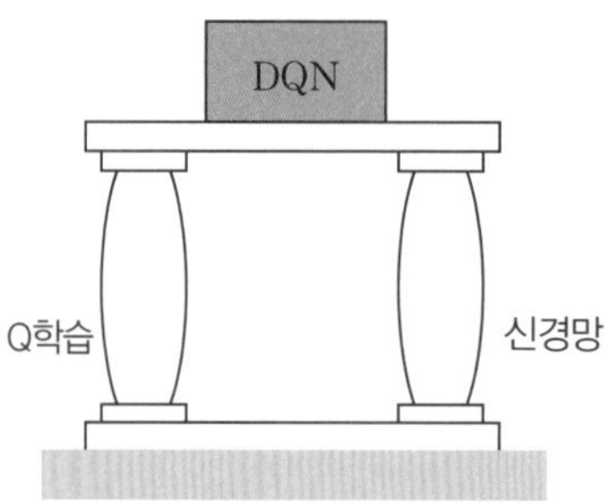

◀ 신경망과 Q학습을 합친 것이 DQN

그러나 어떻게 Q학습에 신경망의 도움이 필요할까요? 이유는 Q값의 복잡함에 있습니다. Q학습 결과의 Q값은 '상태 s'와 '액션 a'에서 구성되는 표의 이미지로 이해할 수 있습니다. 그러나 실제 Q학습에서는 상태 s와 액션 a의 수가 방대해 표의 이미지로는 담을 수 없습니다.

앞 장(▶ 4장)의 예로 생각해봅시다. 이 예에서 '상태'의 수는 9개였습니다. 상태에 대한 액션의 수도 기껏해야 4종이었습니다. 따라서 Q값을 표로 표현할 수 있었습니다.

		액션			
		오른쪽	위쪽	왼쪽	아래쪽
상태 s	1	34.00	닫힘	닫힘	34.30
	2	24.43	닫힘	16.95	48.96
	3	닫힘	닫힘	21.76	51.57
	4	49.00	22.92	닫힘	48.85
	5	70.00	23.63	28.52	63.04

◀ ▶ 4장의 과제 4 의 결론. 테이블(즉, 표)로 표현된다.

혹시 환경이 복잡해 '상태'와 '액션'의 수가 방대할 때는 어떻게 하면 될까요? Q값을 나타내는 테이블은 매우 복잡해지고, 표 형식으로 표현하는 것이 실용적이지 않게 됩니다.

이때 도움이 되는 것이 신경망의 특징 추출과 이를 정리하는 능력입니다. 이 능력을 Q학습과 조합하면 복잡한 Q값을 표현할 수 있습니다.

MEMO 보편성의 정리로부터 DQN을 살펴보면

앞 장(▶ 4장)에서 살펴본 것처럼 Q학습에서는 Q값을 '상태 s'와 '액션 a'의 함수 $Q(s, a)$라고 표현합니다. 그러나 실제 상황에서는 위에 기술한 것처럼 상태 s와 액션 a의 수가 방대하고 Q값을 표현하는 함수는 복잡합니다. DQN은 이 복잡한 세계에 신경망을 응용하려는 기법입니다.

그러나 이를 가능하게 하는 수학적 배경은 무엇일까요? 그것은 바로 보편성 정리에 있습니다. ▶ 2장 §6에서 살펴본 것처럼, 신경망은 임의의 함수를 근사할 수 있습니다. 복잡한 Q함수도 근사할 수 있는 것입니다. 특히 상태나 액션의 연속성만 가정하면, 즉 이상한 상태나 돌발적인 행동이 없으면 신경망의 뉴런 수를 절약할 수 있습니다. 로봇 제어나 게임 프로그램에서 DQN이 활약할 수 있는 것은 이와 같은 수학적 배경 때문입니다.

예를 들어, 비디오 게임을 생각해봅시다.

캐릭터가 활약하는 비디오 게임에서 '상태'는 빠르게 변하고, 그중에서 움직이는 캐릭터의 '액션'은 복잡합니다. 여기에 Q학습을 적용해 게임에서 이기기 위한 프로그램을 작성한다고 가정해봅시다. 상태 수와 액션 수가 방대해 Q값을 함수의 식과 테이블로 표현하는 것은 실질적으로 불가능합니다. 따라서 신경망이 등장합니다.

신경망은 비디오 게임의 복잡한 상태·액션으로부터 '특징 추출'을 하고 정리해둡니다. Q학습은 신경망에 따라 컴팩트하게 표현되는 것입니다.

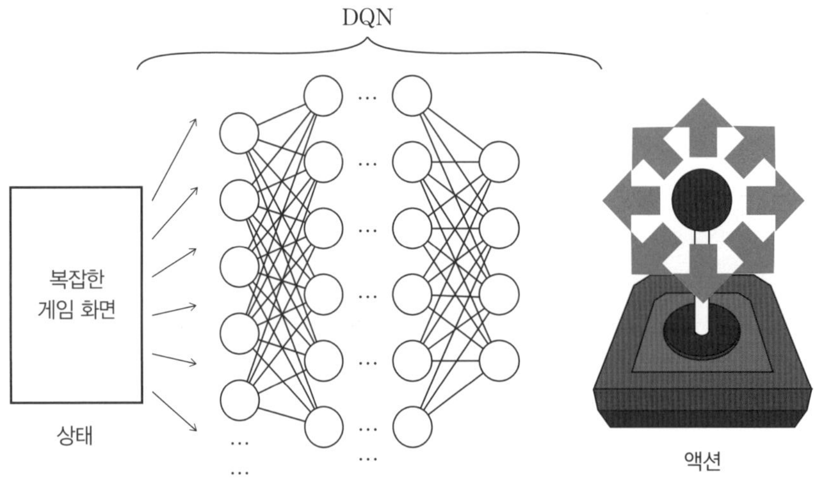

▶ 개미를 이용해 배우는 DQN

앞 장(▶ 4장)의 과제 4와 동일한 내용인 과제 5를 이용해 DQN의 구조를 알아봅시다. 이 예는 매우 간단하므로 DQN의 '고마움'을 느낄 수 없습니다. 하지만 구조를 이해하기에는 편리합니다.

과제 5 정사각형 벽 안에 구분된 9개의 방이 있습니다. 방과 방 사이의 벽에는 구멍이 있고, 개미는 자유롭게 빠져나갈 수 있다고 가정해봅시다. 왼쪽 위의 방에 개미집이 있고, 오른쪽 아래에 보상이 되는 케이크가 있습니다. 개미가 집에서 케이크로 가는 최단 경로 탐색의 Q학습에 DQN을 적용하시오.

이 과제에서, 개미(즉, Agent)의 움직임과 그에 따른 Q값의 계산식은 앞 장(▶ 4장)에서 살펴본 것과 동일합니다. 앞 장과 다른 점은 학습 결과의 기록 방법입니다. 4장의 Q학습에서는 학습 결과가 Q값의 표에 보존됐습니다. DQN에서의 학습 결과는 신경망에 보존됩니다.

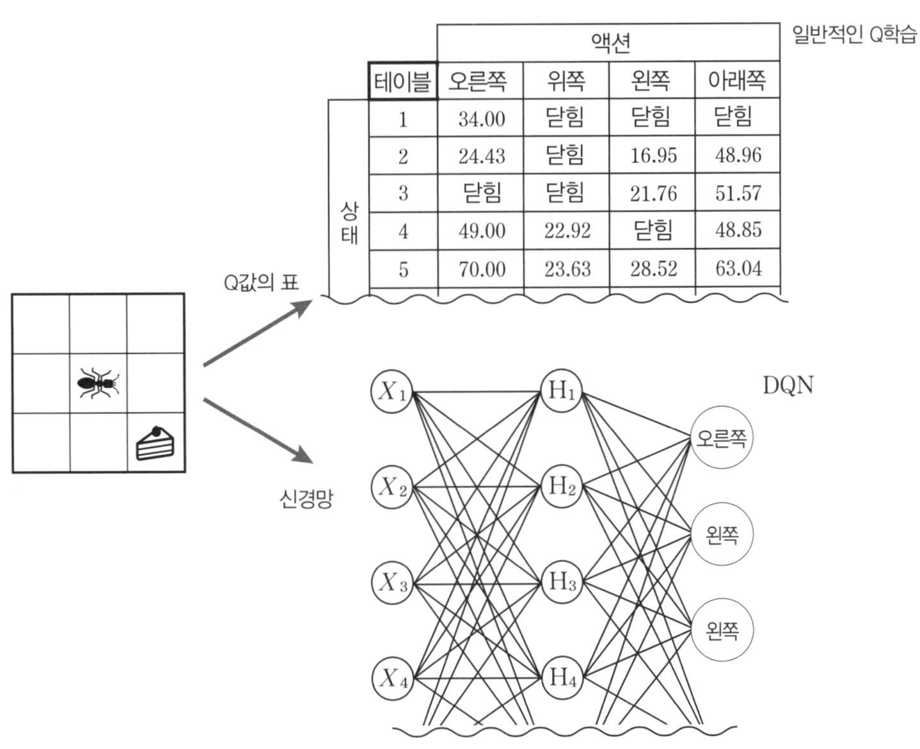

		액션			
	테이블	오른쪽	위쪽	왼쪽	아래쪽
상태	1	34.00	닫힘	닫힘	닫힘
	2	24.43	닫힘	16.95	48.96
	3	닫힘	닫힘	21.76	51.57
	4	49.00	22.92	닫힘	48.85
	5	70.00	23.63	28.52	63.04

▲ Q값을 '표'로 나타내는지, '신경망'으로 나타내는지의 차이는 Q학습과 DQN의 차이

▶ DQN의 입출력

Q학습의 방침은 Q값을 상태 s와 액션 a의 함수 $Q(s, a)$로 표현하는 것입니다. 이미지로 말하면, 상태를 행, 액션을 열로 하는 Q값의 테이블을 작성하는 것입니다. 좀 더 구체적으로 말하면, Q학습의 목적은 상태 s가 주어졌을 때, 다음의 액션 a가 무엇인지를 나타내는 표를 작성하는 것입니다.

상태 s ⟶ [Q학습 결과] ⟶ 액션 a

따라서 DQN을 위한 신경망에는 '상태'가 입력되고, '액션'이 출력됩니다.

다음 그림은 과제 5 에 대한 DQN의 한 가지 예입니다. 입력은 여덟 가지 상태, 출력은 상하좌우로 이동하는 네 가지 액션이 대응합니다.

주 ▶ 4장 과제 5 에서는 아홉 가지 상태를 살펴봤지만, 목적지에 도착한 상태 9에서의 액션은 없기 때문에 다음 그림에서는 생략했습니다.

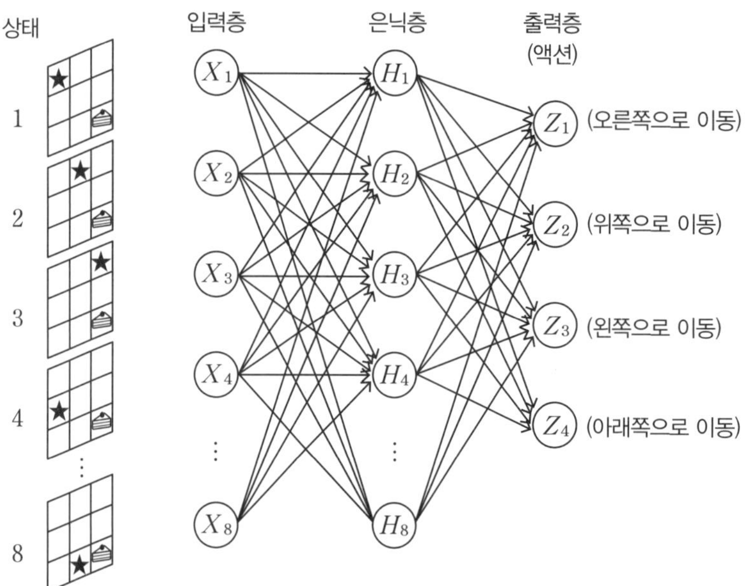

입력층에는 '상태'가 입력됩니다. 상태 s가 i일 때, 입력층 뉴런 X_j에는 1, 다른 뉴런 $X_j(j \neq i)$에는 0이 입력됩니다.

예1 상태 1을 입력층에 입력할 때 X_1에는 1, 다른 뉴런 X_j에는 $(j \neq 1)$ 0이 입력됩니다.

은닉층에는 일반적인 제한이 없습니다. 이곳이 DQN의 설계자가 실력을 발휘할 수 있는 부분이 될 것입니다.

출력층에서는 Q값이 출력됩니다. 상태 s의 입력에 대해서 Q값이 되는 $Q(s, a)$가 출력되는 것입니다.

예2 상태 s의 입력에 대한 뉴런 Z_1의 출력 $= Q(s,$ 오른쪽$)$

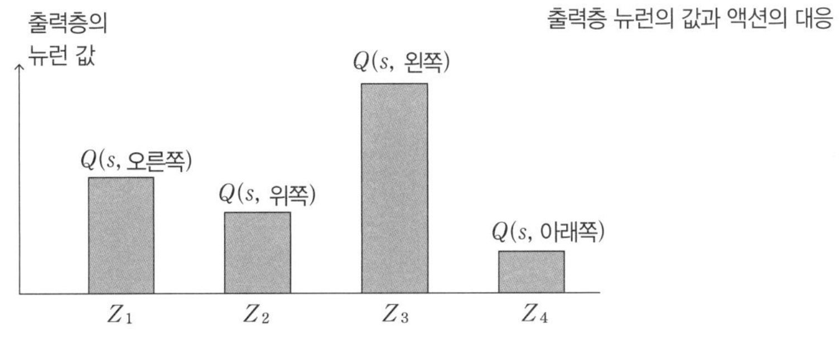

지금까지 출력층 뉴런 Z_k의 출력값을 z_k라고 표기했습니다. 5장에서는 Z_k의 출력값으로 Q학습의 표기를 그대로 이용하기로 합니다.

좀 더 구체적으로 말하면, 상태 s가 입력층에 입력됐을 때의 출력층 뉴런 Z_k의 출력값을 $Q(s, k)$라고 표기합니다. 특히 신경망의 출력이라는 것을 의식할 때는 $Q_N(s, k)$라고 표기하기로 합니다.

DQN의 목적 함수

▶ 2장에서 살펴본 것처럼, 신경망을 결정하기 위해서는 신경망을 규정하는 파라미터(가중치와 임곗값)를 결정해야 합니다. 그 결정 원리는 훈련 데이터에 있는 정답 레이블과 신경망이 출력하는 예측값과의 '오차' 전체를 최소로 하는 것입니다. 이는 DQN에도 동일합니다. 따라서 그 '오차'의 표현을 생각해봅시다.

먼저, Q값을 나타내는 함수 $Q(s, a)$의 갱신식을 알아보겠습니다(▶ 4장 §2 식 3).

$$Q(s_t, a_t) \leftarrow Q(s_t, a_t) + a\left(r_{t+1} + \gamma \max_{a_{t+1} \in A(s_{t+1})} Q(s_{t+1}, a_{t+1}) - Q(s_t, a_t)\right) \quad \cdots \boxed{1}$$

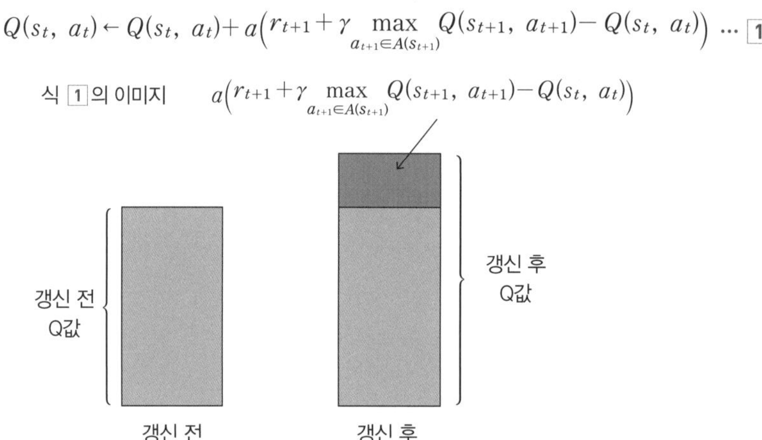

이 식 1에서 Q학습의 종료 조건은 다음 식으로 표현됩니다(▶ 4장 §2 식 5).

$$r_{t+1} + \gamma \max_{a_{t+1} \in A(s_{t+1})} Q(s_{t+1}, a_{t+1}) - Q(s_t, a_t) \rightarrow 0 \quad \cdots \boxed{2}$$

학습이 종료되면, $Q(s, a)$의 갱신은 불필요하게 되고, 식 1 ( ) 안의 식 2는 반드시 0이 되기 때문입니다. 이것에서 진정한 Q값과 학습 도중의 Q값 차이, 즉 학습 후의 Q값과 현Q값과의 '오차의 기준'은 다음 식으로 표현되는 것을 알 수 있습니다.

$$\text{'오차의 기준'} = r_{t+1} + \gamma \max_{a_{t+1} \in A(s_{t+1})} Q(s_{t+1}, a_{t+1}) - Q(s_t, a_t)$$

이 기준이 0에 가까워진다는 것은 Q학습이 확실하게 수행된 것을 의미합니다.

따라서 이 '오차의 기준'을 DQN에서 이용하는 최적화를 위한 '오차'로 적용합시다. 즉, DQN의 신경망을 결정할 때 그곳에서 이용하는 최적화를 위한 제곱 오차 e를 다음과 같이 정의하는 것입니다.

$$\text{제곱 오차 } e = \left(r_{t+1} + \gamma \max_{a_{t+1} \in A(s_{t+1})} Q(s_{t+1},\ a_{t+1}) - Q(s_t,\ a_t)\right)^2 \quad \cdots \boxed{3}$$

주 제곱 오차는 ▶ 1장 §4를 참조하기 바랍니다.

따라서 Q학습 전체에서 이 총합을 목적 함수 E로 취하면 되는 것입니다.

$$E = \left(r_{t+1} + \gamma \max_{a_{t+1} \in A(s_{t+1})} Q(s_{t+1},\ a_{t+1}) - Q(s_t,\ a_t)\right)^2 \text{의 총합} \quad \cdots \boxed{4}$$

이와 같이 정의하면 목적 함수를 신경망으로 쉽게 표현할 수 있다는 장점을 지니게 됩니다.

이 목적 함수 E를 최소화하면 신경망의 파라미터(가중치와 임곗값)가 결정됩니다. 이것이 바로 DQN '최적화'의 기본적인 구조입니다.

▶ 최적화 도구로 해 찾기 이용

앞으로 최적화 계산은 엑셀에 구비돼 있는 표준적인 추가 기능인 '해 찾기'에 맡깁니다. 식 3을 보면 알 수 있듯이 최적화 계산은 다소 번잡합니다. 해 찾기를 이용하면 그 번잡함이 없어지고 DQN의 본질이 좀 더 분명해집니다.

더 나아가 약간 '수고를 더는 것'을 허용해줍니다. 앞 장(▶ 4장)에서 얻은 계산 결과를 빌리기로 하는 것입니다. 즉, 식 4 안의 다음 식(이 책에서 '기대보상'이라 부르는 값)을 앞 장에서 이미 산출된 값으로 치환합니다(▶ 4장 §2 식 1).

$$\text{기대보상: } r_{t+1} + \gamma \max_{a_{t+1} \in A(s_{t+1})} Q(s_{t+1},\ a_{t+1}) \quad \cdots \boxed{5}$$

산출 후의 식 5를 식 4에 적용하면 최적화 시에 식 4의 $Q(s_t, a_t)$만을 신경망으로 계산하면 됩니다. 워크시트는 이러한 복합적인 방법으로 매우 간결해집니다.

'수고를 더는 것'을 이용하는 이유는 해 찾기가 하나의 워크시트만 계산할 수 있기 때문입니다. 하나의 워크시트에 DQN의 지금까지의 처리를 모으면 한눈에 파악하기 어렵기 때문입니다.

즉, Q값을 표현하기 위해 이용하는 신경망의 출력을 다음 절의 워크시트상에서 $Q_N(s, a)$라고 표기하기로 합니다. 앞 장(▶ 4장)에서 다룬 Q값의 함수값 $Q(s, a)$와 구별하기 위해서입니다.

주 Q_N의 첨자 N은 Neural Network의 머리글자입니다.

§ 2 엑셀로 배우는 DQN

앞 절(▶ §1)에서 살펴본 것을 엑셀로 확인해봅시다.

DQN은 Q학습의 Q값을 신경망으로 표현하는 기법입니다. 이 신경망의 파라미터(가중치와 임곗값)는 어떻게 결정하는 것이 좋을까요? 그 방법을 알아보겠습니다.

다음에서는 앞 장(▶ 4장)에서 이용한 '개미의 Q학습'을 구체적인 예로 들어 이야기를 진행합니다. 앞에서도 기술했듯이 '개미'의 예제는 너무 간단해서 DQN의 '고마움'을 느낄 수 없습니다. 그러나 구조를 이해하기에는 안성맞춤입니다.

과제 5 정사각형 벽 안에 구분된 9개의 방이 있습니다. 방과 방 사이의 벽에는 구멍이 있고, 개미는 자유롭게 빠져나갈 수 있다고 가정해봅시다. 왼쪽 위의 방에 개미집이 있고, 오른쪽 아래에 보상이 되는 케이크가 있습니다. 개미가 집에서 케이크로 가는 최단 경로 탐색의 Q학습에 DQN을 적용하시오.

▶ 과제 확인

구체적인 이야기에 들어가기 전에 이 **과제 5**에 관해 ▶ 4장에서 살펴본 Q학습을 복습해보겠습니다.

우선 상태를 생각해보겠습니다. Q학습의 결과를 기억하는 Q값은 상태 s, 액션 a를 이용해 함수 $Q(s, a)$로 나타내지만, 이 상태 s로 다음 여덟 가지를 고려해야 합니다.

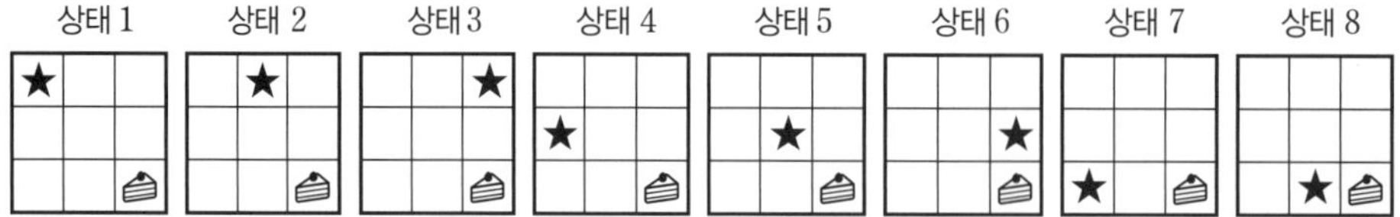

또한 앞 장(▶ 4장)에서는 도착 지점에 대응하는 상태 9를 고려했지만, 이 상태에서는 어떤 액션도 없기 때문에 여기에서는 생략합니다.

그다음으로 액션을 확인해보겠습니다. 액션 a는 방을 이동하는 상하좌우의 행동에 대응하지만 그대로 쓰기 번거로울 때는 다음 액션 코드를 이용하기로 합니다(▶ 4장 §3).

이동	오른쪽	위쪽	왼쪽	아래쪽
액션 코드	1	2	3	4

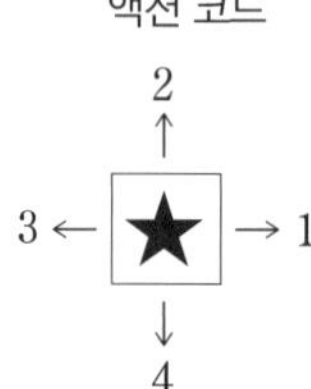

▶ 신경망과 활성화 함수의 가정

신경망으로 ▶ §1에서 살펴본 다음 구조를 가정해보겠습니다.

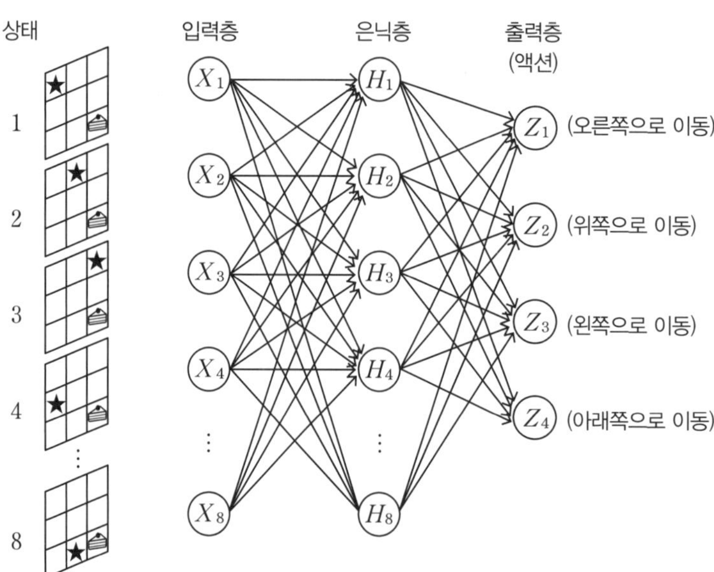

주 은닉층에는 1개 층 8개의 뉴런을 가정했습니다. 이것이 최선은 아니므로 변경할 수 있습니다. 입력층의 $X_1 \sim X_8$은 대응하는 상태 번호 순으로 나열되는 것으로 합니다. 또한 출력층의 Z_1, Z_2, Z_3, Z_4는 액션 순으로 오른쪽, 위쪽, 왼쪽, 아래쪽에 반응하는 뉴런으로 합니다.

이 신경망에서 이용하는 활성화 함수로는 다음 함수를 이용합니다(▶ 1장 §2, ▶ 2장 §2).

이용하는 층	함수	특징
은닉층	tanh 함수 $y = \tanh(x)$	파라미터에 음수를 허용할 때에도 유효
출력층	램프 함수 $y = \max(0, x)$	계산이 빠름. 출력은 0 이상

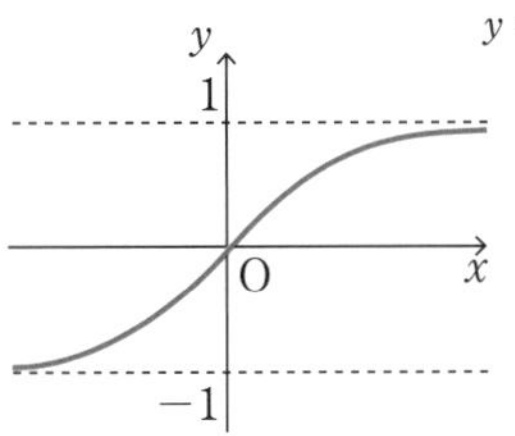

$y = \tanh(x)$ 그래프

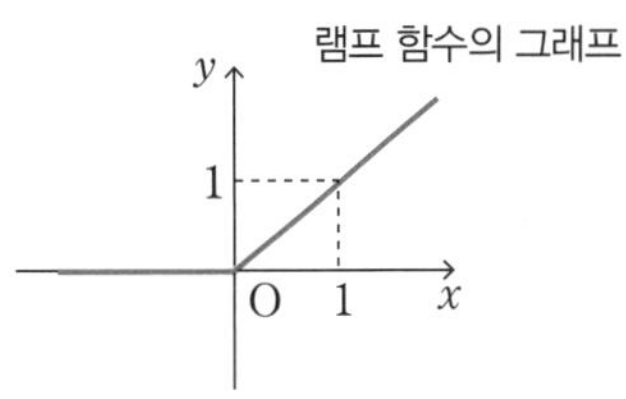

램프 함수의 그래프

주 활성화 함수로는 이 두 가지에 한정될 필요가 없습니다.

DQN에서 지금부터 해야 하는 작업은 위에 기술한 신경망의 가중치와 임겟값을 결정하는 것입니다. 예제를 따라가면서 단계를 밟아나갑시다.

▶ Q학습의 결과 정리

5장의 과제는 앞 장(▶ 4장)의 과제와 동일하기 때문에 우선 Q학습의 결과를 정리해 둡시다.

> **예제 1** 앞 장(▶ 4장) **과제 4** 의 Q학습에서 구한 전체 에피소드의 각 스텝에 관해 처리 결과를 정리하시오.

주 ▶ 4장과 마찬가지로 목적지에 도착하지 않은 에피소드는 생략합니다. 이 예제의 워크시트는 다운로드 사이트(→ 10페이지)의 샘플 파일 '5.xlsx'에 있는 'DQN(최적화 전)' 탭에 수록돼 있습니다.

풀이 ▶ 4장 **과제 4** 에서 살펴본 Q학습의 워크시트에서 모든 에피소드의 모든 스텝에 관해 상태 s_t, 액션 a_t 그리고 ▶ §1 식 5 로 제시한 다음 값을 추출합니다.

$$r_{t+1} + \gamma \max_{a_{t+1} \in A(s_{t+1})} Q(s_{t+1}, a_{t+1})$$

이 식의 값은 워크시트에서 '$r+\gamma \max Q$'로 표현하고 있습니다.

	A	B	C	D	E	F	G	H
1		DQN의 실제 (예) 개미의 학습						
13					Q학습의 결과			
14		순서	episode	step	목적지	상태 s_t	Action a_t	r+γ maxQ
15		1	1	1	도착	1	4	2.80
16		2	1	2	도착	4	4	1.40
17		3	1	3	도착	7	1	2.80
18		4	1	4	도착	8	2	3.50
19		5	1	5	도착	5	1	2.10
20		6	1	6	도착	6	4	100.00
21		7	1	7	도착	9	1	0.00
22		8	1	8	도착	9	1	0.00
23		9	1	9	도착	9	1	0.00
24		10	1	10	도착	9	4	0.00

▶ 4장에서 실행한 Q학습의 각 에피소드와 각 스텝의 처리 결과를 첫 번째 행에 정리한다.

또한 이 그림과 같이 앞으로는 하나의 에피소드만을 제시합니다. 주석을 달지 않는 한 다른 에피소드라 하더라도 기본은 동일합니다.

입력층 데이터의 코드화

예제 1 에서 정리한 상태 s_t를 입력층 뉴런에 할당하기 쉬운 형식으로 변환합니다. 이 변환은 다음 표를 따라 진행합니다. 상태 s를 해당하는 뉴런 X_s에 할당하기 위해 상태 s를 2진수로 표시하는 것입니다.

		입력층 뉴런 번호							
		1	2	3	4	5	6	7	8
상태	1	1	0	0	0	0	0	0	0
	2	0	1	0	0	0	0	0	0
	3	0	0	1	0	0	0	0	0
	4	0	0	0	1	0	0	0	0
	5	0	0	0	0	1	0	0	0
	6	0	0	0	0	0	1	0	0
	7	0	0	0	0	0	0	1	0
	8	0	0	0	0	0	0	0	1

주 ▶ 3장에서 살펴본 것처럼 독립된 데이터에 1, 0으로 구성되는 단순한 벡터를 부여하는 방법을 **원 핫 인코딩**이라 부릅니다.

다음 예제를 살펴봅시다.

예제 2 예제 1에서 정리한 상태 s_t를 입력층의 뉴런에 할당하도록 2진수로 표시하시오.

주 이 예제의 워크시트는 다운로드 사이트(→ 10페이지)의 샘플 파일 '5.xlsx'에 있는 'DQN(최적화 전)' 탭에 수록돼 있습니다.

풀이 앞의 변환표에 따라, 상태를 입력층의 뉴런에 할당합니다. 개미의 움직임에 따라 상태가 변하므로 이것을 착실하게 추적할 수 있도록 합니다.

I15 =IF($F15=I$14,1,0)

DQN의 실제 (예) 개미의 학습

	Q학습의 결과						입력층								
순서	episode	step	상태 s_t	Action a_t	$r+\gamma$ maxQ	1	2	3	4	5	6	7	8	임계값
1	1	1	1	4	2.80	1	0	0	0	0	0	0	0	−1
2	1	2	4	4	1.40	0	0	0	1	0	0	0	0	−1
3	1	3	7	1	2.80	0	0	0	0	0	0	1	0	−1
4	1	4	8	2	3.50	0	0	0	0	0	0	0	1	−1
5	1	5	5	1	2.10	0	0	0	0	1	0	0	0	−1
6	1	6	6	4	100.00	0	0	0	0	0	1	0	0	−1
7	1	7	9	1	0.00	0	0	0	0	0	0	0	0	−1
8	1	8	9	1	0.00	0	0	0	0	0	0	0	0	−1
9	1	9	9	1	0.00	0	0	0	0	0	0	0	0	−1
10	1	10	9	4	0.00	0	0	0	0	0	0	0	0	−1

상태를 2진수 코드로 표현

▶ 가중치와 임곗값의 초깃값 설정

이상으로 입력층에 대한 입력이 준비됐습니다. 그다음으로, 신경망의 파라미터(가중치와 임곗값)에 초깃값을 설정합시다. 지금까지 살펴본 것처럼 초깃값이 없으면 계산할 수 없기 때문입니다.

예제 3 앞에서 제시한 DQN을 위한 신경망에 대해 가중치와 임곗값의 초깃값을 설정하시오.

주 이 예제의 워크시트는 다운로드 사이트(→ 10페이지)의 샘플 파일 '5.xlsx'에 있는 'DQN(최적화 전)' 탭에 수록돼 있습니다.

풀이 ▶ 2장, 3장에서 살펴본 것처럼, 가중치와 임곗값의 초깃값을 적당히 설정합니다. 신경망의 경우와 마찬가지로 이 초깃값에 의해 최적화의 계산(즉, 해 찾기의 실행)의 성공 여부가 결정됩니다. 산출 결과가 기대하는 것과 다를 때는 RAND 함수 등을 이용해 다양하게 변경해봅시다.

은닉층의 가중치와 임곗값(최적화 전)

	1	2	3	4	5	6	7	8	임곗값
1	0.25	0.17	0.46	0.26	0.88	-0.83	-0.74	0.89	-0.25
2	-0.86	0.75	-0.75	-0.68	0.22	0.95	0.98	0.51	-0.34
3	-0.95	0.04	-0.04	0.63	-0.18	-0.78	-0.29	0.67	-0.49
4	0.79	-0.83	-0.21	0.00	0.79	0.63	-0.99	0.11	0.32
5	-0.52	0.93	-0.54	-0.71	0.05	-0.42	0.20	-0.42	0.36
6	0.28	-0.13	-0.81	-0.93	-0.32	0.59	0.22	-0.60	0.71
7	0.85	-0.02	-0.63	-0.39	0.65	0.80	-0.64	-0.95	0.60
8	0.38	0.87	-1.00	-0.15	-0.34	0.80	-0.86	-0.60	-0.57

출력층의 가중치와 임곗값(최적화 전)

	1	2	3	4	5	6	7	8	임곗값
1	-0.21	-0.42	0.98	-0.86	-0.52	0.20	-0.07	-0.02	0.64
2	0.36	0.44	-1.00	-0.35	-0.45	0.77	0.22	0.80	-0.33
3	0.42	-0.54	-0.21	0.39	-0.49	-0.42	-0.72	0.24	0.44
4	0.94	0.37	0.96	-0.48	0.74	0.40	-0.74	0.07	-0.24

은닉층과 출력층의 가중치와 임곗값의 초깃값을 적당히 설정

▶ 은닉층에 대해 '입력의 선형합'을 구한다

은닉층의 '입력의 선형합'을 구할 준비가 됐습니다. 실제로 구해봅시다.

예제 4 예제 2, 예제 3의 결과를 이용해 은닉층에 관해 '입력의 선형합'을 산출하시오.

주 이 예제의 워크시트는 다운로드 사이트(→ 10페이지)의 샘플 파일 '5.xlsx'에 있는 'DQN(최적화 전)' 탭에 수록돼 있습니다.

풀이 '입력의 선형합'의 계산 방법은 ▶ 2장 §2에서 살펴봤습니다. 여기에서는 간결하게 계산하기 위해 임곗값을 위한 더미 입력 -1을 이용합니다(▶ 2장 §2의 식 8).

입력의 선형합을 계산

R15 =SUMPRODUCT($R$4:$Z$4,$I15:$Q15)

DQN의 실제 (예) 개미의 학습

은닉층의 가중치와 임겟값(최적화 전)

	1	2	3	4	5	6	7	8	임겟값
1	0.25	0.17	0.46	0.26	0.88	−0.83	−0.74	0.89	−0.25
2	−0.86	0.75	−0.75	−0.68	0.22	0.95	0.98	0.51	−0.34
3	−0.95	0.04	−0.04	0.63	−0.18	−0.78	−0.29	0.67	−0.49
4	0.79	−0.83	−0.21	0.00	0.79	0.63	−0.99	0.11	0.32
5	−0.52	0.93	−0.54	−0.71	0.05	−0.42	0.20	−0.42	0.36
6	0.28	−0.13	−0.81	−0.93	−0.32	0.59	0.22	−0.60	0.71
7	0.85	−0.02	−0.63	−0.39	0.65	0.80	−0.64	−0.95	0.60
8	0.38	0.87	−1.00	−0.15	−0.34	0.80	−0.86	−0.60	−0.57

입력의 선형합을 산출하기 위한 대응 예

	입력층									은닉층 입력합								
순서	1	2	3	4	5	6	7	8	임계값	1	2	3	4	5	6	7	8	1
1	1	0	0	0	0	0	0	0	−1	0.50	−0.52	−0.46	0.47	−0.88	−0.43	0.25	0.95	0.46
2	0	0	0	1	0	0	0	0	−1	0.51	−0.34	1.12	−0.32	−1.07	−1.64	−0.99	0.42	0.47
3	0	0	0	0	0	0	1	0	−1	−0.49	1.32	0.20	−1.31	−0.16	−0.49	−1.24	−0.29	−0.45
4	0	0	0	0	0	0	0	1	−1	1.14	0.85	1.16	−0.21	−0.78	−1.31	−1.55	−0.03	0.81
5	0	0	0	0	1	0	0	0	−1	1.13	0.56	0.31	0.47	−0.31	−1.03	0.05	0.23	0.81
6	0	0	0	0	0	1	0	0	−1	−0.58	1.29	−0.29	0.31	−0.78	−0.12	0.20	1.37	−0.52
7	0	0	0	0	0	0	0	0	−1	0.25	0.34	0.49	−0.32	−0.36	−0.71	−0.60	0.57	0.24
8	0	0	0	0	0	0	0	0	−1	0.25	0.34	0.49	−0.32	−0.36	−0.71	−0.60	0.57	0.24
9	0	0	0	0	0	0	0	0	−1	0.25	0.34	0.49	−0.32	−0.36	−0.71	−0.60	0.57	0.24
10	0	0	0	0	0	0	0	0	−1	0.25	0.34	0.49	−0.32	−0.36	−0.71	−0.60	0.57	0.24

임겟값 칸에 있는 −1의 입력에 관해서는
▶ 2장 §2를 참조하시오.

▶ 은닉층의 출력을 구한다

은닉층의 '입력의 선형합'의 준비가 됐으므로 은닉층의 출력을 산출합니다.

예제 5 **예제 4**의 결과를 이용해 은닉층의 출력을 산출하시오(활성화 함수로는 tanh를 이용합니다.).

주 이 예제의 워크시트는 다운로드 사이트(→ 10페이지)의 샘플 파일 '5.xlsx'에 있는 'DQN(최적화 전)' 탭에 수록돼 있습니다.

풀이 데이터의 질에 따라 활성화 함수를 고를 필요가 있지만, 여기에서는 함수 tanh를 이용합니다(▶ 2장 §2). 음수인 파라미터를 허용할 때 tanh는 모델과 데이터와의 적합도가 좋아지는 것으로 알려져 있기 때문입니다. 또한 tanh의 인수로서는 배열 형식을 이용합니다(▶ 1장 §2).

은닉층의 활성화 함수는 tanh 함수를 이용

Z15 {=TANH(R15:Y24)}

	A	B	R	S	T	U	V	W	X	Y	Z	AA	AB	AC
1		DQN의 실제 (예) 개미의 학습												
13			은닉층 입력합								은닉			
14		순서	1	2	3	4	5	6	7	8	1	2	3	4
15		1	0.50	−0.52	−0.46	0.47	−0.88	−0.43	0.25	0.95	0.46	−0.48	−0.43	0.44
16		2	0.51	−0.34	1.12	−0.32	−1.07	−1.64	−0.99	0.42	0.47	−0.33	0.81	−0.31
17		3	−0.49	1.32	0.20	−1.31	−0.16	−0.49	−1.24	−0.29	−0.45	0.87	0.20	−0.86
18		4	1.14	0.85	1.16	−0.21	−0.78	−1.31	−1.55	−0.03	0.81	0.69	0.82	−0.21
19		5	1.13	0.56	0.31	0.47	−0.31	−1.03	0.05	0.23	0.81	0.51	0.30	0.44
20		6	−0.58	1.29	−0.29	0.31	−0.78	−0.12	0.20	1.37	−0.52	0.86	−0.28	0.30
21		7	0.25	0.34	0.49	−0.32	−0.36	−0.71	−0.60	0.57	0.24	0.33	0.45	−0.31
22		8	0.25	0.34	0.49	−0.32	−0.36	−0.71	−0.60	0.57	0.24	0.33	0.45	−0.31
23		9	0.25	0.34	0.49	−0.32	−0.36	−0.71	−0.60	0.57	0.24	0.33	0.45	−0.31
24		10	0.25	0.34	0.49	−0.32	−0.36	−0.71	−0.60	0.57	0.24	0.33	0.45	−0.31

▶ 출력층에 대한 '입력의 선형합'을 구한다

은닉층의 출력이 구해졌으므로 이번에는 출력층에 관해 '입력의 선형합'을 구해봅시다.

예제 6 앞의 예제 3, 예제 5의 결과를 이용해 출력층에 대한 '입력의 선형합'과 출력층의 출력을 산출하시오. 또한 그 출력 중에서 실제의 액션에 대응하는 값을 추출하시오.

주 이 예제의 워크시트는 다운로드 사이트(→ 10페이지)의 샘플 파일 '5.xlsx'에 있는 'DQN(최적화 전)' 탭에 수록돼 있습니다.

풀이 예제 4와 마찬가지로 '입력의 선형합'을 산출합니다. 또한 예제 4처럼 여기에서도 간결하게 계산하기 위해 임곗값을 위한 더미 입력 −1을 이용합니다(▶ 2장 §2 식 8).

> **MEMO** ReLU 뉴런
>
> 램프 함수를 활성화 함수로 하는 뉴런을 **ReLU 뉴런**이라 부릅니다. 램프 함수 자체도 ReLU 함수라고 부릅니다. 이것은 Rectified Linear Unit(정규화 선형함수라 번역합니다)의 머리글자를 딴 이름입니다. ReLU 뉴런은 다루기 쉽기 때문에 인기가 높습니다.

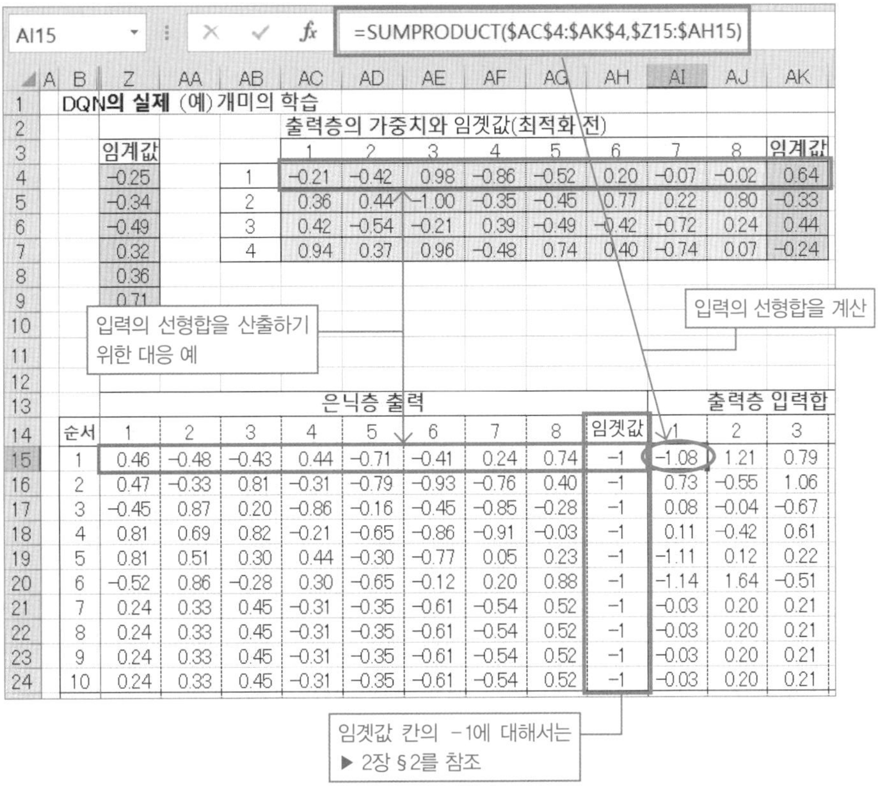

AI15 =SUMPRODUCT($AC$4:$AK$4,$Z15:$AH15)

DQN의 실제 (예) 개미의 학습

출력층의 가중치와 임곗값(최적화 전)

임계값		1	2	3	4	5	6	7	8	임계값
-0.25	1	-0.21	-0.42	0.98	-0.86	-0.52	0.20	-0.07	-0.02	0.64
-0.34	2	0.36	0.44	-1.00	-0.35	-0.45	0.77	0.22	0.80	-0.33
-0.49	3	0.42	-0.54	-0.21	0.39	-0.49	-0.42	-0.72	0.24	0.44
0.32	4	0.94	0.37	0.96	-0.48	0.74	0.40	-0.74	0.07	-0.24
0.36										
0.71										

입력의 선형합을 산출하기 위한 대응 예

입력의 선형합을 계산

	은닉층 출력									출력층 입력합		
순서	1	2	3	4	5	6	7	8	임곗값	1	2	3
1	0.46	-0.48	-0.43	0.44	-0.71	-0.41	0.24	0.74	-1	-1.08	1.21	0.79
2	0.47	-0.33	0.81	-0.31	-0.79	-0.93	-0.76	0.40	-1	0.73	-0.55	1.06
3	-0.45	0.87	0.20	-0.86	-0.16	-0.45	-0.85	-0.28	-1	0.08	-0.04	-0.67
4	0.81	0.69	0.82	-0.21	-0.65	-0.86	-0.91	-0.03	-1	0.11	-0.42	0.61
5	0.81	0.51	0.30	0.44	-0.30	-0.77	0.05	0.23	-1	-1.11	0.12	0.22
6	-0.52	0.86	-0.28	0.30	-0.65	-0.12	0.20	0.88	-1	-1.14	1.64	-0.51
7	0.24	0.33	0.45	-0.31	-0.35	-0.61	-0.54	0.52	-1	-0.03	0.20	0.21
8	0.24	0.33	0.45	-0.31	-0.35	-0.61	-0.54	0.52	-1	-0.03	0.20	0.21
9	0.24	0.33	0.45	-0.31	-0.35	-0.61	-0.54	0.52	-1	-0.03	0.20	0.21
10	0.24	0.33	0.45	-0.31	-0.35	-0.61	-0.54	0.52	-1	-0.03	0.20	0.21

임곗값 칸의 −1에 대해서는 ▶ 2장 §2를 참조

이 결과에서 출력층의 출력을 산출합니다. 활성화 함수로는 램프 함수를 이용하고 있습니다(▶ 2장 §2). 출력이 양수인 임의의 값을 취할 필요가 있기 때문입니다.

AM15 =MAX(0,AI15)

	A	B	AI	AJ	AK	AL	AM	AN	AO	AP
1		DQN의 실제 (예) 개미의 학습								
13			출력층 입력합				출력층 출력			
14		순서	1	2	3	4	1	2	3	4
15		1	-1.08	1.21	0.79	-0.94	0.00	1.21	0.79	0.00
16		2	0.73	-0.55	1.06	1.12	0.73	0.00	1.06	1.12
17		3	0.08	-0.04	-0.67	1.04	0.08	0.00	0.00	1.04
18		4	0.11	-0.42	0.61	1.99	0.11	0.00	0.61	1.99
19		5	-1.11	0.12	0.22	0.72	0.00	0.12	0.22	0.72
20		6	-1.14	1.64	-0.51	-0.96	0.00	1.64	0.00	0.00
21		7	-0.03	0.20	0.21	1.11	0.00	0.20	0.21	1.11
22		8	-0.03	0.20	0.21	1.11	0.00	0.20	0.21	1.11
23		9	-0.03	0.20	0.21	1.11	0.00	0.20	0.21	1.11
24		10	-0.03	0.20	0.21	1.11	0.00	0.20	0.21	1.11

출력층의 활성화 함수는 램프 함수를 이용

그런데 이러한 출력층 Z_1, Z_2, Z_3, Z_4의 출력 중 해당 스텝에서 실행된 액션은 **예제 1** 의 '정리'에 구해져 있습니다. 그 실제의 액션에 대응하는 출력이 신경망의 이론값 $Q_N(s, a)$의 값이 됩니다.

AQ15 =OFFSET(AM15,0,G15-1)

	A	B	C	D	F	G	H	AM	AN	AO	AP	AQ
1		DQN의 실제 (예) 개미의 학습										
13					Q학습의 결과			출력층 출력				오차
14		순서	episode	step	상태 s_t	Action a_t	$r+\gamma$ maxQ	1	2	3	4	$Q_N(s_t, a_t)$
15		1	1	1	1	4	2.80	0.00	1.21	0.79	0.00	0.00
16		2	1	2	4	4	1.40	0.73	0.00	1.06	1.12	1.12
17		3	1	3	7	1	2.80	0.08	0.00	0.00	1.04	0.08
18		4	1	4	8	2	3.50	0.11	0.00	0.61	1.99	0.00
19		5	1	5	5	1	2.10	0.00	0.12	0.22	0.72	0.00
20		6	1	6	6	4	100.00	0.00	1.64	0.00	0.00	0.00
21		7	1	7	9	1	0.00	0.00	0.20	0.21	1.11	0.00
22		8	1	8	9	1	0.00	0.00	0.20	0.21	1.11	0.00
23		9	1	9	9	1	0.00	0.00	0.20	0.21	1.11	0.00
24		10	1	10	9	4	0.00	0.00	0.20	0.21	1.11	1.11

실제의 액션에 대응하는 출력값을 획득

주 이전에도 제시한 것처럼 Q값을 나타내기 위한 신경망의 출력을 $Q_N(s, a)$로 나타냅니다.

▶ 신경망의 목적 함수 계산

우선 제곱오차를 구합니다. ▶ §1의 식 [3]으로부터 오차의 제곱(제곱오차) $e(s_t,\ a_t)$가 다음과 같이 구해집니다.

$$e(s_t,\ a_t) = \left(r_{t+1} + \gamma \max_{a_{t+1} \in A(s_{t+1})} Q(s_{t+1},\ a_{t+1}) - Q_N(s_t,\ a_t)\right)^2 \cdots \text{[1]}$$

여기에서 $Q_N(s,\ a)$는 앞에 기술한 **예제 6**에서 구해집니다.

이 식 [1]로 표현된 제곱오차 $e(s_t,\ a_t)$를 전체 에피소드·전체 액션에 관해 모두 더한 것이 '목적 함수' E_T가 됩니다(▶ 1장 §4).

E_T = 위에 기술한 [1]의 전체 합 ⋯ [2]

이 식 [2]를 이용해 목적 함수를 엑셀로 산출해봅시다.

예제 7 전체 에피소드의 각 스텝에서, 제곱오차 $e(s_t,\ a_t)$(즉, 식 [1])를 산출하시오. 또한 그 합계인 목적 함수 [2]도 계산하시오.

주 이 예제의 워크시트는 다운로드 사이트(→ 10페이지)의 샘플 파일 '5.xlsx'에 있는 'DQN(최적화 전)' 탭에 수록돼 있습니다.

풀이 먼저 식 [1]의 제곱오차를 구합니다. 그리고 이것들을 더한 오차의 합계(목적 함수)를 산출합니다.

식 [2]의 계산

AR15 =IF(AND(E15="도착",F15<9),(H15-AQ15)^2,0)

식 [1]의 계산

	A	B	C	D	F	G	H	AM	AN	AO	AP	AQ	AR
1		DQN의 실제 (예) 개미의 학습											
11											목적함수 E_T		964461.4
12													
13					Q학습의 결과			출력층 출력				오차 계산	
14		순서	episode	step	상태 s_t	Action a_t	r+γ maxQ	1	2	3	4	$Q_N(s_t,a_t)$	오차
15		1	1	1	1	4	2.80	0.00	1.21	0.79	0.00	0.00	7.84
16		2	1	2	4	4	1.40	0.73	0.00	1.06	1.12	1.12	0.08
17		3	1	3	7	1	2.80	0.08	0.00	0.00	1.04	0.08	7.37
18		4	1	4	8	2	3.50	0.11	0.00	0.61	1.99	0.00	12.25
19		5	1	5	5	1	2.10	0.00	0.12	0.22	0.72	0.00	4.41
20		6	1	6	6	4	100.00	0.00	1.64	0.00	0.00	0.00	10000.00
21		7	1	7	9	1	0.00	0.00	0.20	0.21	1.11	0.00	0.00
22		8	1	8	9	1	0.00	0.00	0.20	0.21	1.11	0.00	0.00
23		9	1	9	9	1	0.00	0.00	0.20	0.21	1.11	0.00	0.00
24		10	1	10	9	4	0.00	0.00	0.20	0.21	1.11	1.11	0.00

▶ DQN의 최적화

최적화를 위한 준비가 끝났습니다. 목적 함수 E_T를 최소화하고, DQN을 위한 신경망을 확정해봅시다.

예제 8 엑셀의 해 찾기를 이용해 **예제 7**에서 구한 목적 함수를 최소화하시오.

주 이 예제의 워크시트는 다운로드 사이트(→ 10페이지)의 샘플 파일 '5.xlsx'에 있는 'DQN(최적화 후)' 탭에 수록돼 있습니다.

MEMO **램프 함수 '램프'의 의미**

램프 함수라는 이름이 지어진 이유는 그래프가 경사로(ramp)를 닮았기 때문입니다. "홍은동 일대부터 성산램프까지 정체가 심하고요."처럼 교통 안내 방송에서 '램프'가 자주 사용되는데, 이는 입체 교차로 부분이 경사로이기 때문입니다.

풀이 엑셀의 해 찾기에서 다음 그림처럼 파라미터를 설정하고 실행해봅시다.

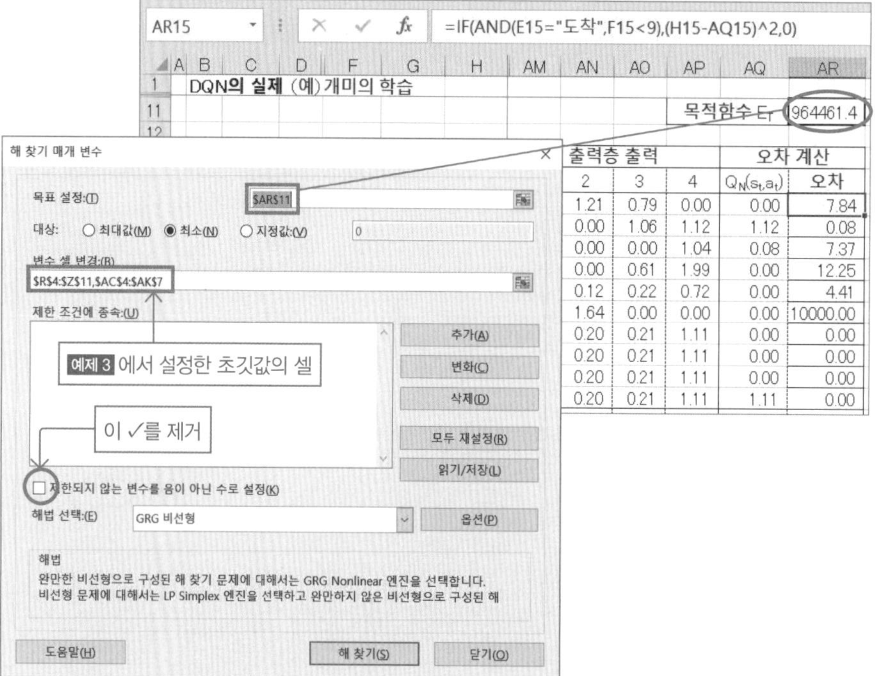

2	3	4	$Q_N(s_t,a_t)$	오차
1.21	0.79	0.00	0.00	7.84
0.00	1.06	1.12	1.12	0.08
0.00	0.00	1.04	0.08	7.37
0.00	0.61	1.99	0.00	12.25
0.12	0.22	0.72	0.00	4.41
1.64	0.00	0.00	0.00	10000.00
0.20	0.21	1.11	0.00	0.00
0.20	0.21	1.11	0.00	0.00
0.20	0.21	1.11	0.00	0.00
0.20	0.21	1.11	1.11	0.00

MEMO **파라미터 결정 방법**

신경망에서는 모델의 파라미터를 결정하기 위해 '목적 함수를 최소화하는' 방법이 이용됩니다. 파라미터의 결정에는 그 외에 **최우추정법**이라 부르는 방법도 유명합니다. 확률적으로 가장 일어나기 쉬운 파라미터를 옳은 값으로 취하는 방법입니다.

다음과 같이 '가중치'와 '임곗값'이 구해집니다.

〈은닉층〉

	1	2	3	4	5	6	7	8	임곗값
1	-0.08	3.96	1.31	1.71	2.08	1.04	-1.48	0.13	-7.60
2	-0.92	0.50	-0.61	-3.88	1.95	1.14	0.19	-2.83	5.49
3	-0.95	3.56	0.83	6.63	1.82	-0.98	8.24	5.11	-25.65
4	0.79	-1.59	-0.51	-12.09	-0.29	0.56	-2.96	-11.16	27.87
5	8.52	32.79	9.46	1.43	-21.56	-19.60	-16.43	-3.57	1.44
6	14.33	5.62	2.39	6.52	6.57	-33.61	20.13	-19.42	-9.73
7	0.88	-2.49	-1.00	-2.31	-2.15	0.82	-0.82	-1.22	8.55
8	1.63	0.45	-0.99	-7.89	-3.54	4.50	-6.63	-0.31	11.27

〈출력층〉

	1	2	3	4	5	6	7	8	임곗값
1	4.28	21.74	15.83	-6.72	-21.33	-17.15	-21.47	-8.58	-26.56
2	6.86	-5.37	5.33	-6.28	-3.44	-3.31	-6.03	16.88	-7.52
3	9.22	-7.05	8.10	-6.76	-4.90	-10.49	-9.10	17.93	-9.09
4	16.42	-3.79	16.35	-12.62	-3.21	-30.08	-14.82	18.01	-20.68

이상과 같이 DQN을 위한 신경망의 파라미터(가중치와 임곗값)가 결정됐습니다.

DQN의 결과 확인

결정된 Q학습의 결과를 표현하는 신경망(즉, DQN)이 Q학습의 결과를 정확히 표현하고 있는지 확인해봅시다.

예제 9 예제 8에서 결정된 신경망이 산출한 Q값을 이용해 개미의 행동을 살펴보시오.

주 이 예제의 워크시트는 다운로드 사이트(→ 10페이지)의 샘플 파일 '5.xlsx'에 있는 '결과 요약' 탭에 수록돼 있습니다.

풀이 확정된 신경망에서 출력을 산출해 그 결과를 표로 제시합시다.

덧붙여 말하면, 실제의 응용에서는 Q값을 이와 같이 표로 제시하는 것이 불가능합니다. 그것이 가능하다면 DQN은 불필요할 것입니다. 여기에서의 확인은 어디까지나 간단한 과제이기 때문에 가능한 것입니다.

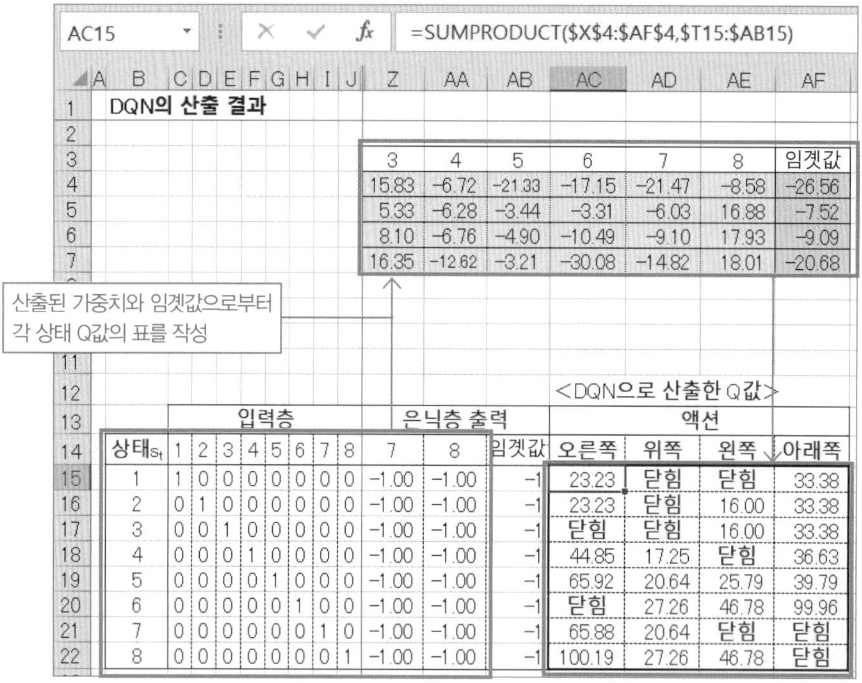

AC15 =SUMPRODUCT($X$4:$AF$4,$T15:$AB15)

DQN의 산출 결과

3	4	5	6	7	8	임곗값
15.83	−6.72	−21.33	−17.15	−21.47	−8.58	−26.56
5.33	−6.28	−3.44	−3.31	−6.03	16.88	−7.52
8.10	−6.76	−4.90	−10.49	−9.10	17.93	−9.09
16.35	−12.62	−3.21	−30.08	−14.82	18.01	−20.68

산출된 가중치와 임곗값으로부터 각 상태 Q값의 표를 작성

<DQN으로 산출한 Q값>

	입력층								은닉층 출력			액션			
상태 s_t	1	2	3	4	5	6	7	8	7	8	임곗값	오른쪽	위쪽	왼쪽	아래쪽
1	1	0	0	0	0	0	0	0	−1.00	−1.00	−1	23.23	닫힘	닫힘	33.38
2	0	1	0	0	0	0	0	0	−1.00	−1.00	−1	23.23	닫힘	16.00	33.38
3	0	0	1	0	0	0	0	0	−1.00	−1.00	−1	닫힘	닫힘	16.00	33.38
4	0	0	0	1	0	0	0	0	−1.00	−1.00	−1	44.85	17.25	닫힘	36.63
5	0	0	0	0	1	0	0	0	−1.00	−1.00	−1	65.92	20.64	25.79	39.79
6	0	0	0	0	0	1	0	0	−1.00	−1.00	−1	닫힘	27.26	46.78	99.96
7	0	0	0	0	0	0	1	0	−1.00	−1.00	−1	65.88	20.64	닫힘	닫힘
8	0	0	0	0	0	0	0	1	−1.00	−1.00	−1	100.19	27.26	46.78	닫힘

신경망에서 산출된 Q값의 표로 각 방의 출구에 Q값을 기록해둡시다. 그리고 그 최댓값에 따라 개미의 행동(액션)을 맡겨봅시다.

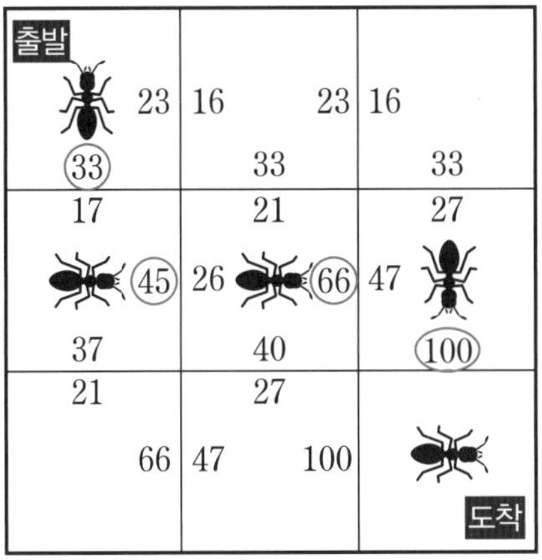

출발 23 (33)	16 23 33	16 33
17 (45) 37	21 26 (66) 40	27 47 (100)
21 66	27 47 100	도착

주 수치는 소수부를 반올림했습니다.

개미는 ▶ 4장에서 살펴본 Q학습의 결과와 동일한 행동(▶ 4장 §3의 예제 8)을 취하는 것을 알 수 있습니다. 목적 함수 2를 이용한 신경망에 따라 Q테이블의 근사가 유효하다는 것을 확인할 수 있을 것입니다.

▶ 적합도를 올리기 위해서는

앞 장(▶ 4장)의 Q학습으로 구한 Q값의 표와 이 장의 DQN으로 구한 Q테이블은 학습 후 개미의 행동으로서는 동일하지만, 몇 개의 칸에서 수치에 큰 차이가 생깁니다. 다음 그림을 비교해보기 바랍니다.

	<DQN으로 산출한 Q값>			
	액션			
상태s_t	오른쪽	위쪽	왼쪽	아래쪽
1	23.23	닫힘	닫힘	33.38
2	23.23	닫힘	16.00	33.38
3	닫힘	닫힘	16.00	33.38
4	44.85	17.25	닫힘	36.63
5	65.92	20.64	25.79	39.79
6	닫힘	27.26	46.78	99.96
7	65.88	20.64	닫힘	닫힘
8	100.19	27.26	46.78	닫힘

	<Q학습으로 작성한 Q값>			
	액션			
상태s_t	오른쪽	위쪽	왼쪽	아래쪽
1	34.00	닫힘	닫힘	34.30
2	24.43	닫힘	16.95	48.96
3	닫힘	닫힘	21.76	51.57
4	49.00	22.92	닫힘	48.85
5	70.00	23.63	28.52	63.04
6	닫힘	13.25	44.69	100.00
7	69.97	19.19	닫힘	닫힘
8	100.00	43.85	36.59	닫힘

그 이유로서 에피소드 수가 적기 때문에 상태에 따른 변화가 급격해진다는 것을 고려할 수 있습니다.

즉, Q값의 표가 아직 완전히 수렴하지 않아 산포도가 크기 때문입니다. 산포도가 큰 대상에 대해 단순한 신경망은 근삿값을 구하기 어렵습니다.

이는 해 찾기의 최적화 계산 중에서도 분명합니다. 예제 8 의 결과로 얻은 목적 함수는 다음과 같이 큰 값입니다.

예제 8 의 목적 함수 값 = 38897.9

여기에서 에피소드 수를 늘리고, ε-greedy법의 확률 ε(▶ 4장 §3)을 적당히 수정하면, Q학습으로 구한 Q값의 표와 DQN으로 구한 Q값의 표가 일치하게 됩니다.

실제 문제에서는 스텝마다 상관성 등이 적합도가 나빠지는 데 기여하는 면이 있습니다. 이때에는 스텝을 분해해 최적화 계산을 하는 등의 기법이 필요합니다.

참고 강화학습과 딥러닝의 관계

Q학습, 일반적으로 강화학습에 대한 연구는 1980년경부터 활발히 이뤄졌습니다. 현재 화제가 되고 있는 딥러닝보다 선배입니다. 이론적으로는 딥러닝과 세계가 다릅니다. 다음 그림에서 차지하는 위치를 살펴봅시다.

AI에서 Q학습의 위치

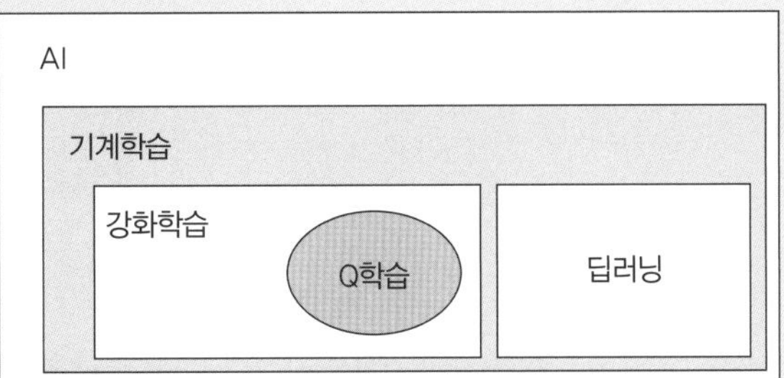

강화학습에 딥러닝을 융합해 추가적인 힘을 발휘할 수 있도록 한 것은 2010년 이후입니다. 바둑과 장기에서 유명 기사를 압도한 것도 이 융합이 낳은 결과입니다. 이것이 바로 **심층 강화학습**(Deep Reinforcement Learning)입니다. 그 대표적인 예로 이 책에서 살펴본 DQN(Deep Q-Network)을 들 수 있습니다.

AI에서 DQN학습의 위치

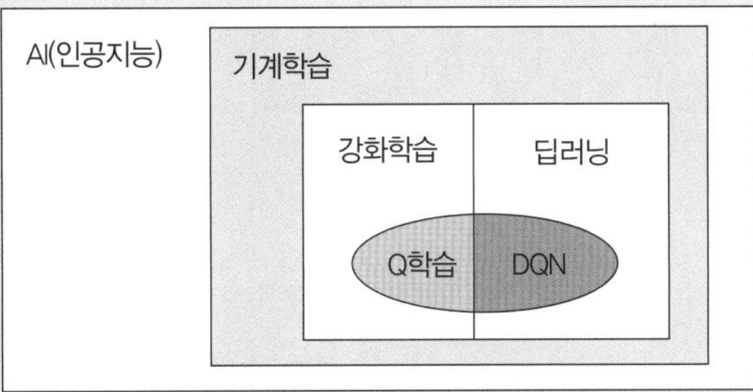

딥러닝은 입력 정보에서 특징을 추출하고 정리해 필요한 정보를 출력하는 성질을 지니고 있습니다. 심층 강화학습은 이 딥러닝의 성질과 강화학습을 융합해 발전시킨 것입니다.

훈련 데이터

▶ 2장의 예제에서 이용한 신경망을 위한 학습 데이터를 제시합니다. 숫자 '0'과 '1'을 4×3 화소로 그렸습니다. 화소는 0과 1의 두 값입니다.

주1 본문에서는 진하게 칠한 화소를 1, 흰 부분을 0으로 합니다.

주2 수치화된 데이터는 다운로드 사이트(→ 10페이지)의 샘플 파일에 있는 '부록.xlsx'에 수록돼 있습니다.

번호	1	2	3	4	5	6	7	8	9	10	11	12	13	14	15
정답 「0」	1	0	0	0	1	1	0	0	1	0	1	0	0	1	1
정답 「1」	0	1	1	1	0	0	1	1	0	1	0	1	1	0	0

번호	16	17	18	19	20	21	22	23	24	25	26	27	28	29	30
정답 「0」	0	1	1	0	0	1	1	0	0	1	1	1	1	1	1
정답 「1」	1	0	0	1	1	0	0	1	1	0	0	0	0	0	0

번호	31	32	33	34	35	36	37	38	39	40	41	42	43	44	45
정답 「0」	0	1	1	1	1	1	0	0	1	0	1	1	0	1	1
정답 「1」	1	0	0	0	0	0	1	1	0	1	0	0	1	0	0

번호	46	47	48	49	50	51	52	53	54	55
정답 「0」	0	0	1	1	0	1	0	1	1	0
정답 「1」	1	1	0	0	1	0	1	0	0	1

'해 찾기'의 설치 방법

이 책에서 계산의 강력한 도구는 엑셀에 구비돼 있는 추가 기능 중 하나인 '해 찾기' 입니다. 이 추가 기능을 이용하면 어려운 수학을 이용하지 않고도 신경망의 구조를 수치적으로 이해할 수 있습니다.

그러나 새로운 컴퓨터의 경우, '해 찾기'가 설치되지 않은 경우가 있습니다. 이는 '데이터' 탭에 '해 찾기' 메뉴가 있는지 여부로 확인할 수 있습니다.

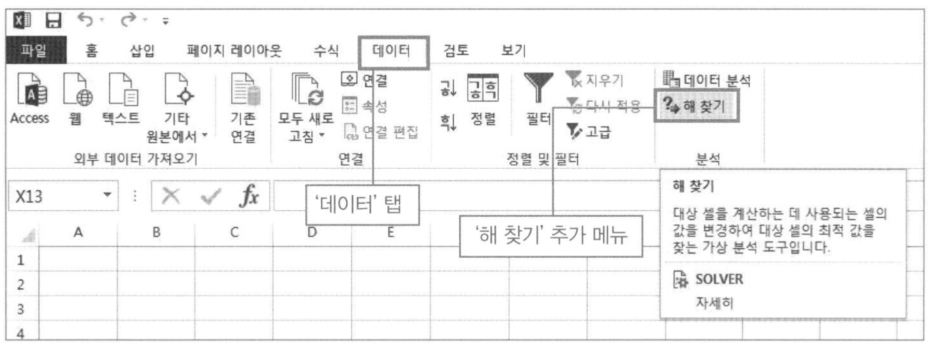

'해 찾기' 메뉴가 없는 경우에는 설치 작업을 할 필요가 있습니다. 단계를 따라가면서 알아봅시다.

주 엑셀 2013, 2016의 경우로 알아보겠습니다.

❶ '파일' 탭의 '옵션' 메뉴를 클릭합니다(다음 그림). 그러면 [옵션] 메뉴가 나타납니다.

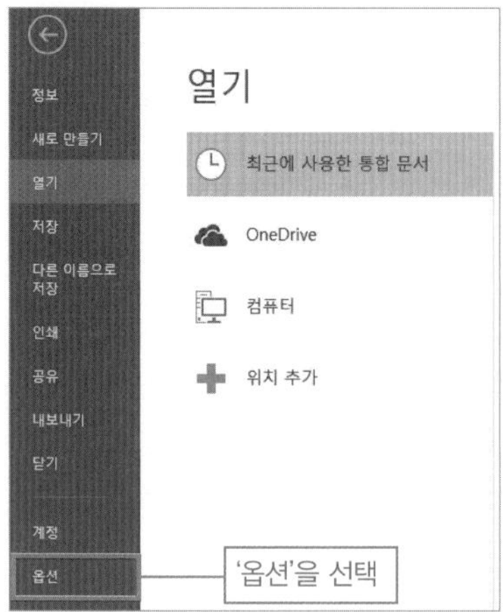

❷ '엑셀 옵션' 상자가 나타나면 왼쪽 창에서 '추가 기능'을 선택합니다. 추가로 얻은 박스 중 아래쪽에 있는 '엑셀 추가 기능'을 선택하고 [이동] 버튼을 클릭합니다.

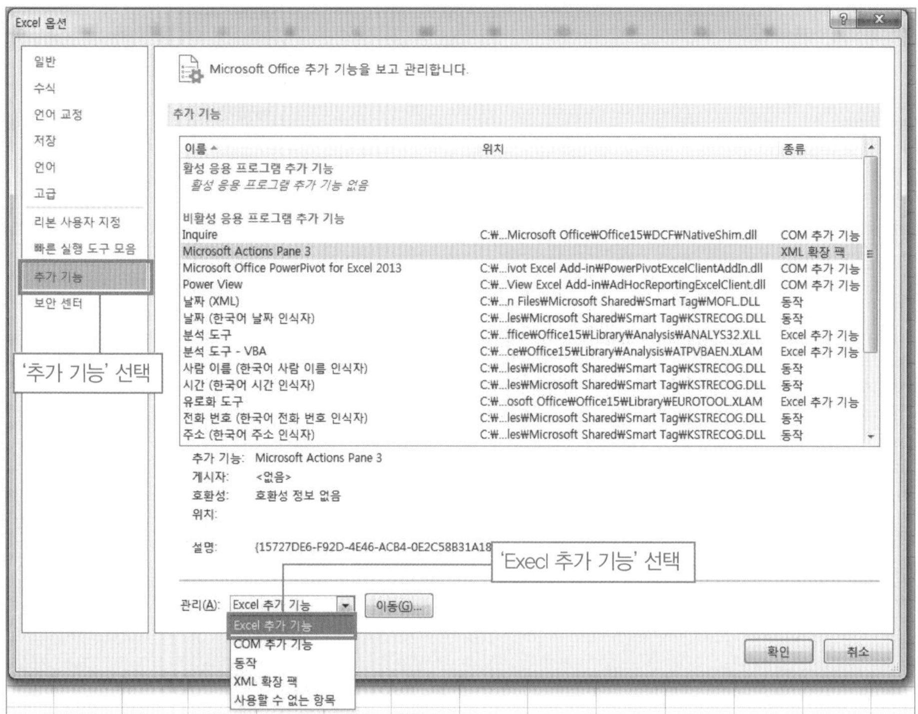

❸ '추가 기능' 상자가 나타나면 '해 찾기 추가 기능'에 체크 기호(✓)를 입력하고, [확인] 버튼을 클릭합니다.

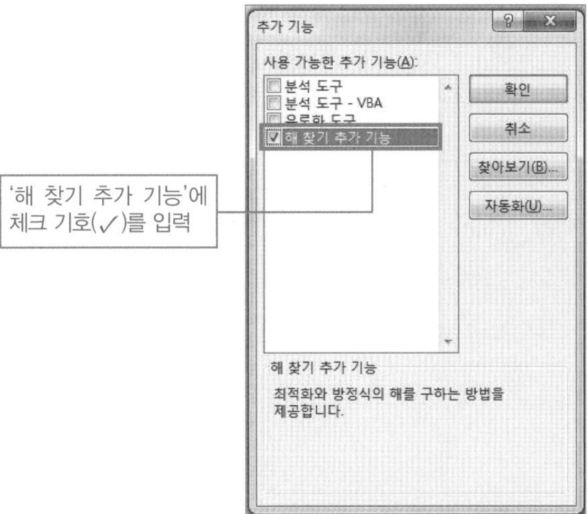

❹ 설치 작업이 진행됩니다. 바르게 설치되면, ❷의 박스가 다음과 같이 변경됩니다.

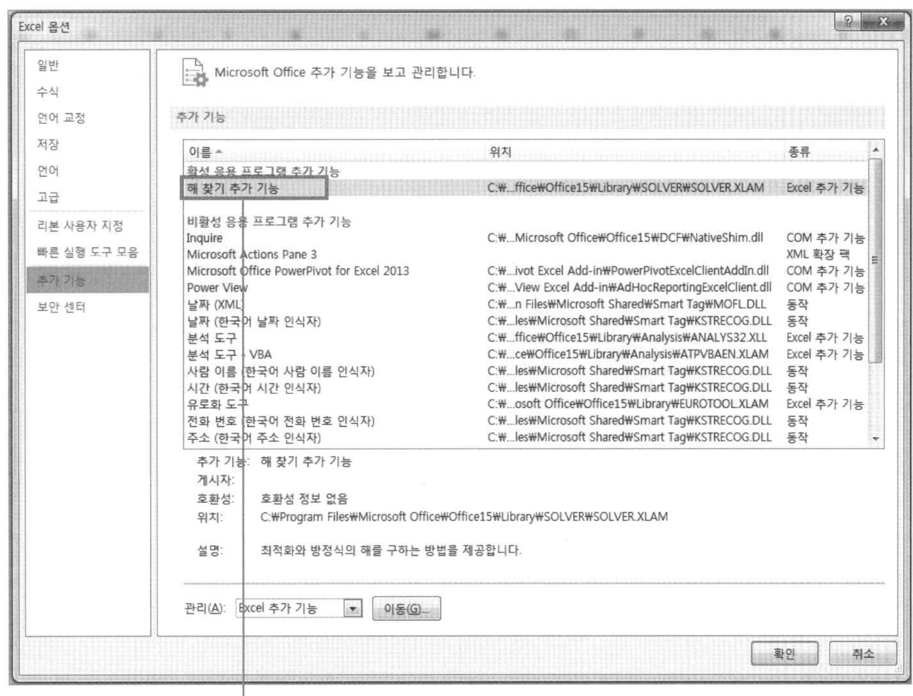

§

C 순환 신경망을 다섯 문자 단어에 응용

▶ 3장에서는 순환 신경망을 세 문자 단어에 응용했습니다. 구조를 알기에는 간단한 편이 좋기 때문입니다. 그러나 너무 간단해서 그 모델이 정말 옳은지 의심이 듭니다. 따라서 동일한 논리를 이용해 다섯 문자 단어에 적용해봅시다. 다섯 문자가 되면 데이터의 양이 매우 많아지지만 ▶ 3장의 논리를 그대로 이용할 수 있습니다.

구체적인 예로 생각한다

다음 과제를 이용해 구체적으로 살펴봅시다.

과제 3 다음 단어의 마지막 문자가 그 전의 문자열에서 예측되는 순환 신경망을 작성하시오.

가나다라마	나다라나가	마다라
마가나다라	다나라마	나다라
가마나다라	가나다라	마가라
나다라마가	마가다라	나가다
나가라마가	가마다라	나마가
마다라나가	나다라마	
다나마가라	마나다라	
가라마나다	다라나가	
나다마가라	마가나가	
다가나마라	다나라	

주 이 과제의 워크시트는 다운로드 사이트(→ 10페이지)의 샘플 파일 '부록C.xlsx' 안에 수록돼 있습니다.

차례대로 살펴봅시다. 여기서 이용하는 순환 신경망은 다음과 같은 형태를 가정합니다.

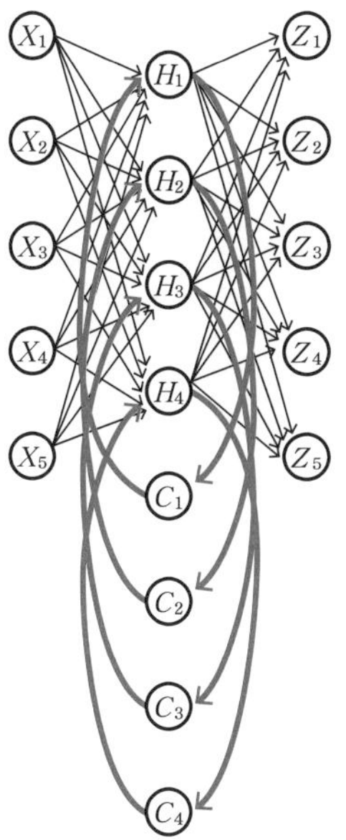

◀ 이 과제에서 이용하는 순환 신경망. 이 그림의 의미는 ▶ 3장을 참조하기 바랍니다.

▶ 문자의 코드화

먼저 이용하는 문자를 코드화합시다. ▶ 3장 §3의 과제 3 에서 살펴본 것처럼 다음과 같이 문자를 숫자에 할당합니다.

$$\text{가} = \begin{bmatrix} 1 \\ 0 \\ 0 \\ 0 \\ 0 \end{bmatrix},\ \text{나} = \begin{bmatrix} 0 \\ 1 \\ 0 \\ 0 \\ 0 \end{bmatrix},\ \text{다} = \begin{bmatrix} 0 \\ 0 \\ 1 \\ 0 \\ 0 \end{bmatrix},\ \text{라} = \begin{bmatrix} 0 \\ 0 \\ 0 \\ 1 \\ 0 \end{bmatrix},\ \text{마} = \begin{bmatrix} 0 \\ 0 \\ 0 \\ 0 \\ 1 \end{bmatrix}$$

이상과 같이 준비하고, 다음 워크시트처럼 모든 단어를 이 코드로 표현합니다. 다음 워크시트(→ 216페이지)는 '가나다라마'라는 문자열의 처리를 예로 듭니다.

O4 | =IF(O$3="","",OFFSET($C$3,$M4,SEARCH(O$3,$D$2)))

마지막 문자의 예측

가나다라마

표	가	나	다	라	마
1	1	0	0	0	0
2	0	1	0	0	0
3	0	0	1	0	0
4	0	0	0	1	0
5	0	0	0	0	1

문자열 가나다라마 문자수 5

번호		가	나	다	라	마
입력층	1	1	0	0	0	0
	2	0	1	0	0	0
	3	0	0	1	0	0
	4	0	0	0	1	0
	5	0	0	0	0	1

이용하는 문자에 코드를 할당한다.

모든 문자열을 각 문자로 분해하고 코드화한다.

3장에서 살펴본 방법으로 처리

▶ 3장 §3의 과제 3 에서 살펴본 것과 동일한 논리로 RNN을 작성할 수 있습니다 (→ 217페이지 그림). 이와 같이 단어의 예측 문제에 대해서는 몇 개의 문자가 돼도(문자 수가 과다하지만 않으면) 처리 방법은 변함이 없습니다.

MEMO SEARCH 함수

SEARCH 함수는 문자 처리를 처리하기에 편리합니다. 주어진 문자열 중 찾고자 하는 문자가 몇 번째에 있는지를 가르쳐줍니다.

SEARCH(찾고 싶은 문자, 탐색 대상 문자열)

다음 그림의 워크시트는 '가나다라마'라는 문자열을 코드화하는 부분이지만, 그림과 같이 SEARCH 함수가 이용되고 있습니다.

O4 | =IF(O$3="","",OFFSET($C$3,$M4,SEARCH(O$3,$D$2)))

마지막 문자의 예측

가나다라마

표	가	나	다	라	마
1	1	0	0	0	0
2	0	1	0	0	0
3	0	0	1	0	0
4	0	0	0	1	0
5	0	0	0	0	1

문자열 가나다라마 문자수 5

번호		가	나	다	라	마
입력층	1	1	0	0	0	0
	2	0	1	0	0	0
	3	0	0	1	0	0
	4	0	0	0	1	0
	5	0	0	0	0	1

'가' 문자의 코드화. SEARCH 함수가 이용되고 있다.

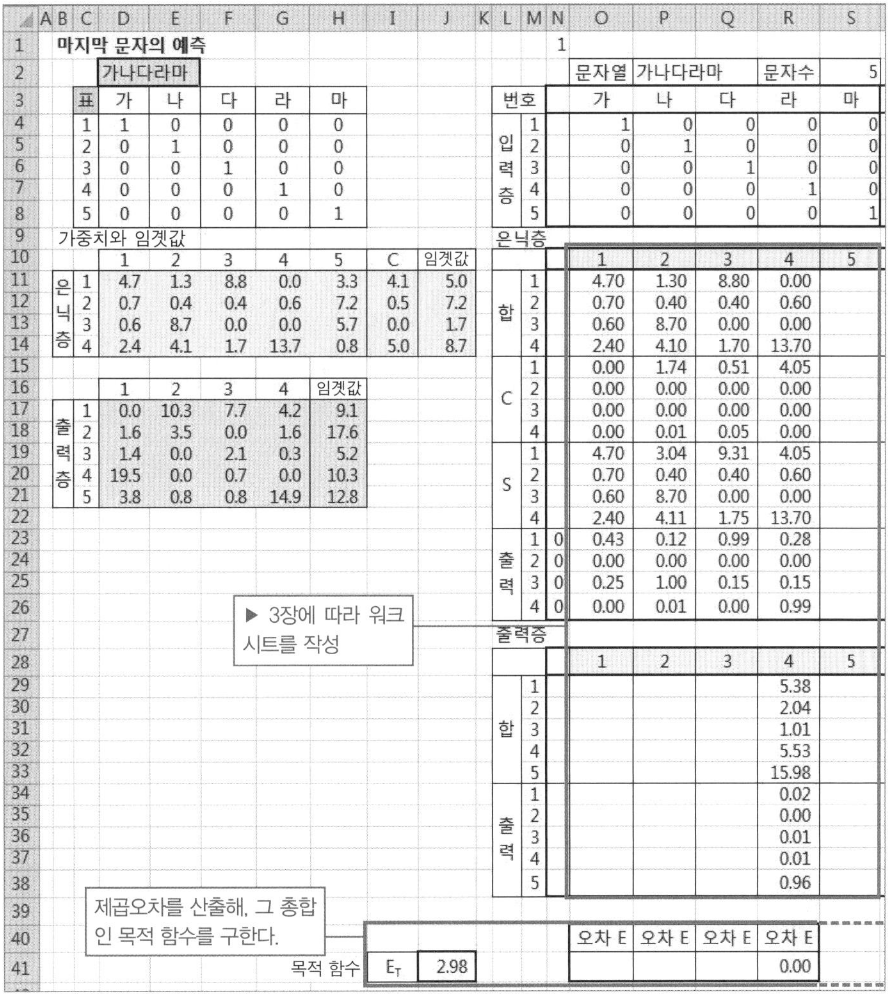

마지막 문자의 예측

가나다라마

표	가	나	다	라	마
1	1	0	0	0	0
2	0	1	0	0	0
3	0	0	1	0	0
4	0	0	0	1	0
5	0	0	0	0	1

가중치와 임곗값

		1	2	3	4	5	C	임곗값
은닉층	1	4.7	1.3	8.8	0.0	3.3	4.1	5.0
	2	0.7	0.4	0.4	0.6	7.2	0.5	7.2
	3	0.6	8.7	0.0	0.0	5.7	0.0	1.7
	4	2.4	4.1	1.7	13.7	0.8	5.0	8.7

		1	2	3	4	임곗값
출력층	1	0.0	10.3	7.7	4.2	9.1
	2	1.6	3.5	0.0	1.6	17.6
	3	1.4	0.0	2.1	0.3	5.2
	4	19.5	0.0	0.7	0.0	10.3
	5	3.8	0.8	0.8	14.9	12.8

1

문자열	가나다라마		문자수	5

번호			가	나	다	라	마
입력층	1		1	0	0	0	0
	2		0	1	0	0	0
	3		0	0	1	0	0
	4		0	0	0	1	0
	5		0	0	0	0	1

은닉층

			1	2	3	4	5
합	1		4.70	1.30	8.80	0.00	
	2		0.70	0.40	0.40	0.60	
	3		0.60	8.70	0.00	0.00	
	4		2.40	4.10	1.70	13.70	
C	1		0.00	1.74	0.51	4.05	
	2		0.00	0.00	0.00	0.00	
	3		0.00	0.00	0.00	0.00	
	4		0.00	0.01	0.05	0.00	
S	1		4.70	3.04	9.31	4.05	
	2		0.70	0.40	0.40	0.60	
	3		0.60	8.70	0.00	0.00	
	4		2.40	4.11	1.75	13.70	
출력	1	0	0.43	0.12	0.99	0.28	
	2	0	0.00	0.00	0.00	0.00	
	3	0	0.25	1.00	0.15	0.15	
	4	0	0.00	0.01	0.00	0.99	

▶ 3장에 따라 워크시트를 작성

출력층

			1	2	3	4	5
합	1					5.38	
	2					2.04	
	3					1.01	
	4					5.53	
	5					15.98	
출력	1					0.02	
	2					0.00	
	3					0.01	
	4					0.01	
	5					0.96	

제곱오차를 산출해, 그 총합인 목적 함수를 구한다.

		오차 E	오차 E	오차 E	오차 E
목적 함수 E_T	2.98				0.00

이렇게 작성한 워크시트에서 목적 함수를 해 찾기로 최소화하면(→ 218페이지 그림), 최적화된 파라미터가 구해집니다.

주1 해석하기 쉽도록 파라미터는 음수가 되지 않도록 설정하고 있습니다.

주2 이 워크시트는 다운로드 사이트(→ 10페이지)의 샘플 파일 '부록C.xlsx'에 있는 '최적화 전' 탭에 수록돼 있습니다.

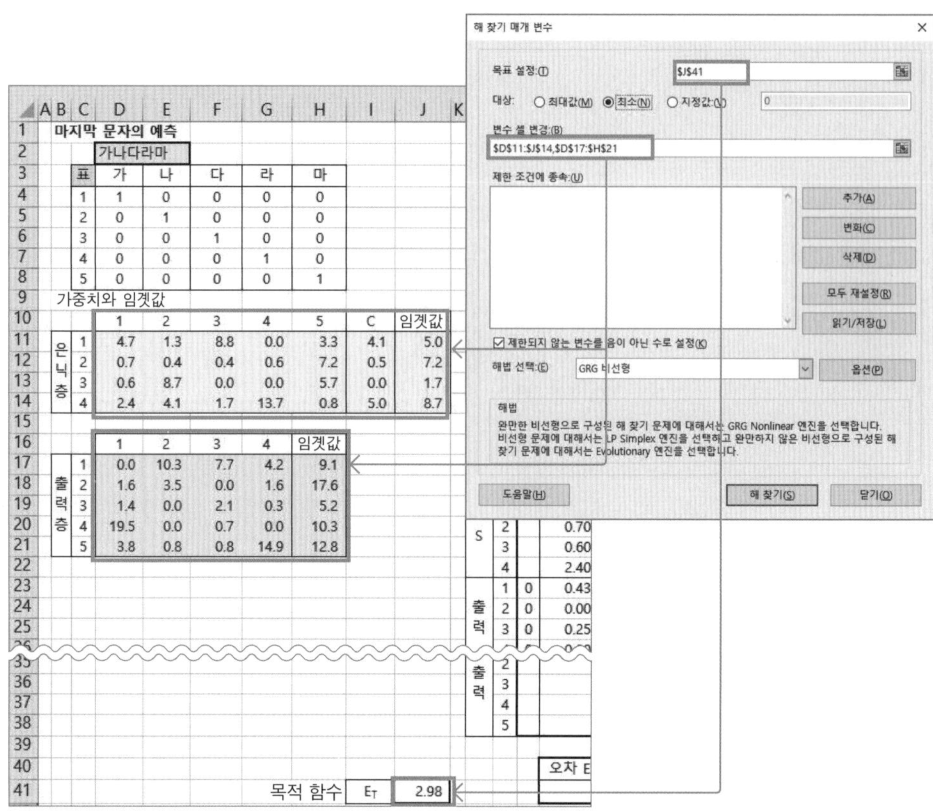

설정이 완료됐다면 해 찾기를 실행해봅시다. 다음 그림과 같은 결과가 나타납니다.

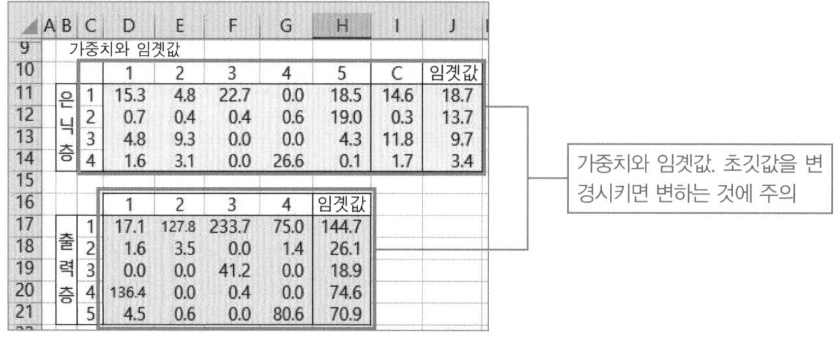

주 이 워크시트는 다운로드 사이트(→ 10페이지)의 샘플 파일 '부록C.xlsa'에 있는 '최적화 후' 탭에 수록돼 있습니다.

이렇게 구한 파라미터를 이용하면 과제 4 에 주어진 모든 문자열에 대해 마지막 문자를 예측할 수 있습니다.

다음 그림은 '다가나다라'의 처음 네 문자 '다가나다'를 입력하면 마지막 문자 '라'가 예측되는 것을 나타냅니다.

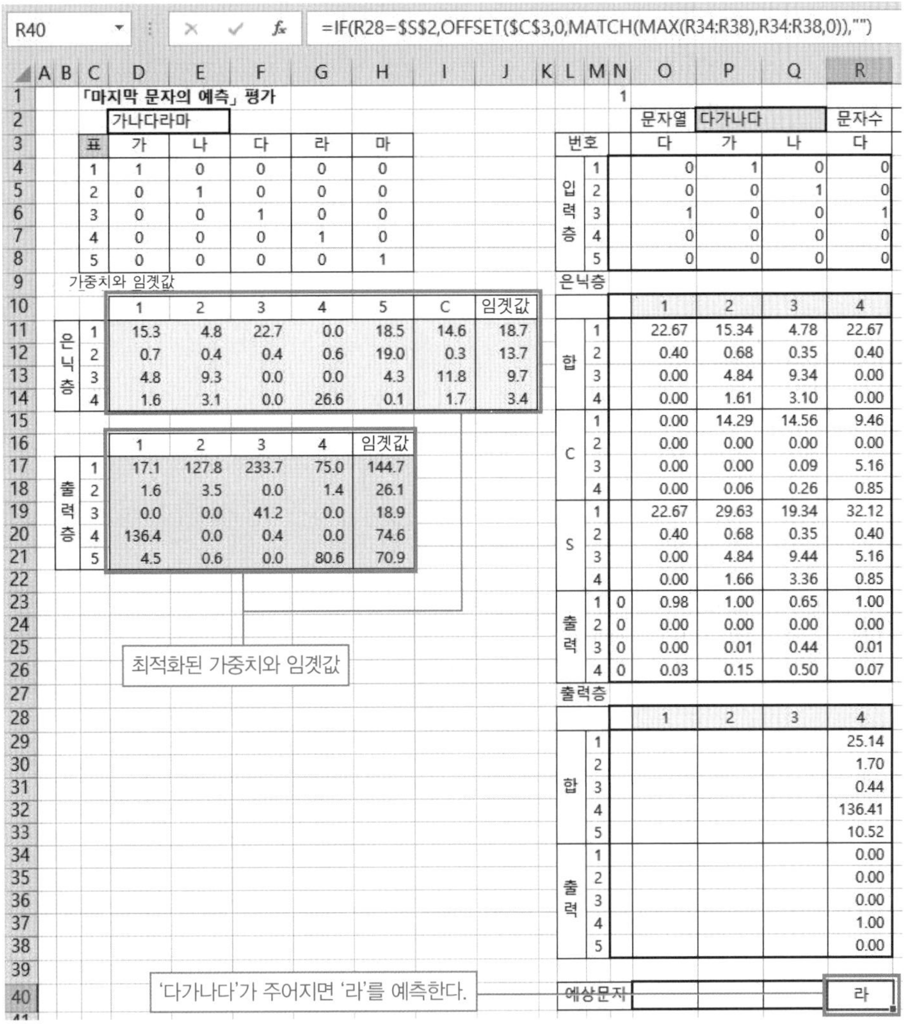

R40 =IF(R28=$S$2,OFFSET($C$3,0,MATCH(MAX(R34:R38),R34:R38,0)),"")

「마지막 문자의 예측」 평가

가나다라마

표	가	나	다	라	마
1	1	0	0	0	0
2	0	1	0	0	0
3	0	0	1	0	0
4	0	0	0	1	0
5	0	0	0	0	1

가중치와 임겟값

은닉층		1	2	3	4	5	C	임겟값
	1	15.3	4.8	22.7	0.0	18.5	14.6	18.7
	2	0.7	0.4	0.4	0.6	19.0	0.3	13.7
	3	4.8	9.3	0.0	0.0	4.3	11.8	9.7
	4	1.6	3.1	0.0	26.6	0.1	1.7	3.4

출력층		1	2	3	4	임겟값
	1	17.1	127.8	233.7	75.0	144.7
	2	1.6	3.5	0.0	1.4	26.1
	3	0.0	0.0	41.2	0.0	18.9
	4	136.4	0.0	0.4	0.0	74.6
	5	4.5	0.6	0.0	80.6	70.9

최적화된 가중치와 임겟값

			1			
			문자열	다가나다		문자수
번호			다	가	나	다
입력층	1		0	1	0	0
	2		0	0	1	0
	3		1	0	0	1
	4		0	0	0	0
	5		0	0	0	0

은닉층

			1	2	3	4
합	1		22.67	15.34	4.78	22.67
	2		0.40	0.68	0.35	0.40
	3		0.00	4.84	9.34	0.00
	4		0.00	1.61	3.10	0.00
C	1		0.00	14.29	14.56	9.46
	2		0.00	0.00	0.00	0.00
	3		0.00	0.00	0.09	5.16
	4		0.00	0.06	0.26	0.85
S	1		22.67	29.63	19.34	32.12
	2		0.40	0.68	0.35	0.40
	3		0.00	4.84	9.44	5.16
	4		0.00	1.66	3.36	0.85
출력	1	0	0.98	1.00	0.65	1.00
	2	0	0.00	0.00	0.00	0.00
	3	0	0.00	0.01	0.44	0.01
	4	0	0.03	0.15	0.50	0.07

출력층

			1	2	3	4
합	1					25.14
	2					1.70
	3					0.44
	4					136.41
	5					10.52
출력	1					0.00
	2					0.00
	3					0.00
	4					1.00
	5					0.00
예상문자						라

'다가나다'가 주어지면 '라'를 예측한다.

주 이 워크시트는 다운로드 사이트(→ 10페이지)의 샘플 파일 '부록C.xlsx'에 있는 '테스트' 탭에 수록돼 있습니다.

찾아보기(Index)

AI 응용 첫걸음! 순환 신경망과 강화학습을 쉽게 이해하는

엑셀로 배우는 순환 신경망·강화학습 초(超)입문

순환 신경망(RNN), 심층 Q-네트워크(DQN)편

2020. 7. 17. 1판 1쇄 인쇄
2020. 7. 24. 1판 1쇄 발행

지은이 | 와쿠이 요시유키, 와쿠이 사다미
옮긴이 | 권기태
펴낸이 | 이종춘
펴낸곳 | BM (주)도서출판 **성안당**
주소 | 04032 서울시 마포구 양화로 127 첨단빌딩 3층(출판기획 R&D 센터)
10881 경기도 파주시 문발로 112 출판문화정보산업단지(제작 및 물류)
전화 | 02) 3142-0036
031) 950-6300
팩스 | 031) 955-0510
등록 | 1973. 2. 1. 제406-2005-000046호
출판사 홈페이지 | **www.cyber.co.kr**
ISBN | 978-89-315-5676-6 (93000)
정가 | **23,000원**

이 책을 만든 사람들
책임 | 최옥현
편집·진행 | 조혜란
교정·교열 | 안종군
본문·표지 디자인 | 인투
홍보 | 김계향, 유미나
국제부 | 이선민, 조혜란, 김혜숙
마케팅 | 구본철, 차정욱, 나진호, 이동후, 강호묵
마케팅 지원 | 장상범, 조광환
제작 | 김유석